TRUMPONOMICS

トランポノミクス

アメリカ復活の戦いは続く

スティーブン・ムーア
Stephen Moore
アーサー・B・ラッファー
Arthur B.Laffer
藤井幹久〔訳〕
Motohisa Fujii

トランポノミクス

アメリカ復活の戦いは続く

Japanese translation rights arranged with
St. Martin's Publishing Group
through Japan UNI Agency, Inc., Tokyo

目次

ローレンス・クドロー国家経済会議（NEC）委員長による序文

「アメリカは、積極的にビジネスを受け入れ、再び競争力を取り戻している」
――二〇一八年ダボス会議　ドナルド・トランプ

二〇一八年三月に、トランプ大統領から国家経済会議（NEC）の委員長に就任を要請された。私の生涯では、この上ない光栄な出来事となった。私は、こんなジョークを大統領に言った。「一九八〇年代の初めに、ロナルド・レーガン大統領の下で経済革命の仕事に参加しました。およそ三十五年ごとに大統領に仕えることが、私の人生の使命のようです」

私は必ずしも、トランプ大統領のすべての考え方に賛同しているわけではない。そのことは、大統領も理解してくれている。しかし、これからアメリカに、空前の繁栄の時代が到来するという壮大なビジョンには、私たちは一〇〇パーセント賛成している。トランプは、アメリカ経済を三パーセントから四パーセント、あるいは、五パーセントにも経済成長させることができると言っている。そのために、減税、規制緩和、アメリカでのエネルギー生産、より公正な貿易交渉を行うというのだ。まことに正しい考え方だ。現在、私たちはホワイトハウスでより高い経済成長の持続を構想する仕事に、ほとんどすべての時間を捧《ささ》げている。すべてのアメリカ国民が、もっとよい給料を稼げるようにするためだ。

ついでに触れておくと、この職務に就いてから数カ月がたったところで、ドナルド・トランプという人物が、本当に不死身であることに気づいた。まったく休むことがないのだ。そして、ほとんど眠らない。ついていくことは、ほとんど不可能に近い。トランプは、偉大なアメリカを復活させることに全身全霊をかけているのだ。

少し前に時間を遡《さかのぼ》ってみよう。三年前に、ドナルド・トランプが出馬を表明したときのことだ。大勢の人たちと同様に、スティーブ・ムーアや、アーサー・ラッファーも、そして私自身も、まったく懐疑的な印象を抱いていた。売名行為か何かで、本気で大統領選に出馬するつもりはないのではないかと感じていたのだ。貿易関税の問題では、私は、公然とトランプを批判する側にいた。

しかし、二〇一六年三月に、私とスティーブ・ムーアと、アーサー・ラッファーは、トランプ・タワーの執務室でトランプと面会することになった。このときのトランプは、億万長者から政治家に変身していて、まったく別人になった印象だった。企業志向で、経済成長を目指す候補者になっていた。アメリカ経済のあまりにひどい現状も、よく分かっていた。さらに重要なことであったが、アメリカ経済には劇的なスピードで経済成長できるだけの潜在力があることも理解していた。減税が必要だと考えていた。規制緩和も必要だと考えていた。そして、政府の介入は不要であると考えていた。

とりわけ、トランプの持っているレーガン流の楽観思考には魅了された。周りの人たちを感化してしまうものだった。

左派の人たち——完全にネガティブな考え方をしている——とは、何という違いなのだろうか。こうした人たちが考えていたことは、「二パーセント以上の経済成長は不可能なのだ」「賃金が上昇することはないのだ」「長期不況のなかで生活するほかないのだ」「石炭産業を復活させることは不可能なのだ」「気候変動によって、文明は終末を迎えることになる」「インナーシティ（大都市内部でスラム化した地域）が繁栄を取り戻し、希望にあふれる場所になることは、二度とないのだ」ということだった。そして、もちろん、「トランプが当選するはずはない」としていた。

しかし、トランプは、こうした考えがすべて間違っていることを証明してしまった。そして、現在も証明を続けている。

私とスティーブ・ムーアと、アーサー・ラッファーの三人は、その後の六カ月にわたる選挙戦の遊説日程のなかで、トランプの税制改革プランを完成させるだけでなく、広報活動にも取り組むことになった。トランプが当選したあとは、ホワイトハウスや連邦議会の議員たちと協力して、法案を通過させて、大統領が署名するまでの作戦を練った。ラッファーは、この素晴らしい税制改革プランの知的な生みの親だった。そして、私とムーアの二人が、大統領がゴールラインにたどり着けるように、ブロックしたり、タックルしたりする役割を協力して果たした。本当に、険しい道のりだった。しかし、この本を読んでいただければ分かるだろうが、トランプはこの仕事にふさわしい人物だった。経済を繁栄させるために、ワシントンの政策のダイヤルをどの方向に回せばよいかを理解することにかけては、あまりにも天才的だった。

トランプがいつも私たちに語っていたのは、税制改革プランは中流階層を救うため——常にトランプが使命だと感じていたことだ――の法案でなければならないということだった。私たちの目標は、税制改革法案を成立させることによって、アメリカ企業を成長させ、投資が活発になるようにすることだった。そして、雇用を増やし、給料や賃金を上げることだった。実に十七年ぶりに中流階層の所得が上昇している。そろそろ、所得が増えてもよいころなのだ。

税制改革プランが――トランプ政権の他の政策と併せてだが――経済を急成長させたというムーアとラッファーの考えには、全面的に賛成だ。私たちがよくトランプに話していたのは、こういうことだ。レーガンのときも成功した。ケネディのときも成功した。だから、あなたも成功するはずです、と。この税制改革プランは他の経済成長政策と一体となることで、予想していたよりもはるかに速く、素晴らしい成果を生み出した。トランプは、現在のアメリカの景気拡大については、しばしば、こう語っている。

「世界は今、強い、繁栄するアメリカの復活を目《ま》の当たりにしている。アメリカでの雇用、建設、投資、成長には、いまだかつてない絶好のチャンスが到来している」

トランプの言っていることは、正しい。そして、それを売り込む才能にも優れている。

この一年半にわたるトランプの経済政策によって、アメリカ経済の構造改革が始まっている。〝長期停滞〟（すなわち、高い税金、規制の負担、巨額の政府支出、企業と投資家に対する敵意）からは脱出したのだ。そして、民間部門の活力を基本とする、成功が報われる新しい経済社会に向かっている。

所得税と法人税を減税し、工場や技術の投資に対する一〇〇パーセントの即時償却を可能にすることで、アメリカの高い税率から海外逃避していた大企業が、国内に資金を還流させやすくした。トランプは、企業と投資に対して行われていた戦争を終結させたのだ。

こうして、誰《だれ》も予想しない水準での速い経済成長が実現することになったのだ。

二五〇社以上のアメリカ企業が巨額の投資案件を決定し、従業員にかなりの額のボーナスを支給している。また、四〇一kプラン（確定拠出年金）拠出額を引き上げ、企業の最低賃金や福利厚生の水準を引き上げることを発表している。二〇一八年五月現在、株式市場でのアメリカの純資産は、驚異的なことに七兆ドルも増加している。このことは、政府機関の組合の年金と福利厚生の破綻《はたん》を回避するための――こうした労働組合は、トランプの法人税改革に断固反対していたが――現実的には唯一の解決策となっている。

これに対して、民主党は、まるで大人げない主張をしている。「企業が収益を増やしても、自社株買いをしてしまうだけだ」などと言っているのだ。しかし、アップル社やフェデックス社などの株式を保有している一億人あまりのアメリカ国民にとっては、悪い話ではない。また、経済活動のなかで新たな資金が循環することになれば、新しい企業が生まれ、経済全体が活性化することにもつながるのだ。

ウォルマート社は――連邦政府の定める最低賃金引き上げをめぐり厳しい戦いをしてきたが――実質的には社内の全従業員の最低賃金を引き上げて、一〇〇〇ドルまでのボーナスも支給している。また、出産休暇と育児休暇を拡充して、養子をもらう従業員には五〇〇〇ドルの支援を約束している。コストコ社も、すぐにこれにならって同じような施策を採用した。

そして、大統領が規制緩和の重要性について述べていることを忘れてはならない。トランプは「規制というのは、隠れた税金なのだ」としばしば語っている。

「企業と労働者を解放しよう。そうすれば、いまだかつてない発展と繁栄が生まれることになる」

大統領閣下、それだけではありません。トランプ減税法案では、オバマケアの個人加入義務を廃止しました。そのほかにも、北極圏国立野生生物保護区（ＡＮＷＲ）（アラスカ州北東部に位置する）での掘削を許可して、エネルギー開発を可能にしたという成果が生まれています。こうしたことも、どうか、お忘れにならないようお願いします。

貿易とグローバリゼーションの問題に関しては、トランプは国際社会の首脳陣に対して、このように語った。

「アメリカ合衆国の大統領として、私の立場は、常にアメリカ・ファーストだ。ほかの国の指導者が、その国の利益を第一に考えるのと同じことだ。だから、アメリカ・ファーストというのはアメリカの孤立を意味するのではない」

この本は、トランポノミクスがどのように誕生したか――そして、どのように実現されていったか――について初めて明らかにする、真実の日々の物語だ。それがあまりにも長い道のりだったことを、私はよく知っている。なぜなら、二〇一六年から二〇一七年にかけて、ムーアとラッファーとは、あらゆる場面を共にして一緒に仕事をしてきたからだ。あまりにも壮絶な戦いだった。トランプが「アメリカを再び偉大な国に」するのを助けるために参加したのだが、そのことで、私たちは非難を浴びたこともあった。トランプを支持することが、かっこいいと思われるようになる前から、私たちはトランプの味方だった。

ムーアとラッファーは、私の兄弟も同然だ。今でもなお、戦友だ。私は誇りと情熱をもって、ドナルド・トランプを助けるための仕事を引き受けた。なぜならば、「アメリカを再び偉大な国に」するためには、まだ多くの仕事が残されていると私たちは考えているからだ。この本では、どのようにして、それを実現していったのかを明らかにしている。

トランポノミクス

アメリカ復活の戦いは続く

はじめに

ドナルド・トランプの勝利は、アメリカ大統領選挙の歴史における史上最大の逆転劇だった。トランプがアメリカ国民に公約したのは、経済政策の抜本的な変革だった。ジョージ・W・ブッシュ政権での八年間に続き、バラク・オバマ政権での八年間でも、景気は低迷していた。トランプは、雇用と経済のテーマに絞り込んで選挙戦に勝利した。しかし、その経済政策の内容は、従来の右派とも左派とも言えないものだった。

トランプは、新しい経済ポピュリズムの政策をもって、首都ワシントンDCに乗り込んだ。ただ、その政策の内容は、これまでの共和党の政策理念にあった減税、規制緩和、エネルギー開発、州権の回復だけではなかった。民主党が伝統的な政策としてきた保護貿易、インフラ投資支出とも混ざり合っていた。ポピュリズムの政策テーマとしては移民制度の改革があり、ヨーロッパ諸国に対しては国防費負担の増額を要求していた。

この新しい経済の理論――トランポノミクス――が、世界中を不安にさせたり、困惑させたりしたのも事実だ。はたして実現可能な政策なのか？　成功させることができるのだろうか？　このトランポノミクスを発明したトランプの人物像とその考え方を明らかにするために、この本は執筆された。

トランプの当選は、政治の世界では〝ブラック・スワン〟（事前に予測できないが、結果として大きな影響を生むもの）となる出来事だった。

今までの人生のなかで、このような大統領を見たことはなかった。トランプの型破りな政治戦略は、まるで魔法のような働きを見せた。ミシガン州、オハイオ州、ペンシルベニア州、ウィスコンシン州、アイオワ州といった工業地帯の〝青い壁〟（民主党が優勢な中西部の諸州の意味）を崩したのだ。工場労働者が多くを占める州や地方では、トランプのポピュリズムのメッセージが労働者階層の共感を巻き起こしていた。雇用と、高い賃金と、経済成長を取り戻すことを公約していたからだ。こうした景気回復から取り残されていた地域は、二十年間にわたり置き去りにされ、経済面では停滞していた。

はたして、トランプは成功できるのだろうか？

左派の人たちは、失敗すると断言して、このように言うのだった。経済成長が三パーセント以上になることはない。トランポノミクスで景気はもっと悪くなる。ミシガン州フリント市、ペンシルベニア州ヨーク市、オハイオ州トレド市から移転した工場は、もはや帰ってこない。製鉄所も、炭鉱も、もう戻ってきたりはしない。

しかし、トランプは大統領として経済を再生させ、産業国家アメリカを復活させる覚悟だった。勇気なくしては挑戦できない冒険的な戦略だった。

私たち二人は、二〇一六年大統領選挙ドナルド・トランプ陣営で、経済顧問として仕事をした。スティーブ・ムーアは、トランプと一緒に全米を飛び回った。予備選挙から本選挙までの間に、私たちはトランプ本人とだけでなく、政治・経済チームのメンバーたちとも定期的に顔を合わせていた。演説の原稿を書きながら、数カ月にわたりトランプの代理人として選挙陣営を代表する立場も務めてきた。私たちは、トランプ経済諮問《しもん》会議のメンバーとして、現在も定期的にトランプと会っている。

ただ、この本は、ドナルド・トランプとトランポノミクスを称賛するためだけに執筆されたわけではない。私たちがトランプに敬意を感じているのは確かだ。政策目標に関しても、ほとんどの内容を支持している。だからこそ、経済顧問の仕事を引き受けたのだ。リベラル派の人たちに言わせれば、トランプという人物は危険で、妄想家で、ぶち壊し屋であり大統領の職務には不適格だということのようだ。しかし、もちろん私たちはそうは思っていないので、現在も仕事を手伝っている。

私たちは長年にわたり、大統領、上院議員、下院議員、州知事といった人たちと一緒に仕事をしてきた。そのなかで、ほとんどの人に当てはまる事実を発見した。政治家のなかには善なるものも、悪なるものも、醜《みにく》さも入り混じっている。だからこそ、悪なるものや醜さに対抗して、善なるものを勝利させなければならない。そうした事情は、ドナルド・トランプであっても同じことだ。聡明《そうめい》で、寛大で、優れた洞察力を見せることもあれば、強がり、直情的になり、きつい態度を取ることもある。

選挙運動のなかで、よい思い出となった出来事があった。オーランド市郊外で選挙集会を開催したときのことだ。現地でジョン・マイケル君という一六歳の少年に会うかどうかを、訪問前にトランプに尋ねたことがあった。マイケル君は数カ月前から、重度の脳障害による麻痺《まひ》症状を起こして、話すことができなくなっていた。しかし、コンピューターを通じて、まばたきを文字に変換して、意思を伝達できるようになっていた。マイケル君が初めて文字に変換した言葉は、何と、「アメリカを再び偉大な国に」（メイク・アメリカ・グレイト・アゲイン）だったという。トランプはこのエピソードを聞いて、ぜひともジョン・マイケル君に会いたいと言ったのだ。自分が空港に降りたときに、車椅子《くるまいす》に乗ったマイケル君と面会できるように、選対本部の先回りチームに事前の段取りをさせた。飛行機のタラップを降りる場所で、マイケル君と家族が待っていた。数千人の聴衆も、トランプの登場を待ち受けていた。しかし、最初の数分間、トランプはマイケル君のために時間を割いた。障害を背負ったこの少年を励まし、家族と一緒に記念写真を撮ってあげたのだ。聴衆は、「ジョン・マイケル！ジョン・マイケル！」と連呼し始めていた。テレビカメラでは報道されなかったが、とても素晴らしいひとときだった。

選対本部の副責任者に、どうしてトランプはマイケル君をステージに上げないのかと聞くと、小声でこう答えた。

「ドナルドさんは、テレビカメラの前で、こういうことをするのが好きではないのです。かわいそうな男の子を、政治目的のために利用していると思われたくないからです」

ドナルド・トランプには多くの人たちが知らない、こうした一面があるのだ。

また、トランプは、物事を大きく——本当に大きく——考える人物だ。減税、規制緩和、エネルギーの国産政策を実行すれば、三パーセントから四パーセントの経済成長を取り戻せるとアドバイスしたときのことだ。トランプは、私たちの話を途中で遮って、こう言ったものだ。

「私は、五パーセントの経済成長にしたいんだ」

高い目標を目指してやまない人物なのだ。ジョン・F・ケネディ大統領が十年以内に人類を月に送り込むと宣言したときも、大勢の人たちが、技術的に不可能だとか、財政的には実現できないとか言ってバカにした。トランプも、毎日のように経済成長懐疑論者たちから同じような批判を浴びせられている。

トランプは、イデオロギー的な意味での保守派ではない。レーガンは保守の思想に基づく、小さな政府の原則の信奉者だった。トランプはといえば、むしろ良識を大切にしている。あらゆる面から見て、経済ポピュリスト――経済的な苦境から庶民を救いたいと考えている――なのだ。候補者としては、トランプの経営者的な発想は、まったく異彩を放っていた。共和党には、他にも一六人の候補者がいたが、そのほとんどが職業政治家だったからだ。しかし、それは大統領としての重要な資質でもあった。トランプの考え方は、常に仕事の成果を目指すことにあるのだ。

この本では、トランポノミクスとは何かを明らかにする。なぜ、トランポノミクスが生まれたのか。どのようにトランポノミクスが実行されたのかを説明する。トランポノミクスが、どれだけの成果をあげているかについては、多くの場面で判断を差し控えておくことにする。今後の数年間で、景気がどうなったかを見れば、おのずと判定されることだからだ。私たちは、現在の方向性を歓迎している。アメリカの繁栄が続いていくことにも、慎重にではあるが楽観的な見通しを持っている。

＊　＊　＊

この本の執筆は、もともとスティーブ・ムーア、アーサー・ラッファーと長年の仲間であるラリー・クドローとの間で構想された。私たち三人は、二〇一六年の大統領選挙ではチームとして一緒に仕事をした。その後、税制改革法案と金融・経済問題に関しては、政府の外から経済政策アドバイザーを務めてきた。執筆が半分ほど進んだときに、完全に状況を変えてしまう重大な出来事が起きた。トランプ大統領が、ラリー・クドローに国家経済会議（ＮＥＣ）委員長への就任を要請したのだ。この瞬間に間違いなく、クドローは世界で最も重要なエコノミストになった。二〇一八年四月の週末のある日に、トランプはラッファーに電話をかけた。クドローを登用すべきかどうか、アドバイスを求めたのだ。ラッファーは、「最高の人選であることは間違いありません」と返答した。

こうして私たちは、この本の共著者を途中で失うことになった。だが、トランプは、政権を牽引《けんいん》していくための世界最高のエコノミストを迎え入れることができた。

そうしたわけで、この本の執筆では、クドローは陰ながらの参加者となっている。読者のみなさんは、トランプ本人やほかのキーパーソンとの多くの会議や戦略決定の場で、クドローが重要な貢献をしたことを理解されるだろう。本書の至るところでクドローに言及しているが、単にラリーと呼んでいるところもある。もちろん、トランプについてだけでなく、ほかの登場人物についての記述やコメントに関して、ラリーは何ら責任を負うものではない。本書の見解は、ムーアとラッファーの二人の共著者のものであることを、お断りしておきたい。

第1章　トランプとの面会

二〇一六年三月上旬に、私たち三人（アーサー・ラッファー、ラリー・クドロー、スティーブ・ムーア）は、長年の友人のコーリー・ルワンドウスキからの緊急の電話を受けた。ルワンドウスキは政治活動家であり、組織家としても優れた人物だった。全米で著名な納税者活動団体である「繁栄のためのアメリカ人《アメリカンズ・フォー・プロスペリティ》」のニューハンプシャー州責任者を務めた経歴があった。

選挙戦の序盤で、まだ勝算が低いと見られた当時、選対本部責任者を務めていたのがルワンドウスキだった。そのルワンドウスキから、私たちの人生を変えることになるメッセージが届いたのだ。「ドナルド・トランプが、あなたがた三人とお会いしたいとのことです。来週、火曜日の午後四時に、マンハッタンのトランプ・タワーのオフィスにお越しいただけませんか」

何と、考えてもみなかったことだ。トランプが大統領選に出馬表明したとき――約六カ月前――には、誰《だれ》もがそうであったように、これは売名行為か何かではないかと感じていたぐらいだった。トランプからは、新聞の見出しにうってつけの発言が飛び出して、ポピュリストの政策理念が旋風を巻き起こし始めていた。「壁を築く」「NAFTA《ナフタ》（北米自由貿易協定）を廃止する」「史上最大の減税を」というフレーズが、全米各地で開催された政治集会に押し寄せた熱狂的な聴衆に衝撃を与えていたのだ。

ドナルド・トランプには政治家の経験はなかった。そのため、凡庸な政治家たちや職業政治家からは軽蔑《けいべつ》の眼差しを向けられることになった。だが、トランプには、数多くの有権者の心とつながることができる才能があった。ほかのライバルの候補者は（おそらくバーニー・サンダースを除けば）政治的なリスクを承知の上で、有権者の不満の兆候を直視せずに無関心を決め込んでいた。

当初の私たちは、トランプの熱烈なファンでしかなかった。トランプは、ニューヨーク社交界の有名人ではあったが、これまでに自由市場を擁護するための保守運動に参加するようなこともなかった。トランプの発言は、保守派と進歩派の考え方の寄せ集めで、まとまりがないようにも感じられた。私たちは、伝統といったものには、あまりこだわらない立場だ。オープンな移民政策を提唱していたし、経済が成長すれば財政は均衡するという信念を持っている。しかし、保守陣営のなかには、私たちのような考え方を異端視する人たちもいた。

私たち三人は、トランプの幾つかの主張を批判するコラムや論文を執筆したこともあった。特に、貿易問題についてだった。私たちは根っからの自由貿易論者だったからだ。ただ、クドローとラッファーは、これまでにトランプとは何度も会ったことがあり、個人的には非常に好感を持っていた。ムーアはトランプと会ったことはなかったが、遠慮なくメディアを巻き込むやり方には好感を持てずにいた。

しかし、私たちは三人とも、〝トランピズム〟として知られる、全米に広がる政治的な大衆運動に関心を引きつけられていた。税率を大幅に下げるとか、偉大なアメリカを復活させるという話にも、好印象を持っていた。内国歳入庁（ＩＲＳ）の税法の改革という大胆なアイデアに対しては、はっきりと支持することを公言していた。トランプは（ルワンドウスキもだが）、この私たちの支持表明に注目していたのだった。

予備選挙の序盤戦での重要な場面で、トランプはクドローの名前を挙げていた。候補者討論会や選挙演説の集会のなかで、トランプは何度か、「ラリー・クドローさんが、私の税制改革プランを気に入っているんだ」と声を張り上げて語っていた。クドローはＣＮＢＣ（代表的なニュース専門放送局）の番組で、トランプ支持を最初に表明した経済評論家となっていた。トランプの大胆な税制改革の方針や、無用な重荷となっている政府規制の廃止に、賛成の意思表示をしていたのだ。保守層の聴衆に向けても、トランプは同じように自慢げに語りかけた。

「私の税制改革のアイデアは、レーガン政権時代の偉大なエコノミストとして知られるアーサー・ラッファーさんからのものなのだ」

アメリカ経済に対して揺るぎない楽観的な見方を持っていることも、素晴らしいと感じられたところだ。ジョージ・Ｗ・ブッシュ政権末期からオバマ政権時代を通じて、アメリカ経済は低成長という溝に落ち込んでしまっていた。しかし、アメリカには、そこから脱出するだけの潜在力が眠っていて、もっとスピードを上げて経済成長できるはずだと信じていた。

トランプが公言していたのは、ビジネス重視の政策理念を正しく実行すれば、五パーセントの経済成長が可能になるということだ。私たちからすれば、いくら何でも五パーセントは楽観的すぎると思われた（もちろん、三パーセントから四パーセントなら実現可能だとは考えている）。しかし、心意気としては素晴らしいではないか！

トランプは不動産開発業者として高層ビルを建築し、五つ星のリゾートホテルを経営してきた。だからこそ、物事をとても大きく考え、それをためらわずに宣伝できる才能があるのだろう。ニューヨーカー誌の二〇一六年十月六日号の記事では（大統領選挙の直前に仕組まれた誹謗《ひぼう》中傷記事だった）、一九八〇年の記者会見の前に、（建築家のデア・）スカットに語ったとされる内容が報道されている。「トランプ流にデッカく言ってやれ……建坪は一〇〇万平方フィートあって、六八階建てになるんだと語るんだ……」(1)（マンハッタンのトランプ・タワーは一九八三年に竣工）

私たちは、多くのエコノミストが信じているよりも、もっと、もっと速く経済成長できるはずだと――心の底から――考えている。左派の当時の言い分では、アメリカ経済は一パーセントから二パーセントの成長が限度だということだった(2)。

バラク・オバマは、左派の人たちにとっての政治的な〝救世主〟だったのに、経済を成長させられなかった。それならば、〝ただの人間〟でしかないトランプが、そのようなことを実現できるわけがないではないか。

もはやアメリカには期待できないという悲観論が、いたるところに蔓延《まんえん》していた。だが、そうした見方を真正面から叩《たた》きのめそうという人物が、ついに現れたのだ。だから、私たちは興奮していた。職業政治家たちは、「アメリカを再び偉大な国に」（ＭＡＧＡ）（メイク・アメリカ・グレイト・アゲインの頭文字を並べた略称）というスローガンを嘲笑《あざわら》っていた。そうした反応をトランプが楽しんでいる様子だったことにも、よい印象が持てた。私たちは、トランプの政策のすべてに賛成していたわけではない。しかし、トランプを攻撃するあらゆる敵対勢力が、いよいよ姿を現し始めていた。

そうしたわけで、私たちはルワンドウスキに、イエスと答えた。ぜひとも、ドナルド・トランプ候補とお会いしたいです、と伝えたのだ。

トランプ・タワーにて

その数日後に、私たちはニューヨーク市内にあるトランプ・タワーを訪問した。厳重なセキュリティチェックを通り抜け、津波のように押し寄せていたメディアがカメラを並べていたロビーを通り抜けて、エレベーターは二六階に昇っていった……。そこには、ドナルド・トランプの執務室があった。

特に印象的なことがあった。周りにいた人の誰もが、ドナルド・トランプのことが大好きだったのだ。トランプのスタッフへの気遣いが行き届いている様子だった。

決して取り繕っているというふうでもなく、トランプ・チームの人たちは本心からトランプのことを敬愛していた。トランプからの親愛の情に応えるものであることは確かだった。共に働き、日々を過ごしている人たちの様子から、トランプの人柄をうかがい知ることができた。お互いの深い尊敬と、確かな愛情が醸し出す空気が、それを物語っていた。

トランプ・チームの人たちは気取ったところもなければ、堅苦しさもまったくなく、礼儀正しく優しい人たちだった。会った瞬間に好感を抱いてしまうような人たちばかりだった。長年、側近秘書を務めて、トランプの貴重な財産となっていたローナ・グラフも、今ではよい友人となっているが、そんな人たちの一人だった。

トランプは、時間に正確だった。

面会時間は、午後四時に設定されていた。四時五分になると、ドナルド・トランプは、奥の執務室から勢いよく出てきた。魅力的な笑顔を見せながら、力強い握手を交わした。ムーアは、ウォール・ストリート・ジャーナル紙に在籍していたときに、大学バスケットボール界の著名アナウンサーだったディック・ヴィターレにインタビューをしたことがあった。エネルギーにあふれる強烈な個性で、何事にも真剣に取り組むという人物だった。だから、ムーアにとってのトランプは、政界のヴィターレという印象だった。温かく迎え入れられながらも、私たちは少しばかり恐縮していた。

トランプは、私たちを執務室に招き入れながら、嬉々《きき》として部屋のなかを案内してくれた。私たちも、すぐにくつろぐことができた。部屋はまるで博物館のようになっていて、スポーツやエンターテインメントの記念品であふれていた。ジョージ・スタインブレナー（ニューヨーク・ヤンキースのオーナーを三十年にわたり務める）、ジョー・ネイマス（スターQBとして活躍したプロ・フットボール選手）といったスポーツ界のレジェンドたちのアメフトボールや写真（サイン入りのものばかりだった）が飾られていた。ドナルド・J・トランプを特集した雑誌の表紙が――GQ誌からエスクァイア誌、ニューヨーク・タイムズ・マガジン誌まで――額縁に入れられて、壁面を埋め尽くしていた。トランプは、有名人という地位を本当に愛していた。いまだかつて、トランプほどメディアを上手に操ることのできた人物はいなかった。そのことを、まもなく私たちも知ることになるのだった。

部屋のなかにいたのは、ドナルド・トランプと私たち三人だけだった。その場には、側近も、〝ハンドラー〟（選挙活動で、候補者を操る人物のこと）も、タブレット機器を手にして偉そうなそぶりを見せるような人物もいなかった。トランプは自分の本にサインをして、一緒に写真を撮らせるのが好きだった。そうすることで共感が生まれるからだ。その時点でも、トランプは間違いなく全米でいちばん多忙な人間だったはずだった。しかし、私たちのためには、じっくりと時間を割いてくれていると感じさせた。

トランプは大きなデスクの向こうに腰かけて、私たちのほうに――いつもの独特の姿勢で――体を傾けた。経済問題についての質問だけでなく、選挙戦についても意見を求めてきた。「うまくいっているだろうか？」と聞いてきたが、選挙期間中にも、この質問はたびたび繰り返された。どのようなことにでも興味を持つタイプの人間であることも分かった。

「私の税制改革プランをどう思うか？」

「経済は不況に向かっているのだろうか？」

「中国の問題を、心配しないといけないのではないか？」

「支持率調査はいい感じだ。数字を見ているか？」といった調子だった（支持率調査には、とりわけ関心があった）。

「財政赤字には、どんな対策をするべきか？」

「ジャネット・イエレン（二〇一四年・二〇一八年、ＦＲＢ議長）にＦＲＢ（連邦準備制度理事会）を続けさせるべきだろうか？」

トランプは、何かを教えるというような態度ではなかった。むしろ、率直に意見を求めてきた。そして、耳を傾けた。意見が合わないときには、反論してくることもあった。ドナルド・トランプは、どのような意見にも耳を傾ける人物だった。ただ、誰かの言いなりになるということもなかった。

ムーアは、最初にこう言った。

「数週間前にあなたの選挙集会に参加して、たくさんの人たちと会いました。ドナルドさん、あなたのことが好きになれるか、まだ分かりません。でも、支持者たちのことは好きになりました」

すると、トランプは椅子《いす》から勢いよく立ち上がり、こう答えた。

「私も、ああいう人たちが好きなんだ。立派なアメリカ人だと思うだろう? 国を愛している人たちなんだ」(トランプは大統領になってからも、演説集会を開くことが好きだ。支持者からのエネルギーをもらえる場になっているからだ)

次に、私たちが言ったのは、「コーリー・ルワンドウスキさんをかばってくれていることに感謝します」ということだった。当時、ルワンドウスキは左翼からの攻撃にさらされていた。選挙集会のときにトランプに接近してきた記者に、暴力を振るったという言いがかりをつけられたこともあった。見え透いた謀略であることは明らかだった。有能かつ忠実な部下のルワンドウスキを、トランプから引き離すために仕組まれたのだ。質《たち》の悪い連中が、ルワンドウスキに襲いかかっていた。

トランプが、批判の渦中にあったルワンドウスキを見捨てなかったのは、賢くも立派な態度だった。巧みな対応でもあった。おかげで、ルワンドウスキは現代アメリカ政治史上における最大級の逆転劇の演出を助けたからだ。トランプに共和党候補者としての指名を獲得させることに成功したのだ。振り返ってみれば、もしかしたら本選挙での当選よりも、はるかに難しい挑戦だったかもしれない。

私たちは貿易問題についても、トランプと語り合った。もちろん、トランプは私たちが自由貿易を支持していることを十分に理解していた。しかし、トランプ自身は、〝自由〟な貿易よりも〝公正〟

な貿易を求めると断固として主張していた。数カ月前に、クドローとムーアは、ナショナル・レビュー誌に「スムート・ホーリー・トランプ」と題する記事を掲載していた。トランプが、最後の（破滅的な！）保護貿易主義者として知られるハーバート・フーバー大統領の轍《てつ》を踏むならば、経済を壊滅させかねないと指摘したのだ[3]。フーバーは、悪名高いスムート・ホーリー関税法に署名した大統領として記憶されている。この法案が国際貿易戦争を引き起こした結果、世界恐慌は、さらに深刻なものとなったのだ。

そちらの方向に進んではいけない。クドローとムーアは、遠慮せずに、はっきりと提言を行った。厳しい批判記事ではあったが、トランプが読んでいたことは間違いなかった。そうなのだ。トランプは、いつも、どんな批判にも注意を払っていたのだ。特に、それが友人からの批判であれば、なおさらのことだった（今は亡《な》き友人のジャック・ケンプ〔共和党の有力な下院議員〕が思い出された。どのような批判にも耳を傾けることのできた人物だった）。

ラッファーも貿易問題には懸念を抱いていた。そのあとに、ラッファーも記事を書いたのだ。

「貿易のもたらす利益が、まるで分からない政治家ばかりだ。貿易の問題を、どのように考えればよいのかさえ分かっていない……。貿易の問題は、雇用とはまったく関係ないし、総雇用とも関係ない。そうではなくて、所得の価値の問題なのだ」

自由貿易が非常に重要であることは、言うまでもない。だからこそ、今日まで私たち三人は正しい経済政策として熱心に擁護してきたのだ。

それから、トランプが簡単に触れたのは、中国やメキシコのような国に「やられっぱなしだ」という懸念についてだった。そこで私たちからは、保護貿易の立場を取って関税政策を弄《もてあそ》ぶつもりなのかと、あえて指摘してみた。すると、両手を大きく広げて、少しばかり侮辱されたかのような態度を示した。

「私は、保護貿易主義者ではない」と語気を強めて、「ただ、中国がフェアでないんだ」と言ったのだ。

説得されたわけではないが、トランプの言うことも、もっともだと感じられた。例えば、日本や中国は、非関税障壁をうまく使ったり、為替レートを操作したりしているので、実際にアメリカ経済は損害を受けている。トランプは、思いつきでものを言っているわけはない。現実の問題を具体的に知っているのだ。

もちろん、私たちからは、貿易戦争を避けるべきだということを丁寧に伝えた。トランプは選挙戦のなかで、株式市場のことや経済の成長を強く訴えていたが、それを自ら破壊してしまいかねないからだ。当時も現在も、私たちが主張することは、トランプにとって少なからず考える材料にはなっただろうと思っている。

トランプは、税金の話では突っ込んだ議論をしたがった。私たちの方でも、抜け道がない包括的な税制改革がもたらす利益について、トランプに説明したいと考えていた。同じことは、共和党のすべての候補者たちにも伝えていた。税政策に関して私たちの協力を求めてきた候補者には、そうした内容を説明していたのだ。唯一の主要な例外となったのはマルコ・ルビオ上院議員だったが、サプライサイドの経済政策よりも税金控除の問題を重視していた。

私たちが、はっきりと伝えたことは、アメリカ経済の成長を取り戻すために、最も劇的な効果をもたらすのは企業減税だということだった。トランプは、どのくらいまでの減税の規模ならば財政的に実現可能であるのか、ということを尋ねてきた。経済成長の速度を飛躍させるためにも、また、中流階層を救うためにも、できるだけ大規模であるほうがよいと返答した。そこで、クドローはこう忠告した。

「ワシントンの経済官僚が出してくるニセの数字を、真《ま》に受けたりしないようにしてください。いつも間違っているからです。高い経済成長率がもたらす利益は、短期的な財政赤字のコストをはるかに上回ることになるのです」

この原則は、トランポノミクスの中心の柱になった。そして、この原則こそが税制改革の成果を測定するための正しい方法になるのだと、私たちは強く主張した。伝説のアメフトコーチのヴィンス・ロンバルディの名言を言い換えれば、「成長がすべてじゃない。成長しかないんだ」（ロンバルディの名言は「勝利がすべてじゃない。勝利しかないんだ」）。

クドローが繰り返して述べたことは、企業減税は労働者の利益になるということだった。賃金が上昇することになるからだ。一九台のタクシーを所有している会社であれば、減税のおかげで、二〇台目のタクシーを購入できるようになる。そうなれば、運転手も、さらに一人雇用することになる。ビジネスマンであるトランプには、そうしたことが理解できた。

トランプは、税制改革プランの概要を、公約としてすでに明確にしていた。ラッファーとの選挙公約の議論のなかで、大部分のアイデアが生まれたのだと、私たちに語っていた。税制改革プランは、ダイヤモンドになる前の原石の状態だったが、その荒削りの姿にも十分な魅力が感じられた。プランの概要としては、法人税を一五パーセントに下げることや、労働者と中小企業の経営者の税率を下げることを公約としていた。

「法人税の減税をしたい。それだけでなく、あらゆる中小企業にとっての減税もしたい」と、少なくとも二回は明言していた。

トランプの直感は素晴らしかった。アメリカの雇用の約三分の二は、従業員一〇〇人以下の中小企業によるものだからだ。また、政治の問題としてみても、アメリカ人は中小企業が好きだが、アメリカを代表する大企業に好感を持っているという人は、あまり多くはいない。つまり、大企業というものは、大きな影響力を持っているわりには、肥満して、バカで、マヌケな存在なのだと、有権者は感じていた。確かに、そう思わせるだけの理由はあった。

トランプは、すぐに話の本題に入った。経済効果が最大になるように、税制改革プランを練り上げてもらいたいということだった。同時に、抜け道を減らしつつも課税ベースを広げ、結果として税収を確保できるように仕上げてもらいたいとのことだった。

「もちろんですとも。お役に立てるのは、光栄です」と答えた。

税制改革プランの骨格に肉付けして、むやみに財政赤字が拡大しないような内容に仕上げることを約束した。また、動学的推計《ダイナミック・スコアリング》をもとにすれば、減税の効果として、国民総生産の増加と雇用の拡大が見込めることを保証した。

トランプには、実業家らしい几帳面《きちょうめん》さもあった。試算結果は、二週間後までには報告してもらいたいということだった。与えられた時間はあまりにも短いと感じられたが、選挙戦の日程の要請からすれば当然でもあった。

私たちが部屋から出ていくときに、トランプはまるで兄弟であるか、あるいはアメフトのコーチでもあるかのように、肩に手をかけながら励ましを与えてくれた。まるで、あのヴィンス・ロンバルディのように感じられたのだった。

魅力による攻勢

約五〇分の面会時間だったが、私たちは、とても高揚した気分を感じていた。それから二年がたった今、ドナルド・トランプが、そうした影響力をアメリカ国民に及ぼすことができるようなカリスマ的な人物であることが分かってきている。トランプの性格は、テレビのなかで演出されたり、政敵から決めつけられたりしているようなイジメ屋でもなければ、偏執狂的な自己愛の人でもない（もちろん称賛へのこだわりはある。その意味では、強烈な自尊心を持つ人物であるのは確かだ）。

トランプという人は、どのように経済というものが動いているかを本能的につかんでいると、私たちは感じていた。税金、規制、お役所仕事、バカバカしい規則といった政府の過度の干渉を一掃することができれば……もっと速く経済成長できるはずだ。トランプは、そうしたことを経済学の教科書で学んだわけではなかった。ニューヨーク市やワシントンの行政機関を相手に、ビジネスの実体験のなかで体得したことだった。政治家もエコノミストも、経済の問題をただ議論しているだけだ。しかし、そうした経済の現実をつくり出しているのは、ドナルド・トランプのような人たちなのだ！　ドナルド・トランプのように実行力があって、リスクを背負う人だけが、アイデアを具体化できるのだ。好き嫌いはさておき、ドナルド・トランプには――とても貴重な才能として――ニューヨークという街を生き抜くにふさわしい賢さがあった。

こうしたことは、確かに象牙《ぞうげ》の塔に籠《こ》もっている高尚な人々の自惚《うぬぼ》れを傷つけていた。しかし、なすべき仕事をやり遂げる――雇用を創出して、経済を成長させる――ということに関する判断においては、知識人よりも、むしろ有権者のほうが賢明であることが明らかになってきていた。

もちろん、トランプの貿易政策にも、厳格な移民政策にも、私たちとしては賛成できないところがあった。しかし、どんな候補者と比較しても、経済成長志向でビジネス本位であることは感じられた。実際、ロナルド・レーガン以来では、最も経済成長志向の強い候補者だった。

ほかにも魅力があった。私たち二人は、これまでの仕事人生のなかで、さまざまな政治家との長い付き合いがあった。レーガン以来のすべての大統領と会ったことがある。ラッファーは、ニクソンにまで遡《さかのぼ》る。ジョージ・シュルツ（ニクソン政権で行政管理予算局局長、レーガン政権で国務長官）時代のホワイトハウスで仕事をしていた。ラッファーは、キャンプデービッド（メリーランド州にある米大統領専用の別荘）のウィンドブレーカーも持っていた。ニクソン政権の一九七一年には〝金取引の窓口〟を一時的に閉じたことで知られる「新経済政策」（金とドルを交換停止した。ニクソン・ショックと呼ばれる。）の作成に参加していたからだ（ニクソンは関係高官を、極秘にキャンプ・デービッドに招集して対策を決定した）。

すでに触れたが、私たち三人は、これまでに数多くの知事、上院議員、下院議員、ときには市長たちと一緒に仕事をしてきた。そして、公職にある政治家の資質というものを、つぶさに見てきた。そうしたなかで、どのようなタイプが成功するのかという第六感が磨かれてきた。成功する人物というのは、何らかのオーラを放っているものだ。自信にあふれていて、有権者の心とつながることができる何かがあるのだ。

トランプは有権者の心とつながっている。そうしたつながりを感じさせる――部屋に入ってくると明るく感じるような――優れた才能については、これまで三人の大統領にしか感じたことがなかった。ロナルド・レーガン、ビル・クリントン、バラク・オバマが、そうした人だった。そして、今、ドナルド・トランプが現れているのだ。

トランプからは、選挙に勝ち、政治で成功するための〝未知なる要素〟が発散されていた。

この最初の面会が終わったときのことだ。トランプからは、しばらく執務室の隣にある会議室で待っていてほしいと頼まれた。選対本部のスタッフにも会っておくためだった。一〇分ほどが経過したころ、トランプは会議室のドアを開けて、顔をのぞかせた。

「どうしているかなと思っただけですが。大丈夫ですか？」

私たちは顔を見合わせて、笑顔で答えた。

「はい、大丈夫です」

そして、私たち三人の口からは、同じ瞬間に、同じ言葉が出てくることになった。

「ああ、この人は本物だ。この人は、きっと勝つことになるだろう」

＊　＊　＊

この最初の面会では、ほかにも印象に残る出来事があった。ルワンドウスキから、トランプの執務室から数階下のフロアに選対本部の事務所があるので、そこに立ち寄っていかないかと声をかけられた。選対幹部にも会っておいてもらいたいとのことだった。降りていくと、そこには、選挙戦の中枢となる場所があった。内部は広々とした空間となっていた。間仕切りで区画されていて、テーブルが並び、壁一面には選挙ポスターが貼《は》られていた。トランプ・グッズも、いたるところに陳列されていた。選挙戦は予備選のクライマックスに突入していたが、驚いたことに、そこで歩き回っていたスタッフの人数はおそらく一〇人程度だった。ほかには、部屋で数人が仕事をしているだけだった。選対本部のほとんどのスペースが、無人の静寂な空間となって広がっていた。意外な光景だった。

私たちは訝《いぶか》しげな表情で、顔を見合わせた。いったい、スタッフはどこにいるのだろうか？　今、私たちが立っている場所は、まさに選挙戦の中枢に当たるはずだ。選挙戦は予想外に展開して、その時点では、トランプは共和党予備選の候補者としては先頭を走っていた。それなのに、ここにはほとんど誰もいないではないか。地方の市議会議員の選挙事務所であっても、もっと活発で騒々しいはずなのに。本当に驚きだった！

ムーアは戸惑いを隠せずに、ついに口を開いた。

「ルワンドウスキさん、みなさんはどこにいるんですか？」

「ここにいるのが、選対本部のスタッフです。ご覧のとおりです」との返答だった。本当だろうか？

「トランプは、無駄遣いが嫌いなんです」

ルワンドウスキは、その理由を、じっくりと説明してくれた。つまり、トランプが予備選のなかですでに公約していたことには、特定の利益団体からの献金に頼らずに、選挙戦を自己資金でまかなうということがあった。大統領選挙史上では最大級となる逆転劇を起こそうとしていたが、それをトランプは莫大な資金を使わずに実現しようとしていたのだった。

ルワンドウスキの説明では、トランプには、前週末までの選挙活動の支出報告書を毎月提出しているとのことだった。トランプは、その内容をじっくりと見ながら、あれこれと内容を確認するというのだ。

例えば、「なぜ、アイオワ州では選挙スタッフを八人も雇っているのか?」とルワンドウスキに尋ねるのだ。

「本当に八人も必要なのか?」とトランプが確認すると、「大事な州なので、しっかり戦う必要があります」とルワンドウスキは答えるのだ。

アイオワ州での予備選では、ジェブ・ブッシュとスコット・ウォーカーが大量の選挙資金をつぎ込んだあげくに敗退していた。トランプはといえば、資金を節約しながらも、テッド・クルーズに次ぐ二位につけていた。巨額の資金があれば選挙結果を左右できるという神話を、トランプはぶち壊していた。このことは、トランプが間違いなくアメリカに貢献したことだ。

選対本部を訪問したことで、トランプが、二つの点で素晴らしいことが理解できた。第一に、トランプは倹約家であり、しっかりと支出を切り詰める人だということだった。このような人物であれば、連邦政府の国家予算を見渡して、無駄使い、ごまかし、余計な支出を根絶することができるだろうと、私たちは感想を述べ合った。

第二の点は――私たちとしても、大いに賛成することであるが――選挙運動のコンサルタント業者を通じて、政治評論家、選挙スタッフ、世論調査会社、広告会社などに大金を払うというやり方を、完全に覆《くつがえ》してしまったことだ。トランプからしてみれば、コンサルタントなどというのは無用の長物でしかなかった。一円の得にもならないからだ。

こうしたわけで、共和党の職業政治家たちは、トランプを嫌っていた。そして、現在でも嫌っているのだ。共和党政界を牛耳る人たちに上納金を納めたりせず、用心棒代らしきものを無用にしてしまった。テレビ広告にも、ほとんど資金を使わなかった。そうした仕組みを通じて、コンサルタント業者は稼いでいたのだ。

コンサルタントたちは、（自分たちの）存在を脅かす危険な前例とならないように、徹底的にトランプを叩き潰そうとした。ブッシュやロムニーの政治参謀であったスティーブ・シュミット（元共和党広報戦略責任者）、スチュアート・スティーブンス（ロムニー候補の元上級顧問）、リック・ウィルソン（共和党の政治戦略家、メディアコンサルタント）といった人たちが、毎週のようにテレビ番組に出演しては、トランプへの非難を繰り広げていた。しかし、結局のところ、既存の政治家連中がトランプを倒すことはできなかった。トランプのほうが、彼らを倒してしまったのだ。

善良な人たちから見れば、素晴らしい快挙だった。

以上が、ドナルド・トランプという、大統領となるべき人物との最初の面会での出来事だった。これが、私たちがさらに重大な仕事をしていくに当たっての最初の一歩となった。

トランプ現象

大統領選で何が起きていたのかを振り返っておくことは、有益なことだろう。共和党指名候補に出馬するに当たり、決定的な分岐点があったからだ。

ドナルド・トランプは、右派であるか左派であるかを問わず、メディアと知識人からの執拗《しつよう》な嘲笑《ちょうしょう》を受け続けていた。政治経験がゼロのお調子者にすぎず、当選する見込みなど、まったくないとされていた。

ジェブ・ブッシュなどは、当初、「私は保証します。ドナルド・トランプが共和党指名候補者になる可能性はありません」と断言していた(4)。

この意見に賛成する多くの人たちは、アイオワ州党員集会が終わった段階で、トランプが選挙戦から撤退することになると予測していた。現在、ホワイトハウスで大統領顧問となっているケリーアン・コンウェイは、当時、このように語っていた。

「アメリカ政界のなかで、『あの候補者は勝つ見込みがない』というウソ話が利己的な意図で拡散されている」

コンウェイがこの発言をしていたころ、共和党指導部では、まさに心停止が起きかけていた。トランプが勝利しようとしていたからだ。予備選の最初の段階では迷走気味であったし、苦戦もあった。アイオワ州では、テキサス州選出の上院議員テッド・クルーズに敗れていた。政界の事情通の見方では、本選挙どころか、予備選でも勝つ見込みはほとんどないとされていた。

選挙戦初期の段階では、共和党では、ほかにも一五人が大統領候補者の指名をかけて戦っていた。共和党の事情通が見るところでは、今回の候補者リストは、これまでの共和党の歴史のなかでも最高に充実したメンバーだとのことだった。指名候補を争ったのは、以下の人たちだ。前フロリダ州知事ジェブ・ブッシュ、ルイジアナ州知事ボビー・ジンダル、オハイオ州知事ジョン・ケーシック、前テキサス州知事リック・ペリーだ。ウィスコンシン州知事スコット・ウォーカーは、富裕層の保守派の間ではヒーローだった。マディソン市（ウィスコンシン州の州都）の州議事堂を左翼の抗議集団に占拠されるという政治的圧力を受けながら、州公務員の労働組合の大物たちと渡り合い、譲歩しなかったというエピソードがあったからだ。

上院議員もいた。フロリダ州選出のマルコ・ルビオ、ケンタッキー州選出のランド・ポール、サウスカロライナ州選出のリンジー・グラハム、テキサス州選出のテッド・クルーズだ。元アーカンソー州知事のマイク・ハッカビーと、ペンシルベニア州選出の元上院議員リック・サントラムは、社会保守派には人気の候補者だった。中道派のなかには、ミット・ロムニーが最終段階で立候補することを待望している人たちもいた。

さらに職業政治家ではなかったが、手強い候補者が二人いた。脳神経外科医のベン・カーソンと、ヒューレット・パッカード社の元ＣＥＯのカーリー・フィオリーナだった。予備選の初期における支持率調査では、この〝アンチ政治家〟の三人――トランプ、カーソン、フィオリーナ――が一位、二位、三位となっていた(5)。この事実だけでも、ワシントン政界にとっては警鐘となるべきことだった。有権者の怒りが広がっていることが、兆候として現れていたからだ。アメリカが経済的にも文化的にも行き詰まっているのは、職業政治家の責任だとみなされていたのだ。

さて、第3章で論じることになるが、アメリカ国民が――特にアメリカ中西部のラストベルト地帯で――政治エリートに対する不満を表明したのは、当然のことだった。特に、ブッシュ政権の最後の数年間は悲惨で、アメリカ経済の状態は非常に悪くなっていた。オバマ政権での景気回復も弱く、期待外れなものとなっていた。中間層の所得も伸び悩んでいた。GDPの伸びも、過去十五年にわたり緩やかだった。低賃金の非熟練単純労働者を除いて、雇用も回復していなかった。オバマケアのために、健康保険はかえって高価なものになってしまっていた⑹。連邦政府の財政赤字は、平均して年間約一兆ドルを超えるようになっていた⑺。大企業の救済措置や、生活保護の支給も当たり前のようになっていた。

右派であるか左派であるかを問わず、政治エリートたちは、あまりにも現実から目を背けていたのだ。アメリカ国民の驚くほかない悲惨な生活の状況を直視すべきだった。約三分の二の有権者は、アメリカが〝間違った方向〟に進んでいると考えていたが、そうした支持率調査の結果にも無関心だった⑻。この有権者の反乱に気づき、その流れに乗ろうとしていたのは、たった二人の候補者だけだった。右派ではトランプ、左派ではバーニー・サンダースだった。

共和党内のいわゆる専門家たちは、共和党候補者は、最終的にはジェブ・ブッシュに落ち着くことになると断言していた。私たちも、最初はそう思っていた。これまでの共和党の歴史にならえば、そうなるはずだった。いつも〝次の順番〟の人に決まっていたからだ。

振り返ってみよう。一九六八年のニクソンは、アイゼンハワー政権での副大統領だった。一九七六年のフォードは、ニクソン政権での副大統領だった。一九八〇年のジョージ・H・W・ブッシュは、レーガン政権での副大統領だった。それから、一九九六年のボブ・ドール、二〇〇〇年のジョージ・W・ブッシュ、二〇〇八年のジョン・マケイン、二〇一二年のミット・ロムニーと続いた。そして今、フロリダ州知事を二期務め、その実績が称賛されているジェブ・ブッシュが候補者になっていた。父親も兄も大統領となり、ブッシュ家をコネにした巨額の資金で支援されている。ブッシュ王朝という選択肢だった。

しかし、ジェブ・ブッシュは、ブッシュ家の政治献金組織から一億ドルもの資金を集めていながらも、支持率調査では低迷を続けていた。誰もがブッシュの人気が上昇することを期待していたのだが、そうはならなかった。トランプは、ブッシュを〝元気のないやつ《ロー・エナジー》〟というあだ名で呼んでいた。選挙戦の勢いを見たときに、まさに、そうした印象を実感させられた。ニューハンプシャー州ハノーバーでの遊説のときに、ブッシュの冴えないイメージは決定的なものとなった。演説を締めくくる言葉を終えたときに聴衆の反応が鈍かったので、ブッシュは、哀れにも聴衆に向かって「拍手をお願いします」と促すことになったのだ[9]。結局、アイオワ州党員集会でブッシュは六位に終わった。

こうしたなかで、衝撃的なかたちで、予想を裏切って抜きん出てきたのがドナルド・J・トランプ――不敵な不動産王であり、テレビの人気番組『アプレンティス』のスターであり、「おまえはクビだ！」の名台詞《ぜりふ》で全米に知られる有名人――だった。

私たちの知り合いの誰もが――本当に全員が――トランプは出だしの勢いだけで終わることになる

と見ていた。支持率調査の数字は、何かの間違いではないかと考えられていたのだ。オッズ・メーカーでは、トランプ勝利の賭け率は一対二〇でしかなかった。六カ月前に出馬表明したときの賭け率は一対一〇〇だった。つまり、まったく勝ち目がないと見られていた。ヒラリー陣営の選挙参謀は、かつて私たちにこんな話をしてくれた。トランプがヒラリーに勝つ見込みというのは、バスケットボールの試合でニューヨーク・アイランダーズがニューヨーク・ニックスに勝つ番狂わせが起きるほどの可能性もないということだった。

ただ、トランプが支持者の心とつながっていたことは確かだった。そのようなことは私たちだけでなく、メディアの人たちも、これまでに見たことがなかった。アメリカ中西部のあらゆる街角で、赤地に白文字で「アメリカを再び偉大な国に」と刺繍《ししゅう》された帽子をかぶる人たちが見かけられるようになっていた。上流階級の住処であるワシントンDCやマンハッタンの象牙の塔から、はるかに遠く離れた場所では、そうした現象が起きていたのだ。

トランプの発言が過激であるほど、支持者たちは熱狂していた。直接に目《ま》の当たりにしたことですぐに気づいたことは、いつもトランプからは〝新聞の大見出し〟や〝テレビでのニュースの話題〟が飛び出していたことだった。

ムーアが、二〇一六年の最初のころに選挙集会に参加していた理由は、もっぱら好奇心からだった。だがそこで、ある種の直感が閃《ひらめ》くことになった。大勢の聴衆が集まり、熱狂していた。まるでローリング・ストーンズのコンサートのようなエネルギーが感じられた。参加していた聴衆のタイプにも驚きを感じたところだった。カントリークラブ（地方や郊外にある金持ちのためのクラブ）に来るような人たちとは違っていたからだ。

こうした人たちが、典型的なトランプ支持者だった。また、ムーアがトランプとの最初の面会のときに話題にしたのも、そうした人たちのことだった。ブルーカラー、労働者階層、文化的には保守派だが、どちらの政党にも明確には属していないという人たちだった。愛国心はあるが、経済的に疲弊《ひへい》していることで不満と怒りを感じている人たちだった。アメリカの崩壊の兆候が経済的にも、文化的にも現れていると感じて、国の針路を大きく変えてもらいたいと考えていた人たちでもあった。

学校の先生、警察官、建設業で働く人、バイク愛好家（トランプの選挙集会の側《そば》には、たくさんのバイクが駐輪されていた）、サッカー・ママ（中流階級の子供の教育に熱心な母親）、おじいちゃん、おばあちゃん、ビジネスマン、ビジネスウーマンがいた。驚くほど大勢のヒスパニックや黒人も参加していた。

どうしてトランプが好きなのかを聞いてみると、このようなことを話してくれた。

「アメリカが間違っていることを、本音で話してくれるから」

「現状を揺さぶってくれる人に期待したいんだ」

「ワシントン政治を引っ繰り返してくれそうだ」

「フェイクニュースを流すメディアは、トランプのことではウソばかり言っている」

「政治家にはうんざりしているので、成功したビジネスマンのほうがいいと思う」

こうした人たちはオバマが大嫌いで、ジョージ・W・ブッシュのこともあまりよくは思っていなかった。

共和党も、民主党も、このような有権者にはあまり注意を払っていなかった。仮に関心を向けているように見えたとしても、それは見せかけで愛想よくしているだけだった。実は、既存の政治家たちに対する不満は、私たちも同じように感じていた。

こうした大勢の支持者が、ドナルド・トランプに最も期待していたのは、ワシントン政治という〝沼地を一掃する《ドレイン・ザ・スワンプ》〟ことだった。

左派の勢力は、有権者の不満の声を、浅はかで非合理的なものだと決めつけて無視していたが、その結果は、自らの敗北となって跳ね返ってきた。ヒラリー・クリントンは、このような有権者に対しては蔑《さげす》みの感情すら抱いていた。巨額の寄付金を提供する大金持ちたちが出席する集会で、トランプ支持者のことを、〝嘆かわしい人たち《ディプロラブル》〟で〝救いようがない人たち《イリディーマブル》〟だとする恥ずべき発言をしていたのだ。左派の人たちは、いつもトランプ支持者を、外国人排斥《ゼノフォブ》、イスラム排斥《イスラモフォブ》、人種差別《レイシスト》、女性差別《ミソジニスト》、同性愛者差別《ホモフォブ》であり、時代の流れに逆行している人たちなのだとして嘲笑っていたのだ。

多くの政治エリートたち——共和党、民主党とも——の態度は、自分たちはトランプを支持する人たちの群れと比べれば文化的にも、道徳的にも、知的にも優越しているというものだった。労働者階層を軽蔑していたし、それを態度でも表していたのだ。

選挙集会や選挙運動のなかで、「オバマ政権での景気回復について、どう思いますか？」と聞くと、バカにしたような表情をされることがあった。「何が景気回復だって？　ここはミシガン州だよ」と言い返されたものだ。オハイオ州でも、イリノイ州でも、ウェストバージニア州でも、ニューヨーク州の郡部でも、アイオワ州でも、両海岸沿いではないアメリカの内陸部でも、事情は同じことだった。ハリウッドや、シリコンバレーや、ウォール街や、首都ワシントンＤＣで起きていることなど何も関係がないのだ。

支持者たちは、めまいを感じるぐらいに興奮していた。トランプを直接に見て、演説を聞いてみたいために、三時間でも四時間でも待っている人たちがたくさんいた。政界のミック・ジャガーが姿を現すのを心待ちにしていた。そして、誰もが熱狂の渦に巻き込まれていった。

左派の連中が非難を浴びせれば浴びせるほどに、支持者たちの熱狂は高まっていった。攻撃的で厚かましい左翼勢力が、全米のいたるところに蔓延していたからだ。そして、自分たちの考え方に賛同しない者を、偏狭な思想の持ち主なのだと決めつけていた。このことを、コラムニストのペギー・ヌーナン（ウォール・ストリート・ジャーナル紙の代表的な女性コラムニスト）がうまく表現していた。

「アメリカ中西部では、同性婚を認めるにはキリスト教道徳だけでは十分でないのです。今や、ウェディングケーキも焼いてみせる必要があるのです」[10]（コロラド州でケーキ店主が「同性婚のケーキをつくらない」と断ったことが社会問題となった）

トランプは東海岸と西海岸の政治エリートに立ち向かい、政治的な正しさ《ポリティカル・コレクトネス》や言葉狩りと戦った。〝忘れられたアメリカ人たち〟と呼ばれる、数知れぬ大衆のために演説していたのだ。

やがて私たちには、いつも決まった流れで選挙集会が進行していることが分かってきた。トランプの専用機が着陸すると、聴衆が熱狂し始める。飛行機が回り込んで、聴衆から一〇〇ヤード離れた場所に停止する。そして昇降口のドアが開く。トランプが姿を現して、階段の最上段に立つ。聴衆に手を振ると、歓声が沸き上がる。

身だしなみは——いつも——整っている。白いワイシャツに、赤いネクタイ、ダークブルーのスーツだ。派手に振る舞うので、実像よりも大きく見える。ある意味では、実際にそのとおりなのだが。

ステージに上がり、熱狂する聴衆に向かって歩みを早める。あたかもボビー・トムソン（プロ野球選手。ニューヨーク・ジャイアンツで主力打者だった）がサヨナラ逆転ホームランを打ち、ジャイアンツのワールドシリーズ進出を決めた瞬間のようだった。

二本の親指を立てながら歩き回り、熱狂が静まるのを数分間待つ。そして大きく包み込むように両腕を広げて、「私の支持者のみなさん」と大きな声で呼びかけるのだ。

再び、歓声が沸き上がる。いよいよ選挙戦のスローガンが始まるのだ。

「壁をつくろう！」「誰が払うんだ？」と声を張り上げると、聴衆は一斉に、「メキシコ！」と叫ぶ。「ＮＡＦＴＡをやめよう」「史上最大の減税をしよう」「オバマケアを廃止しよう」――すべて言葉どおりだ。

「炭鉱労働者の仕事を取り戻そう」「インフラを再建しよう」

もちろん、次の言葉で、最後を締めくくるのだ。

「アメリカを再び偉大な国に《メイク・アメリカ・グレイト・アゲイン》」

まさにＰ・Ｔ・バーナム（十九世紀のアメリカの伝説的な興行師）だ。素晴らしいショーマンだった。天才演説家だった。これは大衆扇動か何かなのだろうか？　確かにそうだ。しかし、バラク・オバマが海面上昇の危険を阻止すると公約したときに、メディアは、そのカリスマ的な演説の才能に熱狂して、まるでギリシャ神話の神のように祭り上げていたではないか。それと比べれば、トランプが「壁をつくろう」と言ったからといって危険な扇動政治家《デマゴーグ》だと非難するというのは、とんだお笑い草だ。

私たちはいち早く、トランプがあらゆる伝統やルールをぶち壊そうとしていることに気づいた。よくも悪くも、新しい歴史が生まれつつあることが感じられた。だからこそ、この仕事に参加しようと決意したのだ。

再びトランプ・タワーにて

最初の面会から、ちょうど二週間がたっていた。私たちは、マンハッタンにあるトランプの執務室で再び集まった。前回と同じように、セキュリティチェックを通り抜け、魅力的なスタッフとの会話を交わした。少しばかり待ったところで、トランプが現れて執務室に招き入れてくれた。

このときの会合では、ムーアと、クドローのほか、スティーブ・ミラーも加わっていた。トランプ陣営で、新たに選対本部の政策責任者となっていた重要な人物だ。アラバマ州選出のジェフ・セッションズ上院議員の広報責任者をしていたころから、私たちはミラーとは知り合いだった。セッションズ議員が、有力な連邦議員としては初めてトランプ推薦者となったときに、ミラーもトランプ陣営に参加することになったのだ。

ミラーは頭が切れ、判断力に優れ、政策通だった。保守派の人物であり、文筆の才能も素晴らしかった。連邦議会での仕事としては、セッションズ議員が取り組んでいた優れた予算案、社会保障改革、数々の支出削減策の具体化を助けてきていた。まもなくミラーは、トランプ陣営で政策戦略をまとめるためのキーマンとなった。全米遊説に随行してトランプの生の声に接していたので、政策の考え方を誰よりも直感的に理解して、スピーチ原稿を作成することができた。ミラーは、トランプをよくサポートしていた。

トランプ税制改革プランに盛り込む税金と予算に関する数字は、まだ精査中だったが、私たちは、幾つかの選択肢にも暫定の数字を入れた概要説明書を準備した。候補者であるトランプの判断を仰いだ上で、隙のない完成版に仕上げるためのものだった。トランプの選挙戦の勝敗を決するペーパーになるだろうと考えた。すでに、この税制改革プランに対しては、数多くの批判が生まれていたからだ。連邦政府の財政赤字を膨張させることになるとして攻撃されていたのだ。

メディアも、トランプの税制改革プランを酷評していた。ある人の批判を引用して「ステロイド漬けの〝ブードゥー経済学〟」だとしていた(11)。財政タカ派からは、トランプの予算・税制改革プランは非現実的だとの非難が上がっていた。トランプは、事業家としては「借金王」だと自称していた。もちろん、巨額の借入金を元手にして巨万の富を築くことができた達人、との意味だった。だが、政敵たちは、この「借金王」という言葉の意味をねじ曲げて、達人としてよりも、浪費家であるとして印象付けようとしていた。

ただ、この二度目の会合では、ドナルド・トランプは政策論議の細部には、あまり立ち入ろうとしなかった。最初に、「ラッファーさんは、どこにいるんだ。来てもらいたかったのだが」と言ったのだ。海外に出張中だが、同じ考えであることを説明した。それから、選挙戦での最近の出来事などを自由に語り合った。しかし、この会合では明らかに、トランプは減税プランの概要について触れようとしていなかった。本題を切り出そうとしていたからだ。

「あなたがた二人とラッファーさんに、上級経済顧問として、選挙陣営に加わっていただきたいのです」

このオファーには少しばかり驚いたので、私たちは顔を見合わせた。

「ええ？」とクドローは沈黙を破った。

「ドナルドさん、一緒に仕事ができるかどうかは分かりません。たとえ、あなたがそれをお望みだったとしてもです。私たちは自由貿易に賛成の立場なのですが、あなたは保護貿易主義者なのですから」

トランプは素早い反応を示した。まず、保護貿易主義者という言い方に反論した。少しばかり侮辱されたかのような態度を露《あら》わにしたのだ。

「最初に、言っておきたいことがある。私は、貿易がもたらす利益というものを理解している。アメリカの企業と労働者の利益のために、よい取引をしたいと考えているだけだ。自由で、公正な貿易をしたいのだ」

私たち二人のような筋金入りの自由貿易論者にとっても、この言葉には安心させられるものがあった。トランプは、さらに安心させる言葉を語ってくれた。

「貿易についての見解に相違があることは認めよう。けれども、減税、エネルギー、規制緩和など、さまざまな経済問題を解決するためには、あなたがたの協力が、ぜひとも必要なのです。景気を活性化させたいと、本当に願っているからです」

こうした言葉には、ドナルド・トランプの人柄がよく表れている。政治エリートたちが、まだ理解できていないところでもある。トランプは、イデオロギー的な忠誠心を求めたりはしないのだ。意見の相違はありえるが、そうしたことを気にしたりはしない。〝純度試験〟も固定観念も必要としないのだ。

私たちが、いつも政策論争に勝っていたというわけでもない。トランプとそのチームのメンバーとの間では、今でも小さな論争は起きている。レーガンとは違って、イデオロギー的なところがない。そうした部分にはフラストレーションを感じることも、たびたびあった。しかし、トランプはいつも自由で、フェアに政策を議論することを求めていた。トランプは、良識《コモン・センス》を大切にする保守派だった。イデオロギーに基づくリトマス試験にこだわることよりも、成果を出すことを重視していた。

トランプには、称賛されていない資質がほかにもある。ドナルド・トランプという人には――さまざまな長所が（ときには短所が）語られてきたが――ノーとは言えないところがある。猛烈な熱意と、やればできるという考え方は、大勢の人を巻き込む力となっている。この資質は、実業家として成功した大きな秘訣《ひけつ》だ。もちろん政治家としても、それは同じことだろう。

トランプは実践的な人間だ。即座に答えを求める。私たちが、他の選択肢を考え合わせるために、しばしの間、考え込むことがあった。真剣に考え抜いたところで、私たちが「そうですね」と同意すると、トランプは椅子から立ち上がって、「よし。それでは、始めよう」と言うのだった。

そうして、私たちは、すぐに取りかかるのだ。粗っぽいがために、傷つくこともあれば、くたびれることもあった。しかし、アメリカ政治史上で最大級の逆転劇の真っただ中に、私たちがいたのは間違いなかった。

ついでになるが、私たちは選挙戦の期間に、顧問料、相談料、調査費などとして、いかなる金銭的な対価も受け取らなかったことを記しておきたい。自らの負担で、国家のために尽くす仕事を引き受けたことを誇りに思っている。これは冗談ではあったが、夏の全米オープンテニス・トーナメントの最前列の四席を、トランプの招待席として報酬の代わりにしてくれたら、などと言い合ってはいたものだ（ムーアは、選挙戦に参加するために、シンクタンクのヘリテージ財団で無給での四カ月間の休暇を取っていた）。これは、ラッファーの前例にならうものだった。レーガンからは、何らの金銭的な対価も受け取らなかったのだ。ラッファーの信念は、こうだった。エコノミストが経済政策に関する顧問料を受け取ってしまえば、ウソで塗り固めた政治的な利益に迎合するために、ごく簡単な真実すら曲げてしまうようなことにもなりかねない。そうした理由で、ムーアとクドローが使っていたトランプ陣営上級経済顧問という公式の肩書も、ラッファーは受けなかった。

トランプが当選してからは、いよいよ次期政権での経済政策を実行に移すために、政権移行チームのメンバーにもなった。そして、二〇一七年の間は、私たちは政府の外からの立場で、大統領にアドバイスをしてきた。二〇一八年の初めに、ラリー・クドローが国家経済会議の委員長に任命された。アドバイザーの立場が公の職務になったのだ。ラッファーとムーアも、大統領の経済諮問《しもん》会議のメンバーに任命されている。

第2章　アメリカ政治史上で最大級の逆転劇となった戦いの傷跡

「ドナルド・トランプは扇動政治家《デマゴーグ》だ。以上。
大衆の熱狂を見ていると、ナセル大統領時代のエジプトを思い出す。トランプは反自由主義の信念を持っている。おぞましい態度だ。恐るべき気性だ。良識ある保守派の仕事としては、今こそ、こうしたことを繰り返し指摘するべきだ。そうしたことができないならば、もはや役立たずだということになる」

――二〇一六年十一月　ブレット・スティーブンス
ウォール・ストリート・ジャーナル紙コラムニスト(1)

二〇一六年春に、トランプ陣営から公式発表が行われた。ムーアとクドローがトランプの上級経済政策顧問に就任し、ラッファーはトランプ経済諮問《しもん》会議のメンバーになった。厳しい反作用が生まれることになるとは、あまり予期できてはいなかった。友人や、同僚や、有識者の同志たちはショックを受けるだけでなく、怒りを露《あら》わにした。どうやら私たちの行動が、裏切り行為だと受け止められたようだった。

私たち三人がトランプを支持したことで受けた傷跡は、まだ完全には癒えてはいない。

ヒートアップした選挙戦を振り返ってみたときに、この期《ご》に及んでも、共和党内の反トランプ派からの強烈な反感と悪意には、およそ理解を超えるものがあった。この期に及んでも、保守派の面々はブッシュ、ルビオ、クルーズたちの支持に回っていた。党員たちのなかには〝トランプ以外なら誰でもよい〟という勢力を結集して、トランプ指名を阻止しようという動きもあった。わずか二、三カ月の間に、トランプという存在は、ただのジョークの対象でしかなかったところから、共和党組織の存亡にかかわる脅威にまで変貌していた。

二〇一六年春の時点では、右派のなかの〝トランプ絶対反対派《ネバー・トランパーズ》〟の態度は、現在の左派とまるで変わらなかった。トランプという人物は敵意と反逆の塊なのだとして、見下していたのだ。だから、私たちが支持表明すると、あたかも反逆者であるかのように扱われることになったのだ。トランプは「共和党をハイジャックしている」と表現されていた。私たちも、その犯罪行為の共犯者や教唆《きょうさ》犯だと見られていたのだ。この結果、多くの友人を失うことになってしまった（トランプの成功——選挙戦だけでなく、政策での勝利も——のおかげで、ほとんどは元どおりに修復されることになったのだが。ただ、ブッシュ陣営のネオコン派の多くは、私たちのことを異端として許さなかったし、今後も許すことはないだろう）。

最初の段階での私たちへの攻撃は、正気を失ってしまったのだとか、今までの理念を裏切っているとか――その両方かもしれないが――というものだった。

私たちがトランプ支持を公表してから数週間がたったころに、あからさまな反撃が返ってきた。ジョナ・ゴールドバーグ（ナショナル・レビュー誌シニア・エディター）のコラムが、ナショナル・レビュー誌に掲載されたのだ。ゴールドバーグは長年の同僚であり、友人でもあった。内容は以下のとおりだ。

> 保守派でありながらドナルド・トランプ支持者でいられるというのは、短い奇妙な旅だ……。
> （昨年）八月に、ムーアとクドローの二人は、伝説的なリバタリアン（政府からの不干渉を重視する自由主義者）志向のエコノミストとして、彼らが、トランプの「アメリカを〝砦〟とする政策綱領」と名付けていた内容について非難していた。トランプの貿易政策が世界経済の秩序を破壊しかねないと警告したのだ。「最近、世界の金融市場で発生したパニックは、トランプの自由貿易への敵視も原因ではないか、と疑問に思わざるをえない」としていた。また、トランプの移民政策に関しては、レーガン大統領がアメリカの理想とした〝丘の上に輝く街〟を失うことになりかねないと指摘していた。

ナショナル・レビュー誌の皮肉めいたコラムは、保守派を代表しての反移民政策の論陣であったので、見過ごせるものではなかった。トランプが移民に厳格であることを批判していた。また、ゴールドバーグは、私たちがトランプ支持になったことを、支持率調査における数字の伸びと関連させて説明していた。「トランプが政権を目指す道の途上での〝パウロの回心〟は、いったい何を意味しているのだろうか？」と、問いかけていたのだ。

「たいていの場合、転向というのは、単なる打算で行われるものだ。ムーア氏は、ワシントン・ポスト紙に、こう語っている。

『私の見るところ、トランプは共和党のウイングを広げようとしている。〝レーガン・デモクラット《民主党派》〟（中西部の伝統的な民主党支持者でありながらレーガン時代には共和党支持に転向した有権者層）と呼ばれた労働者層を取り込もうとしているのだ。共和党が再び勝利するためには、絶対に必要となる戦略だ』

トランプは有権者を保守派に変えるのではなく、保守派を国家主義者に転向させることに成功したのだ」(2)

今から振り返ってみれば、トランプは〝レーガン・デモクラットという労働者層〟を取り込むことで、共和党の支持基盤を広げることに成功したのではないか？　そして、共和党が再び勝利するためには、やはりオハイオ州、ペンシルベニア州、ミシガン州、ウィスコンシン州を取り返す必要があったのではないか？

保守派の多くがトランプに怒りを感じていた理由には、社会保障やメディケアをカットしないと公約していたこともあった。高齢者福祉プログラムへの支出削減というのは、有権者には受けが悪かった。政治的には実現が困難となる政策を、トランプはうまく避けていた。私たちは、これまでの共和党が〝ピケットの突撃〟（南北戦争中のゲティスバーグの戦いで、南軍が決定的に敗北した作戦）のように叩《たた》きのめされるありさまを何度も見てきていた。たとえ動機が正しくても、まるで聖戦でもあるかのように考えることで、作戦を誤ることがあるのだ。これだけ幅広い支持を受けている社会福祉をカットすることは、避けたほうが無難だ。そのように、私たちはトランプに提案していた。とにかく民主党が期待していたのは、トランプが福祉をカットすることだった。そうしたら、車椅子に乗ったお婆ちゃんが崖から転落するという構図で、テレビCMのキャンペーンができると考えていたのだ。

社会福祉プログラムを解決するための方法があるとすれば、経済成長のスピードを回復させることだった。三・三パーセント以上の成長率を維持することができれば、社会保障の赤字は二十年から三十年、あるいは五十年のうちに解消されるはずだった。事実、社会保障を〝改革〟するために、現実的で賢明であり、有益でもある方法とは、年三・三パーセント以上で経済を成長させることなのだ。福祉の削減でもなく、ましてや増税ではないのだ！

保守系のシンクタンク――ケイトー研究所、アメリカン・エンタープライズ研究所、成長のためのクラブ――の多くは、トランプは自由貿易を支持する保守派を偽装しているとの攻撃を続けていた。しかし、私たちの目には、トランプは強力な経済成長派のように見えていた。

右派のコメンテーターの多くも、トランプが選択されるべき候補者ではないことを確信していた。政治評論家たちが毎晩のようにテレビ番組で語り続けた予測では、ヒラリーが地滑り的に勝利して、トランプは完敗することになっていた。例えば、ジョナ・ゴールドバーグは、投票日まであと一カ月を切った時点でも、このように語っていた。

「トランプは、少なくとも選挙人（米大統領選は、各州の選挙人の人数の合計で勝敗が決まる）の数では、地滑り的な大敗北となる」(3)

トランプを支持すべきはずの共和党は、大統領の座を投げ捨てて、憎むべきヒラリー一派に大統領執務室の鍵を渡そうとしていたのだ。

アメリカン・エンタープライズ研究所のフェローたちも、敗北を待ち望んでいた。投票日の三日後には、オハイオ州知事のジョン・ケーシックを招く予定にしていたのだ。共和党の大敗に関する〝検死報告〟を大講堂で講演してもらうことにしていた。灰燼《かいじん》のなかから、ケーシックが現れることになっていた。しかし、このイベントは投票日の翌日にキャンセルされた。

ムーアが特別客員フェローを務めていたヘリテージ財団だけが、中道右派のシンクタンクとして、トランプの批判をしていなかった。当時の会長だったジム・デミント元上院議員と、前会長で依然として影響力があった評議員のエド・フルナーの先見の明のおかげでもあった。

トランプにとって（正直に言えば、私たちにとっても）深刻な問題となったのは、ウォール・ストリート・ジャーナル紙の権威ある社説欄から、毎日のように攻撃が続けられたことだった。ムーアにとっては、かつて十年間、働いていた場所だった。私たちそれぞれにとっても、数十年にわたり、経済や税金の問題についての論説記事を定期的に寄稿していた。しかし、紙面では、トランプのことを教養もなく、確固たる信念もない、日和見《ひよりみ》的な人物だとして批判が繰り広げられていた。関税政策と不法移民への強硬姿勢については、伝説的な社説欄エディターのポール・ジゴが的確な抗議を繰り返していた。だが、ウォール・ストリート・ジャーナル紙は大統領選を完全に読み誤っていたのだ。トランプを「ヒラリーに勝てない唯一の候補者だ」としていたからだ。しかし、ヒラリーに勝てる候補者はトランプしかいなかった、という私たちの考えは現在でも変わっていない。

右派の人たちが懸念していたことには、もっともな部分もあった。例えば、妊娠中絶、税制、地球温暖化、小さな政府などの重要な争点では、トランプは自分の立場を変化させてきたからだ。クリントン夫妻や、クオモ家（父子共に、ニューヨーク州知事を務める）といった民主党のリベラル派たちに、長年にわたり献金してきたという過去もあった。

私たちにとっての悩みの種となったのは、トランプの過去の政策スタンスが首尾一貫していなかったことだ。あとになってから、本当は偽装したリベラル派だったと判明するようなことになるかもしれない。もしも、そのようなことになれば、仮に選挙に勝てたとしても保守運動への裏切りとなり、共和党にも大打撃になるだろう。以前のそうした姿を、私たちも覚えていた。

このような不満を述べればきりがなかったが、幸いにも、トランプの支持者たちは、まったくそんなことを気にかけたりはしていなかった。

ワシントンのエリートを軽蔑し、大胆に戦いを挑んでいくトランプの型破りなやり方は、支持者から見れば欠点というよりも、むしろ長所だった。

政治的に正しくないこと

私たちはエコノミストを職業とする立場ではあるが――多くのアメリカ人と同じように――長年の問題となっていた〝政治的な正しさ《ポリティカル・コレクトネス》〟に対して、トランプが巧みで勇気ある批判をすることに魅了されていた。こうした〝政治的な正しさ〟は、左派にとっての重要なツールとなっていたが、トランプはそのようなものに対してひれ伏したりはしなかった。それを見ていた長年の保守派の多くは、驚きを隠せなかった。

もし同性婚に反対したら、同性愛差別主義者だと告発される。トランスジェンダー用のトイレに反対すれば、イジメだとされる。中学校の女子更衣室に男子が入るのを禁止すると、性差別主義者だとされる。イスラム教徒によるテロ行為を心配すれば、イスラム差別主義者とされる。国境警備に賛成すると、外国人差別主義者とされる。自己決定による人工中絶に反対すると、女性差別主義者にされる。人種や性に関するジョークを言ったり、笑ったりすれば、仕事を解雇されたり、〝問題矯正クラス〟に参加させられたりする。

また、最低賃金の引き上げに反対すると、貧しい人に配慮がないとされる。警察を擁護すれば、人種差別主義者だとされる（警察が黒人に差別的対応をするとの社会問題により、ボルチモア暴動などが起きている）。国家や国旗に敬意を表さないスポーツマンを非難すれば、原始的な野蛮人だということになる（プロ・フットボール選手が黒人差別に抗議して国歌演奏の際に起立を拒否したことを、トランプが非難して話題となった）。気候変動の問題に疑問を呈すると、非科学的な〝否定論者《ディナイヤー》〟だとされる。

〝社会正義の戦士〟を名乗る人たちが、ときには暴力的に公の場所を占拠したり、封鎖したりすることに対して、アメリカ人の多くが口をつぐんでしまっていた。選挙集会の会場で、ある支持者が語ってくれたところでは、「まるでスペインの異端審問の時代に生きている」ように感じられるとのことだった。〝寛容さ〟を追求していたはずの左派の運動が、むしろ、不寛容が猛威をふるうオーウェル（イギリスの小説家。代表作『１９８４年』）風の新時代を生み出しているのだ。

こうしたことは、大学のキャンパスでは顕著になっていた。表現の自由や討論の自由の代わりに、不寛容な言論規制が幅を利《き》かせているのだ。〝事前警告〟（映画や本のなかで感情を害する表現に対して前もって知らせること）、〝小さな攻撃〟（意図していない些細な発言などが差別と受け取られること）、〝安全空間〟（偏見や差別を感じる人たちがそれを避けて集まる場所）、〝白人の特権〟という主張がそれに当たる。圧倒された保守派は、次第に沈黙していった。左翼の〝集団思考〟（不合理な判断が、集団で合議することで正当化されること）が、言論の自由を破壊していた。しかし、ほとんどの場合、公職にある政治家が黙認していたり、学長が臆病であるために罰されることもなかった。

トランプは〝政治的正しさ〟の流行を、伝染病扱いした。そして、左派の人たちによる偏狭な行動規範や言論の自由に対する制限を、あらゆる機会に痛快に破ってみせた。左派を過激に攻撃すればするほど、〝忘れられたアメリカ人たち〟の間では支持が広がっていった。

とうとう勇気のある政治指導者が出てきた、と感じさせたからだ。メディア界、学界、政府、ハリウッドにいる知識人たちに向かって、「王様は裸だ」と叫ぶ勇気を持った保守政治家が、ついに現れたのだ。これに対して、左派は怒り、憤慨した。自分たちこそが道徳的な高みにいるのだという言い分に、あえて立ち向かってくる人など、これまでいなかったからだ。

左派が理解できなかった（今でも、理解していない）ことがある。それは、保守派の有権者が何を感じていたかということだ。トランプに対する異常なまでの人格攻撃を見て、自分の信念が攻撃されていると受け止めていた。こうして、トランプに対する支持は熱烈さを増していった。左派は、自らが標榜《ひょうぼう》していたはずの寛容の精神に反して、〝敵と味方〟という思考回路に陥っていた。この結果、多くの労働者階層を支持基盤から追いやることになってしまった。政治評論家たちの言い分のなかでは、差別的なトランプが対立を煽《あお》っているとの非難になっていた。しかし、実は、左派のほうが、体系的かつ深刻にアメリカを分裂させている事実には目を閉ざしていた。

前章でも記したが、ヒラリーは大口献金家が集まった演説の場で、〝敵と味方〟という分断的な考え方を際立《きわだ》たせた。トランプ支持者を〝救いようがない人たち〟〝哀れな人たちの集団〟だとして嘲《あざ》笑《わら》ったのだ。こうしたことは恥ずべきことだった。もっとも、リベラル派の高尚な友人たちも、聴衆としてどっと笑い声を上げて応えていた。

トランプの選挙集会に参加することで、大勢のアメリカ人が長い間、公の場で発言を抑圧されてきたことや、自分たちの考え方が疎外されてきたことを実感することができた。トランピズムのおかげで、多くのアメリカ人が考え方を共有する場を持つことができ、つながることができるようになったのだ。政治集会に来れば、そうしたことを実感できるようになった。コロラド・スプリングスで開催された集会では、ある支持者がこう語っていた。

「本当に自由を感じられるイベントだ」

有権者からかけ離れた共和党

トランプの魅力は、その政治運動をつくり上げていった支持者のなかによく表れていた。人種や生い立ちに関係なく、勤勉であり、愛国心があり、文化的には保守の中流階層のアメリカ人たちだ。自分たちのことを無視してきたウソつきの政治家には、うんざりしていた。新たな政治勢力として再登場していた〝レーガン・デモクラット〟に対して、共和党と民主党のどちらも、味方するそぶりを見せはしたが、実際に耳を傾けたりはしなかった。しかし、私たちは、そういうトランプ支持者たちのことが好きだった。

トランプは、こうしたアメリカ人の心を躍らせた。そして、さらに重要なことは、こうした人たちがいたことによって、トランプの心にも火がついたことだ。勝利演説では、このように語ることになった。

「当初から語ってきたとおり、私たちは、単に選挙活動をしていたのではなく、本当に素晴らしい、偉大な運動をしてきたのだ。数多くの勤勉に働く男女が参加してくれた。この国を愛し、自分たちのため、そして、自分たちの家族のために、明るく、よりよい未来を願ったのだ。

この運動には、あらゆる人種、宗教、階層、思想信条のアメリカ人が参加した。そして、政府というものは国民に奉仕すべきだと願い、期待してきた。これからの政府は、国民に奉仕することになるのだ。

力を合わせて、この国を再建し、アメリカン・ドリームを甦《よみがえ》らせるという急ぐべき仕事に取りかかろう。これまで私はビジネスの世界に人生を捧《ささ》げてきたが、さまざまなプロジェクトや世界中の人々のなかに眠っている可能性に目を向けてきた。

同じことを、これからのアメリカのためにやりたい。とてつもない可能性があるのだ。アメリカのことは、よく分かっている。とてつもない可能性があるのだ。これから、素晴らしい未来が生まれることになる。すべてのアメリカ国民が、可能性を最大限に活かすチャンスを得ることになるだろう。

忘れ去られた人たちが、もはや忘れ去られることはない」(4)

このような政治運動の高まりを、なぜ、共和党内の人たちは気に留めることもなく、軽蔑すらしていたのだろうか？　共和党内部の人たちは、トランプ支持層というのは無教養で〝情報に疎い有権者〟なのだと決めつけていたのだ。ジョージ・W・ブッシュ政権のスピーチライターを務めたこともある、ワシントン・ポスト紙のコラムニストのマイケル・ガーソンは、トランプ支持者を「アンチ・エスタブリッシュメントの単細胞な人たち」だとしていた(5)。こうした不作法な優越感は、至るところで見受けられた。

ミット・ロムニーは格好の例だった。二〇一六年三月には、トランプに対して恥ずべき暴言を吐いていた。トランプという人物は大統領には不適格だと思う、と発言していた。もし、共和党候補に指名されるようなことがあれば、アメリカの繁栄と安全は「大きく損なわれる」可能性がある、とも語っていた。さらに、トランプは「インチキ」で「詐欺師」なのだとしていた(6)。嫉妬《しっと》というのは、醜《みにく》いものだ。

私たちが直面していたのは、このような状況だった。率直に言えば、こうした数々の批判は、ヒラリーがトランプに対して公然と言い放ったことと比べても、もっと辛辣《しんらつ》で卑怯《ひきょう》なものだった。

ロムニーとブッシュの支持者は、クリーブランドで開催された共和党大会で、トランプ指名を奪回するための策謀をしばらくめぐらせていた。トランプによる選挙人の過半数獲得を阻止して、他の候補者——例えば、ロムニー——を選ばせようとしていたのだ。しかし、トランプに投票していた有権者はすでに大勢いたし、数多くの州の予備選ではトランプが大差で勝利していた。それなのに、そんなことなどまったくお構いなしということだった。皮肉なことに、この怪しげな策略をめぐらせていたのと同じ人たちが、民主党指名候補の選出過程ではヒラリーをサンダースよりも有利にする不正行為が画策された、と批判しているのだった。

残念なことではあったが、有権者とかけ離れていたのは、トランプの方ではなくて、批判している側のエリートたちの方だった。トランプ嫌いの人たちのうち、いったいどれだけの人が、ワシントン政界という閉ざされた空間から抜け出して、トランプの選挙集会に参加したことがあるのだろうか？　いったいどれだけの人が、共和党全国委員会（ＲＮＣ）に集まる大口献金者や、高慢な政治コンサルタントたちと付き合うよりも、トラック運転手、サッカー・ママ、退役軍人、タクシー運転手、建設労働者、不満のあるミレニアル世代といった人たちと直接会って話したことがあるのだろうか？　実際のアメリカ国民の不安を理解していなかったのは、共和党指導部の方だったのだ。そのことは、選挙結果からも裏付けられていた。トランプは、そうしたことをよく理解していた。

トランピズムという政治現象は、私たちにとっては、それほど不思議なものには感じられなかった。ジョージ・Ｗ・ブッシュによる二期の共和党政権は、ほとんど失敗だった（ブッシュの人柄は愛すべきだったが、アメリカをさらに豊かな国にはしてくれなかったからだ）。その後の八年間の民主党政権は、もっとひどい失敗となった。この十六年の間、中流階層のアメリカ人の所得は向上していなかった。しかし、共和党の政治コンサルタントたちは、このような無能な仕事をしておきながら、報酬として大金を稼いでいたのだ。全米で上位五位の富裕な地域が――三〇〇〇以上の地域のなかでも――ワシントンＤＣ郊外となっていた。この事実は、四兆ドルもの連邦政府予算によって利益を得ている人たちがいることを、有権者に雄弁に物語っていた(7)。

労働者階層の反乱に関しては、共和党の党幹部は、自分たちに原因があると考えるほかない。有権者はオバマ大統領の政策に恐れを抱きはしたが、連邦議会の共和党議員たちが改善してくれるだろうと善意の期待を寄せていた。せめて取り組む姿勢だけでも見せてくれると思ったはずだが、まったく期待外れの結果になっていた。

二〇一六年の共和党予備選の出口調査を見れば、かなり多くの投票者がワシントンの共和党には〝裏切られた〟と感じていたことを示していた。

なぜ、裏切られたと感じていたのだろうか？　共和党と民主党の両党が、上院と下院を支配しながらも、雇用の拡大と所得の向上――まさにアメリカン・ドリームとしてもたらされるもの――を長期間にわたり実現させることができなかったからだ。このことは、政治が国民を裏切っていることを意味していた。私たちでさえも、裏切られていると感じていた。

さらに悪いことには、〝政治エスタブリッシュメント〟は有権者の不安を無視して、スーパーPAC（二〇一〇年最高裁判決により献金額の上限がない選挙資金管理団体）に献金してくれる大口寄付者を優先していた。スーパーPACは、党にとって不幸の元凶となった。特殊な利益集団が、両党の選挙過程をねじ曲げて、有権者が無視される結果になったからだ。結局は、スーパーPACというのは無益なものだと判明したのだ。それでも富裕層の献金家は、腐敗した政治コンサルタントという底なし沼に、さらに五〇〇〇万ドルを投げ込んでいた。手痛い経験をしないと、教訓が身に沁みない人たちもいるものだ。

長年の間、共和党指導部は偉そうな態度で保守派の人たちの頭をなでながら、チームとして一致団結して、ドールや、ブッシュや、マケインや、ロムニーに投票しようと呼びかけてきた。しかし、今度は同じ人たちが、トランプが指名されるならば党から出ていくと脅しをかけているのだ。大統領選をヒラリーに勝たせてしまう――まさにそうした理由で、トランプ支持者を非難してきたのだが――どころの話ではなかった。

つまり、二〇一六年の春から夏にかけて、共和党の内部では、党の精神をかけた内戦が起きていたのだ。一方は、大口献金者や政治コンサルタントたちによるエスタブリッシュメントの側だった。もう一方は、労働者層、文化的な保守派、アメリカのごく普通の有権者だった。

トランプへの非難のなかでも、とりわけ私たちを悩ませていたのは、原理原則がないという批判と、いずれは保守の理念を投げ捨てるだろうという批判だった。

これから大統領に選ばれようとする人物が、七十五年ぶりに起きた最大級の金融危機に直面して、居眠りでもするような人だとでも言うのだろうか？　財政赤字をさらに何兆ドルも累積させるような人が、大統領に選ばれるとでも言いたいのだろうか？　それとも、納税者からの巨額の税金を使って、大手投資銀行、保険会社、エネルギー会社を救済するような人だと言うのだろうか？　はたまた、電球、トイレ、皿洗い機に規制をするような人だとでも言うのだろうか？

ちょっと待ってほしい。それはジョージ・ブッシュであり、バラク・オバマだったはずだ。

皮肉にも、連邦政府がどう動くかをよく知っている〝インサイダー〟に期待したい人たちにとっては、ヒラリー・クリントンが最もふさわしい候補者となっていた。予備選では、ヒラリーは特定利益団体から受け取った約一〇億ドルもの資金を使って、ワシントン政治を引っ繰り返すと主張したライバルを倒していた。しかし、この巨額の選挙資金というのは、ベンジャミン・フランクリンが称賛していた〝庶民の人たち〟から集めたものではなかった。

こうして私たちに分かってきたのは、この選挙がドナルド・トランプ個人のためのものなどではなく、トランプによる政治運動なのだということだった。それは、右派であるか左派であるかを問わず、〝エスタブリッシュメント〟のエリートたちにとっては存亡にかかわる脅威となっていた。大きな政府を目指す政策が破綻《はたん》をきたした現場では、〝忘れられたアメリカ人たち〟が犠牲となっていた。エリートたちは国民に奉仕する仕事をしているように見せかけてはいたが、労働者階層の人々からはあまりにもかけ離れていた。そうした人たちが何を期待しているかも、何を必要としているかも、アメリカの進む道についてどう感じているかも、聞くことを忘れていた。

トランプが当選すると、本気で考えていたのか？

ワシントンの政治の世界で仕事をしていたほとんど全員が、二〇一六年大統領選の結果の見通しを誤ることになった。投票日当日の夜でさえ、世論調査会社は、出口調査の結果、ヒラリー勝利の確率が九五パーセントになっていると自信満々に予測していた。それから三時間後には、〝水晶の玉〟はすべて粉々に砕け散ってしまった。世論調査会社は、プロの仕事であるならば予測ミスで訴えられても当然だという結果になっていた。成果で報酬が払われるような仕事でなかったのは、この業界にとって幸いなことだった。

どうして、世論調査会社は――経験的データをもとにした電話調査で成り立っていたはずだが――これほどショッキングなまでに、予測を誤ったのだろうか？　その理由は、全米のいたるところで私たちが遭遇した、隠れトランプ支持者がいたからだった。フロリダ州タンパで見かけた車のバンパーには、このことを見事に示すステッカーが貼られていた。


トランプに投票しよう。

（誰にも知られたりしないから）


私たちが、よく質問されたことがあった。

「本音のところでは、トランプが当選すると、本気で考えているのですか？」

クドローとムーアは、トランプが勝つ可能性はあるとは考えていた。しかし、本当に勝てるだろうかと、ときどき考え込んでいたのは事実だ。私たちが見ていたところでは、トランプは夏の時点で、共和党指名候補を勝ち取るだけの支持基盤はあった。しかし、本選挙はどちらに転ぶか分からない接戦になるだろうと予想していた。

二〇一六年五月に、ラッファーは予言的に、ラッファー・アソシエイツ社の顧客のために選挙の予測をしていた。これが、その分析の冒頭だ。

このペーパーでは、たくさんの情報を提供していますが、すべてを読み通す手間を省きたい方のために、要点を記しておきます。二〇一六年十一月に、ドナルド・トランプはヒラリー・クリントンに楽勝して、次期アメリカ合衆国大統領になるでしょう(8)。

実際には〝楽勝〟というわけではなかった。しかし、ラッファーは早い段階で、正確に選挙結果を予測していた数少ない人物だった。ラッファーがトランプ当選を予言できた理由を説明しておくのは有益なことだろう。ラッファーが挙げた五つの理由は、今見ても先見の明があったことが、よく分かる。

1. トランプが選挙戦で語る内容の基本的特徴は、一九八〇年のレーガンと驚くほどの共通性がある。このことから、トランプの当選が予測される。
2. 景気が悪い。失業率が高まり、経済成長率も低い。住宅販売戸数も落ち込んでいる。これらの各種指標は、トランプ当選を強く示している。
3. ギャラップ社による「現状に満足していますか」という質問調査に対する過去のデータと、大統領選の日程は、二〇一六年十一月における共和党の圧倒的勝利を示している。
4. 近年と今年の投票率と政党選択のデータは、秋の選挙は、共和党に非常に有利であることを示している。
5. 選挙戦におけるヒラリー・クリントンとドナルド・トランプのそれぞれの発言内容を注意深く分析すると、経済問題ではトランプが正しい。

トランプが、この長い選挙戦を始めたときの状況は、非常に不利だった。政治家としての経験はゼロだった。過激な発言をツイートしていた。トランプが何を考えているのかは、誰にも確信が持てずにいた。矛盾を含んだ発言が次々と飛び出していたからだ。本人でさえ自分が考えていることが分かっていないのではないか、という疑念まで生まれていた。

まずは、政治経験があり、才能あふれる共和党の一六人の候補者を破らなければならなかった。それから、民主党のなかでは傑出した存在であり、大量の軍資金を用意している強敵のヒラリー・クリントンを倒さねばならなかった。

不利な見通しでありながら、ともかくも出馬を宣言したことは、驚嘆に値する立派なことだった。嘲笑や屈辱を受けるに違いなかったからだ。勝負をかけたトランプの勇気と強い意志は、称賛すべきものだった。私たちが応援するのは、いつも劣勢な側なのだ！

トランプというギャンブル

トランプを応援することは、確かにギャンブルだった。本当のところを正直に言えば、大統領選を始めるときに、当選できるかということよりも、むしろ、当選した場合に、公約を守れるかどうかということのほうが心配だった。もちろん当選することを期待してはいたのだが、友人や同僚に対して、ことさらにトランプを宣伝したりするようなこともしていなかった。当初から語っていたのは、トランプが〝ビジネス志向〟である——オバマ政権での熱狂的なアンチ・ビジネスの思想から、完全に脱却する——ということだった。オバマ政権の八年間のあとでヒラリーが後継者になるならば、トランプになるよりも、アメリカがさらに悪い状態になることは確信していた。

これまでに、私たちは本当に数多くの政治家や立候補者と仕事をしてきたので、それなりの経験をもとにして、こうしたことを言っているのだ。私たちは、二〇一五年には「繁栄を解き放つための委員会」という団体を設立していた。政治家として立候補する人たちのために、成長志向の経済学について教育することを目的としていた。二〇一六年大統領選で有望とされていた一〇人以上の共和党候補者たちとも、折々に仕事をしてきていた。

だから、私たちは経験が浅いわけではないのだ、ということは強調しておきたい。経験から言えば、政治家には苛立《いらだ》ちを感じたり、がっかりさせられたりするものだ。政治とはそういうものだ。有権者を裏切ることのない、ダイヤモンドの原石のような人物を探し出すというのは、かなり難しい目標だと言える。公約を誰が守り、誰が破るのかというのは、まったく保証の限りではないからだ。経験に基づくギャンブルなのだ。私たちにしてみれば、トランプは賢明な賭けになったということだ。

二〇一六年の春が終わるころになると、トランプに対する攻撃は激しさを増していった。とはいえ、北東部と西部の数多くの州の予備選では、目覚ましい勝利を収めていた。そうしたときに、トランプの盟友ジェフ・セッションズの首席補佐官を務めた経歴があり、トランプが陣営の顧問として最も信頼する人物の一人であるリック・ディアボーン（トランプ政権で大統領次席補佐官に就任）からの依頼があった。ドナルド・トランプを支持する理由を共同声明として発表しようということだった。私たちの仲間で、友人でもあるアンドルー・パズダー（CKEレストランズCEO。トランプ政権で労働長官に指名されるが辞退）も参加することになった。全米でファストフード・レストランの経営に成功していたビジネスマンで、トランプ陣営の代理人として信任されていた人物だ。

私たちの共同声明は、メディアの間で大きな反響を生んだ。これによって、トランプの経済戦略が正当なものだと認知されることになった。それまで懐疑的でいた、共和党の多くの人たちに対しても、トランプが現実的に選択可能な候補者だと示すことができたのだ。二年後になると、まさに予見したとおりになっている。以下は、その内容だ。

ドナルド・トランプを支持する理由

今年、共和党の一七名の大統領選候補者のほとんど全員に対して、私たち四人は経済政策のアドバイスをしてきた。どの候補者に投票すべきかに関しては、有権者が選択すべきことだと考えたので、特段の推薦をしたりはしなかった。

そして、有権者が判断することになった。ドナルド・トランプが、共和党予備選でいまだかつてない得票で完勝したのだ。共和党員だけでなく、無党派層からも、（レーガン）デモクラットからも党派を超えて支持を集めたのだ。

トランプ勝利の理由のひとつは、特に、中流階層や労働者階層に対するオバマ政権の経済政策での失敗だった。最後の七年間は〝ひどい〟ものだったという、ビル・クリントンの発言は正しい。経済成長は低調で、大恐慌以来では最も弱い〝回復〟となっている。オバマ政権になってからは中間層が消滅しつつあり、労働者階層には何の恩恵もなく、実質家計所得もやや減少していた。それでもヒラリー・クリントンは、オバマの陳腐な経済政策を継続しようとしていた。失敗した政策をさらに進めることが、景気を回復させるとでも考えているかのようだった。

しかし、有権者は、それほどバカではない。

では、トランプはどのような代案を示しているのだろうか?

第一に、一九八一年のレーガン政権以来三十五年ぶりとなる、経済を成長させるための最大規模の減税だ。税法を簡素化して、所得税と法人税の限界税率を大幅に下げることを提言している。法人税を一五パーセントにすれば、アメリカ企業の利益が国内に還流する。資金が戻ってきて、投資にふさわしい環境ができるのだ。成長志向のサプライサイド経済学に基づいた税制改革プランで、経済成長が生まれるのだ。そして、いかなる所得再配分政策でもなしえないような恩恵が、中流階層と労働者階層の家庭にもたらされることになる。

第二に、社会保障の改革だ。保守派のなかでは、トランプはそうした改革はしないだろうとの批判もあった。しかし、そのようなことはない。これまでに、オバマケアほど急速に拡大した社会保障制度はなかった。だからこそ、トランプは〝オバマケアの廃止と代替《リピール・アンド・リプレイス・オバマケア》〟を公約して、消費者が選択できる健康保険を用意するとしている。社会保障プログラムの運用にあたっては就業要件(生活保護の支給に当たり、過去の一定の就業期間などを必要とすること)を復活させたいとしている。これは社会保障改革としては最重要の対策となるはずだ。

次に、ヒラリーは数多くの炭鉱労働者を失業させるとしている。トランプは成長志向のエネルギー政策で、豊かな天然資源――石油、天然ガス、石炭――を利用したいとしている。とても素晴らしい考え方だ。アメリカはどのような国よりも化石燃料に恵まれている。トランプの計画では、今後五年以内にアメリカが世界一のエネルギー生産国となるとしている。毎年、新たな雇用が数多く生まれて、国内生産は何兆ドルも拡大することになるのだ。

確かに、私たちには政策の立場の違いもある。

私たちは、移民賛成の立場だ。外国生まれの人たちは貴重な資産だと考えている。トランプは国境の開放に反対する自国主義者だと評されているが、単なる移民反対と、不法移民反対には違いがある。トランプは、合法の移民には賛成だという立場だ。移民政策を、国家の安全保障やアメリカの労働者の利益の視点から考えることは、何ら間違ってはいない。国家の主権を守りながらも、思いやりを持つことはできるのだ。

有権者は長年、不法移民への対策を求めてきたが、政治家は何もしてこなかった。トランプが提言していることは、「壁」をつくること、警察力を高めること、外国人犯罪者の国外退去、聖域都市《サンクチュアリ・シティ》（不法移民に寛容なリベラル行政を行う都市）への財政支援の停止、不法滞在者の削減だ。極めて当然のことばかりである。

ただし、一一〇〇万人を国外退去させるというのは、現実的ではない。不法滞在者が重罪を犯した場合や、生活保護の受給での違法行為などで〝公的訴追〟がなされた場合にのみ、国外退去とするべきだ。この考え方ならば、従来の移民政策とも完全に一致することになる。

私たち四人は自由貿易派なので、懲罰的な関税には反対の立場だ。ただ、自由貿易協定におけるこれまでの多くの交渉が失敗だったと、トランプが言っていることは正しい。中国との交渉を強い立場から行うべきだという決意は、理にかなっている。中国に対して、知的財産権を守るよう求めることや、中国市場への参入条件としてアメリカ企業に特許技術の開放を要求する慣行をやめさせることについては、保護貿易主義だという指摘は当たらない。

単純な自由貿易論者には、現実の政治の視点が欠けている。労働者階層のアメリカ人は、法の執行が甘い移民政策や〝自由貿易〟協定によって、あまりに大きな負担を背負わされていると考えている。中国やメキシコとの貿易に対して強硬な姿勢を取ることは、比較優位による自由貿易の利益を拡大させていくことについて、国民の支持を取り戻すために必要な前提となるだろう。

最後に、トランプはショーマンであって、大統領職にふさわしい人格ではないと懸念する声も生まれている。しかし、私たちはそのようには考えていない。大企業を経営して成功させる能力は、まさに大統領に求められる優れた資質だからだ。トランプには、すでに長年の成功の実績がある。インチキなどでは、できないことだ。中流階層や労働者階層の有権者が、トランプの成功に嫉妬したりせず、あくどい金満家だなどとも考えたりしないことは、見ていて気持ちがよいことだ。そうした人たちは、むしろトランプを称賛し、成功にあやかりたいと感じているのだ。

ビジネスの経歴におけるトランプの失敗を指摘する人もいるだろう。だが、アメリカの素晴らしさは、失敗することもあれば、そこから立ち上がることもできるところにある。ヘンリー・フォードも、スティーブ・ジョブズも、そのような経験をしながら世界を変える仕事をした。トランプは何度も挫折《ざせつ》はしたが、他の人とは比較にならないレベルの成功を続けてきた。

あらゆる政治的な立場を超えて、アメリカ人は今が変革のときだと感じている。現実にも、変革は求められている。共和党は非難や内紛をやめて、トランプを支持すべきときだ。そうすれば、トランプとアメリカ国民は、共に勝利することができるのだ(9)。


現在、これまでに起きた出来事を振り返ってみても、ひとことも書き換える必要を感じない。トランプ特急に乗る必要があることには、まったく現実的な理由もあった。

第一に、私たちが確信していたことがある。トランプのポピュリストとしての経済成長志向の政策メッセージが、ヒラリーに勝つ絶好のチャンスをつくり出していたということだ。ウォール・ストリート・ジャーナル紙の編集委員室にいる友人たちは、もはや常識とされていた見解――トランプは、ヒラリーに敗れる可能性のある唯一の候補者だ――を毎日のように紙面に掲載していた。しかし、結果は完全に正反対になった。私たちの方では、トランプこそが、ヒラリーに勝てる唯一の候補者だと考えていた。私たちはトランプと時間を共に過ごしていたし、選挙集会にも何度も参加していた。そうしたなかで、トランプの型破りなメッセージや熱気を帯びた発言を聴いていたし、有権者と強い絆《きずな》で結ばれているところも、実際に見ていたからだった。

スティーブ・バノンによって考案されたトランプの戦略は、本当に天才的なものだった。経済的に疲弊《ひへい》していた中西部の諸州の〝青い壁〟を崩そうということだった。トランプの労働者階層に対するアピールによって、従来は投票していなかった有権者や、二〇〇八年や二〇一二年にはオバマに投票していた有権者からの得票を増やすことができた。重要な州での選挙人票の獲得に成功することになったのだ。私たちは有権者と直接に会って、話を聞いてきた。こうした〝レーガン・デモクラット〟と呼ばれてきた人たちの不満の声を聞いたとき、正しいメッセージを届けることができれば、こういう人たちが戻ってくることが分かった。

トランプの選挙戦略は、合理的な戦い方だった。トランプの側近であり、後に選対本部のCEOを務めることになったスティーブ・バノンが言っていたことは――トランプの選挙集会で目撃したことの意味が分かったときに――私たちにも理解できた。

二十年間にわたって、無能きわまる権力構造が、アメリカの政治を誤らせていた。これに対して、ポピュリストの反乱が起きていたのだ。有権者の不満は、左派ではバーニー・サンダース、右派ではドナルド・トランプの驚異的な勢いとなって表れていた。

全米にわたって有権者を熱狂させた二つのスローガンが生まれることになった。

「アメリカを再び偉大な国に《メイク・アメリカ・グレイト・アゲイン》」と「熱を感じよう《フィール・ザ・バーン》」（バーニーという名前と、バーンという語をかけた言葉）だった。偶然ではなかったが、トランプとサンダースには、次のような共通する見解があった。

「イラク侵攻は多額の戦費をかけたあげく、悲劇的な失敗になった」

「貿易交渉は、アメリカの国益を損なった」

「ワシントン政治のインサイダーは、労働者階層から富裕層への利益の〝再配分〟をしている」

コーリー・ルワンドウスキと、スティーブ・バノンは、優秀な戦略家だった。二〇一六年の選挙民の反乱の意味を、右派や左派の政治コンサルタントたちよりも、よく理解していた。バノンは私たちに、こう語っていた。

「このポピュリズムのうねりを右に傾けて、トランプの方に持ってこないといけない。左のバーニー・サンダースの方に行かせてはいけない」

当時は、ポピュリズムのうねりがどちらの方向に流れていくのかが、まるで不透明だった。バノンが右の方向に流れをつくろうとしていることに、私たちは完全に賛成だった。クドローは、こうした極左勢力を〝民主党のサンダニスタ派〟と表現していた。私たちは、そうした勢力が勝利することがあってはならないと考えていた。もし、サンダースが勝つようなことがあれば、現在の自由市場に基づくアメリカの資本主義にとっては危機となるからだ。

ほかにも、私たちが決断することになった理由があった。ドナルド・トランプはとても感じがよい人物で、一緒に仕事をすることが楽しかった。他人《ひと》の話をよく聞く人だった。尊大で自己主張にしか関心がないというような、政治の世界によくいるようなタイプとは違う人物だった。また、私たちの政策アドバイスを、よく取り入れてくれたことも嬉《うれ》しかった。私たちには、単に小道具として利用されるだけになるかもしれないという心配もあったが、そのようなことにはならなかった。トランプと、そのアドバイザーたち――当然ながら最も影響力があったのは、ジャレッド・クシュナーとイヴァンカだったが――との政策論議の場では、私たちの意見がいつも通っていたというわけではなかった。ただ、たいていは私たちの意見は通っていたし、そうでないときでも、少なくとも考慮してくれていた。実際のところ、トランプ家の人々は（父親同様に）素晴らしい政治的直観に恵まれて貴重な資産となっていた。

二〇一六年春の時点での私たちの見解は、トランプには欠点もあり、幾つかの問題では激しく反対していたこともあったということだ。それは特に、貿易と移民のテーマについてだった。しかし、規制緩和、エネルギー、減税、経済成長のほか、企業志向の経済環境の整備といった重要な政策に関して言えば、トランプは正しい構想を描いていた。

トランプには、宿敵が現れていた。左翼勢力が、バカにし、嘲笑し、中傷してきていたのだ。とはいえ、ワシントン政界では、ふさわしい好敵手を得ることも名誉の勲章なのだ。

トランプ党になったのか?

大統領選挙から三日後のことだった。翌年の一月二十日にはドナルド・トランプが大統領に就任することが決まって――私たちが、正直なところ少なからぬ畏敬の念に打たれていたのに対して――全米の人たちも、共和党指導部も、いまだショックが冷めやらぬさなかにあった。

この日にムーアは、米国連邦議会の議事堂ドームの下で、下院の共和党議員団に向けて、今後の共和党の経済政策についてのスピーチをすることになっていた。下院の共和党院内幹事スティーブ・スカリスに招かれての会合だった。次期大統領となっていたはずのヒラリー・クリントンとの対決を想定して、投票日の数週間前から予定されていた。

〝検死報告会〟となるはずだった。しかし、トランプが勝利したことで、部屋は議員とスタッフであふれ返っていた。トランプ当選が共和党の政策にどのような意味を与えるのかを、誰もが知りたいと考えたからだ。トランプが勝つと思っていた人はいなかったので、こうした新たな疑問に関心が向かうことになった。

この朝の会合の場で、ムーアは（故意ではなかったのだが）物議をかもす発言をして、出席者を驚愕《きょうがく》させることになった。オフレコの会合のはずだったが――ワシントンでは、本当のオフレコなどあったためしはないのだが――発言内容はメディアにリークされた。会合が終わってから、わずか数時間後には、ザ・ヒル誌が以下のタイトルで記事を掲載していた。

トランプ顧問が、下院の共和党議員団に語る
「もはや、レーガンの党ではなくなった」

この記事は、非公開の場での発言内容について論じていた。ムーアが共和党議員の中心メンバーに向けて語ったことは、共和党は、もはやロナルド・レーガン時代の保守政党などではなく、トランプによって、労働者階層のためのポピュリスト政党に変化したということだった。ザ・ヒル誌の報道によると、このムーアの発言を聞いて、議員たちは「呆然《ぼうぜん》としていた」とのことだった。情報元によると、次のような反応だったとのことだ。

「何ということだ。スティーブ・ムーアのやつめ！　『成長のためのクラブ』を設立したサプライサイド経済学の信奉者じゃないか」

また、ポリティコ誌ではムーアとのインタビューの内容が、次のように報じられた。

「レーガンが、共和党を保守政党に変えたように、トランプは、共和党を労働者階層のためのポピュリスト政党に変えたのだ。保守派の人たちにとっては、よい面もあるが、不満を感じる面もあるかもしれない」と、ムーアは水曜日のインタビューで語った。

「選挙戦の最後の三、四カ月間の遊説のなかで、国民が日々の生活の不安や経済的苦境に直面していることが実感させられた」と、ムーアは語った。

「私は移民賛成派で、自由貿易賛成派でもある。しかし、政策を実行するに当たっては、こうした分野で経済的に不利な流れが生じないようにしたいと考えている」

「選挙での審判が下った結果」としながら、「私はトランプが国民の負託を受けたと考えている」とも、ムーアは語った。

「レーガンがイデオロギー的な保守主義者だったとすれば、トランプは経済ポピュリストだ」とのことだ。

「トランプの勝利によって、『トランプ党』が誕生したのだ」とした(10)。

この記事によって、怒りと反感の炎が燃え上がることになった。ムーアの友人の一人は、メディアに対して、ムーアが「それを発言したときには、きっと酔っぱらっていたに違いない」と語った。しかし、ムーアは酔っぱらっていたわけではなかった。

もし、私たちがレーガンの功績を傷つけているのではないかとの誤解が生じているのであれば、それについては説明しておきたい。事実は、まったくそうではない。私たちは、それぞれの立場でレーガン政権に参加した。レーガンは冷戦に勝利することによって、〝悪の帝国〟を倒した。アメリカ経済も再建した。およそ四半世紀にわたり、富の創造と繁栄をもたらした。その規模は、米国史上でいまだかつてないものだった（5章では、この経済再生について、詳細に説明しよう）。レーガンの顔は、ラシュモア山（歴代四人の米大統領の彫像がある国立記念公園）に刻まれるにふさわしいと思う。

ムーアが、下院の共和党議員たちに語った内容は、トランプ勝利の直後のときと比べて、現在では、さらに実感が増している。リンカーンの功績がそうであったように、レーガンの功績も共和党の精神を高めることになった。常に、そうありたいものだ。とはいえ現在の私たちは、一九八〇年とは違う時代に生きている。レーガンからバトンが引き継がれた時代にいる。今はポピュリストのドナルド・トランプが新しい世代を導いているのだ。レーガンと同じような楽観思考のポピュリズムを、トランプはホワイトハウスにもたらした。これが裏切り行為であるはずがないのは明らかだ。

共和党がまず取り組むべきことは、トランポノミクスの旗の下で、ミシガン州、ペンシルベニア州、オハイオ州、インディアナ州、ウィスコンシン州、アイオワ州、ミズーリ州といった中西部の工業地帯に、雇用と経済発展をもたらすことだった。この地域の人たちは、オバマ政権での脆弱《ぜいじゃく》な景気回復では恩恵を受けていなかった。そのため、労働者階層の〝レーガン・デモクラット〟は、一九八四年以来であったが支持政党を変更することにして、共和党に戻ってきたのだ。二〇一八年と二〇二〇年にも、共和党はこの地域での審判を受けることになる。民主党が〝忘れられた労働者の男女たち〟を経済面でも文化面でも見捨てたのに対して、共和党ならば成果をあげられたのかを問われることになるのだ。こうしたことが、政治的にははっきりしていた。

保守派の友人たちの怒りを招くことになった、ムーアの発言はこうだった。

「トランプは共和党を、保守派の政党からアメリカ・ファーストのポピュリズムの政党に変えたのだ」

この問題について考えてみよう。共和党予備選で、トランプは一六人のライバルを見事に破った。近年では、最も才能あふれる有力な候補者が出揃《でそろ》ったと喧伝《けんでん》されていたにもかかわらずだった。つまり、共和党支持者は、経済ポピュリズムという新しい流れを選択したということだ。そして、大統領選の本選挙では、選挙人の獲得数で大差の勝利となった。

リベラル派や、共和党内の〝トランプ絶対反対派〟は、このような政治的衝撃が起こるはずがないと考えていた。しかし、それは実際には起きたのだ。有権者からの賛成の拍手が、嵐のように巻き起こっていた。

これからの共和党は、不法移民には厳格な姿勢を取ることになる。不公平な貿易協定に対しては懐疑的に見ることになる。外国での紛争には慎重に対応していくことになる。インフラ投資を増やしていく。経済面と安全保障では、アメリカの国益を第一にする。こうしたトランプの意思は、明確だった。まったく曖昧《あいまい》なところはなかった。

右派の人たちも、左派の人たちも、いまだに混乱しているように見える。何が起きているのか、また、どうしてそれが起きたのかを知るためには、ジュード・ワニスキー（ジャーナリスト。サプライサイド経済学の命名者）の古典的な著書『世界はこう動く』を読むといいだろう。この本の内容はレーガン革命をかたちづくったが、現在でも、十分に貴重な本だと言える。ワニスキーが教えてくれているのは、アメリカの歴史のなかでは何度も繰り返して、有権者による選択が素晴らしい衆知となって現れてきたということだ。選挙民が語りかけてくることに敬意を持って耳を傾けることは、サプライサイド経済学の核となる考え方なのだ。

レーガンとの共通点

こうして二〇一六年の早い段階で、私たちはトランプが支持すべき人物であることを確信していた。レーガンとは違っていたが、トランプにも同じような優れた資質があった。

一九八〇年にレーガン陣営の諮問会議のメンバーだったラッファーが繰り返し指摘していたことは、レーガンも当時の共和党指導部からは軽蔑され、攻撃されていたことだった。レーガンの評価として言われていたことは、中身が空っぽ、カリフォルニアのガンマンのカウボーイ、ただの俳優、他人が書いた原稿を読み上げるだけの人、人種差別主義者、偏屈、離婚経験者、戦争屋、そして、第三次世界大戦の引き金を引く男、というものだった。

民主党の〝黒幕〟だったクラーク・クリフォード（ジョンソン政権で国防長官を務める）は、内輪の場では、レーガンのことを〝愛想のいい劣等生〟だと評していた。ジェラルド・フォード大統領は大のレーガン嫌いだったが、レーガンとの苦戦を思い出しては「とてつもなく困難な課題を、あまりにも単純に解決できるかのように言い張る」として非難していた(11)。ジョージ・H・W・ブッシュは、レーガン政権で副大統領に選ばれたが、サプライサイド経済学による減税政策に対しては〝ブードゥー経済学〟（一九八〇年大統領選での指名を争ったときにレーガン批判のために揶揄した言葉）だとして非難したことがあった。

二〇一六年にもそうであったように、レーガン陣営は共和党の長老たちからは、事実上、何の支持も受けていなかった。共和党予備選でブッシュ、ハワード・ベイカー、フィル・ケイン、ボブ・ドール、ジョン・アンダーソンを破るまで、ロナルド・レーガンの大統領選出馬に対しては、融和的な動きは、まったく見られなかった。

デトロイトで開催された党大会に際しては、共和党指導部は、レーガンに対してジェラルド・フォードを副大統領として受け入れるように圧力をかけていた。そして、今回もそうであったように、一九八〇年十一月になればカーターに完敗するだけでなく、同時に行われる連邦議員選挙でも敗北を喫することになると信じられていた。レーガンの敗北は、共和党にとっては一九六四年のゴールドウォーターの大敗以上の壊滅的な打撃になると見られていたのだ。

もちろん、そのようなことにはならなかった。レーガンは、カーターに楽勝したからだ。選挙の一週間前の時点でも〝ギッパー〟（映画で演じた人物にちなんだレーガンの愛称）は支持率調査でリードされていた。しかし、投票日になってみると、レーガンは五〇・七パーセントの得票率で、四四州を制することになった。カーターの得票は四一パーセントで、アンダーソンの得票は六・六パーセントだった。

ラッファーの議論はシンプルだった。一九八〇年のレーガンの物語は、今回のトランプとよく似ているというのだ。

二〇一六年におけるコンセンサスでは、ヒラリーがアメリカ政治史上で最大級の地滑り的な勝利を収めるはずだった。〝濃い赤〟（共和党の圧倒的優位の意味）であるはずのテキサス州でさえ、民主党に引っ繰り返されると予測されていた。ニューヨーク・マガジン誌は、トランプを「人類が記憶するかぎりでは、最も粗野で、空っぽな大統領候補だ」としていた。著名なエコノミストたちは〝ドリーム・チーム〟を結集させて、トランプの経済政策は〝次の大恐慌〟や〝株式市場の崩壊〟の引き金を引く処方箋《しょほうせん》になるので、ゴミ箱行きにすべきものだと評していた(12)。

確かに、トランプはときどきとんでもないことを言ったり、ツイートしたりしていた。大げさな言い方をすることもあった。失言する癖もあった。それでも、トランプは勝ち続けていた。これ以上はないというぐらいの勝利が決まると、政治評論家たちは「こんなことは二度と起きることではない」「これは間違いなく、終わりの始まりになる」と言い出し始める始末だった。

しかし、ドナルド・トランプには終わりは来ていない。終わりが来たりはしないということなのだ。レーガンを描いた優れた評伝を書いた作家のクレイグ・シャーリーが、最近、その大きな理由をこっそりと教えてくれた。「レーガンとトランプの共通点は、敵方から常に過小評価されてきたことだ」と思い出させてくれたのだ。

最初に現れた〝バカ者〟は、二回の大統領選で地滑り的な勝利を収めることに成功した。一九七〇年代のスタグフレーションで荒廃していた経済を再生させて、冷戦にも勝利した。二番目に出てきた人物は、アメリカ史上でいまだかつてない政治的大逆転を成功させることになった。

ドナルド・トランプは、二〇一六年十一月八日にブッシュ家とクリントン家という二つの王朝を倒して、バラク・オバマに代表される左傾化にも歯止めをかけた。当時も今も、私たちが願っていることとは、トランプが、かつてのレーガンの功績――繁栄、楽観主義、力による平和――を現代にも甦らせることだ。

第3章　オバマノミクスと経済成長に対する攻撃

「エコノミストたちの見解によれば、失業手当の支給は、経済を成長させるための最善の方法になるということです。失業手当の支給額一ドル当たりでは、ある試算では一ドル五二セント相当の、別の試算では二ドル相当の経済成長が生まれるということです」

――二〇〇九年　ナンシー・ペロシ(1)（下院議長。民主党の代表的政治家）

ラッファーは、当時の大統領だったロナルド・レーガンにはときどき会う機会があったが、こんなジョークをよく話していた。

「あなたは、出来の悪い前任者に恵まれましたね」

そして、こう続けて言った。

「ジミー・カーターの後任として大統領になったのであれば、成功しないわけにいかなかったですね」

レーガンは、満足げに顔をほころばせた。

このユーモアには、ある種の真実が隠されている。それは人生における貴重な教訓でもある。ビジネスであれ、政治であれ、人は成功よりも失敗のあとを引き継ぎたいものなのだ。激しいインフレを招いたジミー・カーターという前任者がいなければ、ロナルド・レーガンはいなかった。金融危機を招いたジョージ・W・ブッシュがいなければ、バラク・オバマはいなかった。経済政策に失敗したオバマがいなければ、トランプが当選することもなかったということだ。

トランプは、そのことをよく理解していた。疑惑をめぐるスキャンダルまみれになっていたヒラリー・クリントンだけでなく、景気を低迷させたオバマ政権とも対決していたのだ。オバマケアとの対決でもあった。政府の規制による企業活動を標的とした攻撃との対決でもあった。増税政策や貿易協定の失敗とも対決していた。気候変動問題をめぐる狂信とも対決した。オピオイド中毒、インナーシティでの犯罪の蔓延《まんえん》、一〇兆ドルも増えた国家債務、所得の伸び悩みという問題にも対決していたのだ。

選挙遊説の専用機の機内での出来事だった。トランプは四人のメンバーを交えて、経済政策についての演説の原稿の準備をしていた。参加していたのは、ムーア、クドロー、スティーブ・ミラー、ホープ・ヒックス（トランプ政権でホワイトハウス広報部長に就任）だった。アメリカの現状と有権者の反乱を話題として、自由な意見交換が行われた。トランプは、有権者がオバマの失政に怒りを感じていることを確信していた。だとするならば、どのような経済再生プランにしたらよいだろうか？　スティーブ・ムーアが、作戦の内容を簡単に要約してみせた。

「ドナルドさん。オバマ政権での、この八年間の経済政策の全体を見渡して、ただ、その逆をやればいいんですよ」

トランプは、おおむね同意した。今後も継続しなければならない政策など、ほとんどなかったからだ。

トランプが、選挙集会で「アメリカを再び偉大な国に！」と叫んだことは、まさにオバマ政権の急所となる〝みぞおち〟に思い切りパンチを入れることを意味した。トランプの「再び偉大な国に」とのフレーズに対して、オバマは顔を背けた。ほかならぬオバマ自身が、自分の政権に対する暗黙の告発を意味していると理解したからだ。つまり、二〇一六年の大統領選は、オバマの経済政策に対する国民の審判でもあったのだ。

トランプのスローガンに対して、オバマは「アメリカは、今でもまだ偉大だ」と言って反論した。だが、多くのアメリカ人は、そのように感じていなかった。左派の人たちは、あらゆる面でアメリカはうまくいっているはずだという幻想に浸っていた。しかし、それは〝革新派《プログレッシブ》〟の運動が有権者とのつながりを失っていることを意味していた。民主党も、メディアも、最強のリベラル派であるオバマ大統領が国家を徹底的に左傾化させれば、経済破綻から救い出してくれることになるという〝おとぎ話〟をつくり出していた。

だが、アメリカの現状を肯定するかどうかについては、アメリカ国民に問いかけることを忘れていた。

アメリカは、正しい道を進んでいるのだろうか？　すでに指摘したとおり、およそ三分の二が、ノーと答えていた。

景気が「よい」または「とてもよい」と評価する人は、どのくらいいただろうか？　三人に一人もいなかった。

アメリカン・ドリームは、まだ健在なのか？　やはり半分以上が、ノーと答えた。

つまり、二〇一六年の有権者は不満を抱いていたが、それには、もっともな理由があったのだ。

なぜ、有権者がトランポノミクスに賭けようとしたのか？　それを知るためには、前任者のオバマの経済政策――オバマノミクス――の失敗を分析しておく必要がある。

失われた楽園

二〇〇八年の半ば、住宅市場がまさに崩壊する直前のタイミングだったが、私たち二人はピーター・タノウスとの共著で、『繁栄の終わり』（邦訳『増税は国を滅ぼす』日経BP社刊）という本を出版した。私たちの予測が、いつも的中するというわけではない。しかし、このときは大当たりだった。株式市場の崩落の可能性を予見することになったからだ。そのあとに起きた、長期にわたる経済の低成長と所得の伸び悩みも、予想したとおりの展開となった。

そのときに、「繁栄の終わりを、予測する理由とは？」というタイトルで、このように書いた。


簡単に答えておきたいが、私たちは単純な楽観主義者というわけではない。基本的には、リアリストだ。かつては経済政策が経済成長をもたらすことができたが、今やそうした期待は裏切られて、景気は後退に向かっている。問題なのは、政治家たちが、税制、規制緩和、金融、財政、貿易などの、あらゆる政策で失敗していることだ。私たちは、これを〝経済成長への攻撃〟と呼んでいる。既存の政治家たちは、ほとんど意図的に、アメリカ経済を奈落《ならく》の底に突き落とそうとしているかのようだ。Ｐ・Ｊ・オルーク（政治風刺家、ジャーナリスト）の言葉を引用すれば、「アメリカの有権者は、とうとうウイスキーのボトルと車の鍵《かぎ》を預けてしまおうとしている」のだ(2)（「政府に金と権力を渡すのは、ティーンエイジャーにウイスキーと車の鍵を渡すようなものだ」との言葉がある）。

ブッシュ政権の任期の最後の年に実行された経済政策も、おぞましく破滅的なものだった。ある意味では、オバマ政権で実行したどのような政策――企業救済、景気刺激のための財政出動など――よりも、ひどいものだった。もっとも、オバマが民主党の大統領候補者だったときに公約していた経済政策は、それよりもさらにひどかった。これを立証するための証拠物件Ａとして、二〇〇八年初めのＡＢＣニュースでのチャーリー・ギブソン（看板番組のアンカー）との有名なやり取りを紹介しよう。

ギブソン　オバマ上院議員、あなたはキャピタルゲインへの増税に賛成するとのことです。ＣＮＢＣに出演したときには、このように発言しました。「クリントン政権当時の税率を超えることはない」と。当時は二八パーセントでしたが、現在は一五パーセントです。もし、二八パーセントまで上げるならば、ほぼ倍増ということになります。ですが、実際には一九九七年に、ビル・クリントン大統領はキャピタルゲイン税の税率を二〇パーセントに減税する法案にサインしています。

オバマ　そのとおりです。

ギブソン　ジョージ・ブッシュ大統領は、これを一五パーセントにまで減税しました。どちらの場合でも、税率を下げたら、税収が増えています。連邦政府の収入が増えたのです。一九八〇年代には、税率が二八パーセントにまで上がっていましたが、税収は減ってしまいました。それなのに、どうして税率を上げようというのですか？　国民のうち一億人もの人たちが、資産として株式を所有しているので、大きな影響を受けることは間違いないのですが。

オバマ　チャーリーさん。私が、キャピタルゲインの税率を上げることを主張しているのは、公正《フェアネス》のためなのですが……。

ギブソン　過去の事実では、税率を下げれば税収が上がる、ということが示されています。

オバマ　そういうことも、あったかもしれないが。そうでないかもしれないし……(3)。

この会話には、あまりにも幻滅させられることになった。確かに、オバマはスタジアムを二万人以上の熱狂的な聴衆で埋め尽くした。そして、〝大いなる希望〟を看板にしてはいたが、現実の世界でどのように経済が動いているのかについては、ほとんど理解していないようだった。どのように雇用が生まれるのかも、企業家やリスクを背負う人たちが、どのようにして富を創造するのかも分かってはいなかった。オバマ上院議員は、たとえ税収が下がることになったとしても、税率を上げるべきなのだと確かに言ったのだ。それは、〝公正〟という問題だからだそうだ。しかし、いったい誰《だれ》に対しての公正だというのだろうか？

ほかにも、重大な懸念を感じることが、たくさんあった。オバマは貧困層の生活を引き上げるよりも、むしろ富裕層を引きずり下ろすことに熱心であるように見えたからだ。

所得税、キャピタルゲイン税、配当課税、不動産税などの税率が、その後の数年間で一斉に上がることは確実となっていた。二〇〇八年大統領選での選挙公約を掲載したホームページによると、オバマの税制改革案では、所得税率を五〇パーセントないし六〇パーセントに上げるとしていた（実際には四〇パーセントまでしか上げなかったが）。オバマ上院議員は、「国民皆保険制度ほか、社会保障の計画を実現するため」には、所得税を増税する必要があると主張していた。そのような逆風があるなかで、はたして投資に前向きになれる人がいるだろうか？

これまでにラッファーは、世界中の各国政府に対して、減税をするようアドバイスをしてきた。アイルランド、イギリス、ロシアのほか、フランスやスウェーデンまでもがアドバイスを聞いて、それを実行していた。アメリカが、投資、貯蓄、企業収益、株式保有に対しての税率を引き上げているときに、世界中のほかの国では税率の引き下げが行われていたならば、よくない結果が起きることになるはずだった。

こうしたなかでブッシュ政権は、ナンシー・ペロシが主導する議会と共に、ケインズ政策として約一兆ドル規模の〝景気刺激対策の財政支出〟法案を成立させていた。また、リスクの高い融資を行っていた保険会社や銀行の救済を目的とした非生産的な法案も成立させていた。BB&T社のCEOを務めていた友人のジョン・アリソン（銀行経営者。ケイトー研究所元会長）による説明は、こうだった。二〇〇八年秋に、連邦政府による〝ギャングまがいの脅迫〟があったのだという。

「ヘンリー・ポールソン財務長官が、大手銀行のCEOたちを首都ワシントンの一室に閉じ込めたのです。そして、同意の有無に関係なく、（比喩《ひゆ》としての話だが）銃を頭に突き付けて、救済資金の注入を受け入れるよう強制しました」

映画『バットマン』に出てくる、不気味なシーンそのものだった。自由主義の経済学は、窓から外に放り出されてしまったのだ。金融危機の真っただ中で、ブッシュ大統領は、こう言ったとのことだ。

「自由経済のシステムを守るために、私は、自由経済の原則を捨てることにした」

そして、株式市場の崩壊は、さらに進行していった。

そのときに私たちが予言したのは、ブッシュ政権による金融危機対応のための破滅的な銀行救済策と、オバマ政権によるアンチ経済成長の介入政策の相乗効果によって、世界の金融市場が動揺するということだった。そして、一時的であったはずの金融の後遺症が、やがては、深刻で本格的な景気後退を引き起こすということだった。まさに現実は、そのとおりになっていった。

オバマ大統領とその支持者たちは、アメリカ経済を〝第二の大恐慌〟から救ったのは、自分たちの手柄なのだとしている。経済学者たちは、そうした神話をすでに当然のこととして受け入れている。最近の歴史家の研究によると、オバマは偉大な大統領のトップ10に入っているということだ。しかし、そんな調査からうかがい知れるのは、大統領の資質というよりも、歴史家のレベルというものだろう。

確かに、オバマは大不況を招いたわけではなく、その結末を引き継いだだけだ。しかしながら、オバマによる経済政策の処方箋《しょほうせん》が間違っていたために、意図に反して、金融市場の混乱は火に油が注がれることになった。景気後退は長引いて、その後の景気回復も脆弱《ぜいじゃく》なものとなっていったのだ。

マーケットは、常に先を見通す。金融市場の崩壊のさなかにあって、投資家も、労働者も、ごく普通のアメリカ人も、オバマ大統領の発言を注視していた。世界中の投資家が、若くてカリスマ性のあるコミュニティの指導者から、ごく短期間のうちに米国上院議会で最もリベラルな議員となっていた人物を、アメリカ人が次期大統領に選ぶことは確実だと見ていた。アンチ経済成長で、富の再配分を志向する経済政策を実行するであろうことは明らかだった。これに近い政策といえば、一九三〇年代のフランクリン・ルーズベルト政権のときのものだった。

こうした弱気の経済見通しが、二〇〇八年の金融市場の混乱を加速させ、株式市場で大量売りを起こす原因となったのだ。皮肉なことに、オバマは金融市場の混乱を収拾するために当選したはずだったが、かえって混乱を助長していたのだった。

アメリカ政府が、すでに効果が検証された経済成長政策を捨てるのであれば、アメリカ経済のエンジンは完全に停止するであろうことが確信できた。それは、朝になれば太陽が昇るのと同じぐらい、自明のことだった。経済の繁栄というものは、偶然に生まれるものではない。経済成長も自然に実現したりはしない。丁寧に育てる必要があり、だからこそ、いずれ報われるときが来るのだ。

こうしたことは、すでに歴史のなかで証明されている。一九三〇年代に、フーバー政権とフランクリン・ルーズベルト政権の下で大恐慌が起きた理由は、経済政策で完全に失敗したからだった。そして、第二次世界大戦に突入して、非常時の戦時経済で二〇〇万人が動員されるまで、十二年もの間、景気が回復することはなかったのだ。大恐慌の原因となったのは、保護貿易であり、高い税率であり、金融引き締め政策であり、ニューディール政策による数々の政府支出プログラムだった。こうした政策は、よい意図の下で実行されたのかもしれないが、よい結果ではなく、むしろ、悪い結果をもたらした。

一九七〇年代のアメリカ経済では、過剰な規制、重税、高インフレのためにスタグフレーションが起きて、景気は低迷した。鎮静剤を使いすぎたことで経済は疲弊《ひへい》し、株式市場も大混乱することになった。こうした絶望的な時代から学ぶべきことは、政策決定者というのは、景気や、家計収入や、アメリカの国際競争力に対して重大な損害を与えうるということだ。焦りのあまり、にわかに破滅的な行動を取ることがあるのだ。

一九八〇年代から一九九〇年代にかけては、経済成長を阻害する要因が取り除かれたために、アメリカ経済は急回復した。税金、関税、規制、インフレの問題は、完全には解決していなかったが、沈静化はした。確かに、政策の誤りもなくはなかった。ハイテク株や住宅関連貸付業界では〝根拠なき熱狂〟の時代を迎えていたからだ。

この時代（レーガン政権、クリントン政権）は、政策の方向性が正しかったので、物価の安定、強いドルの信認、一律の安い税率、自由貿易が実現した。また、金融サービス、運輸、通信、エネルギーなどの基幹産業での規制緩和が行われ、依存よりも労働が報われるように社会福祉が改革された。さらには、財政赤字を削減して、連邦政府の財政を均衡させた。〝魔のスタグフレーション〟から解放された結果、経済は好景気となり、アメリカの産業は復活した。まさにアメリカ合衆国は、資本主義の世界チャンピオンとなったのだ。世界中から四兆ドルもの資本投資が流入することになった。世界の投資マネーが集まったことで、アメリカの純資産は一九八二年の一八兆ドルから、二〇〇〇年には六〇兆ドルにまで急成長することになった。

希望とチェンジ

二〇〇八年十一月、金融危機が最悪な状態に陥るなかで、バラク・オバマ大統領が誕生した。有権者は「希望とチェンジ」という言葉に象徴される、楽観主義を選択したのだ。オバマの勝因は、若さとカリスマ性にあった。アメリカ人の多くは――私たちもそのなかにいたが――初の黒人大統領であることにも好感を寄せていた。

オバマが政界の頂点に立ったことに、興奮を感じずにいられただろうか？　私たちも、そう感じていた。シングルマザーに育てられながら、財産も、家柄も、政治的なコネもなく、大統領に選ばれたのだ。素晴らしい妻と子供との家庭を築き、よき夫、よき父親でもあった。素晴らしい〝アメリカならではの〟ストーリーだった。私たちもオバマに会ったことがあるが、とても感じがよい魅力的な人物という印象だった。

極右の陰謀論者からは、オバマの政策について、次のような質問をよく受けた。オバマは、故意に、経済を破壊しているのではないか？　こうした質問に対しては、いつも反論してきた。中間層の経済力を取り戻し、低所得層の貧困を救済するための政策を、オバマ大統領が採用したいと考えていたことは間違いなかった。私たちも、オバマが成功することを願っていた。本書の目的も、オバマを非難することにあるわけではない――というのも、私たちも個人的には、オバマが立派な人物だと考えているからだ。

しかし、〝革新派《プログレッシブ》〟の経済政策を全面的に実行したところ、アメリカ人が期待していた幅広い景気回復を実現することには（予見されたとおり）失敗したのだ。

この事実の流れは、正しく理解しておく必要がある。失敗から学ぶことは大事なことだからだ。このことがさらに重要である理由は、〝革新派〟の考え方が、政界、学界、メディア界、アメリカ文化の全般にわたり、依然として大きな影響をふるっているからだ。オバマ政権になってから、歴史の彼方に捨てられ、死んでしまったはずの思想――ケインズ経済学、マルサス（イギリスの古典派経済学者。主著は『人口論』）的な経済学、富の再分配の思想、社会主義、集産主義など――が再び流行し始めていた。なぜ、知的エリートにとって、こうした破綻したはずの思想が魅力的であり続けるのかは、人生の大きな謎《なぞ》のひとつだ。

危機を無駄にしてはいけない

オバマ政権の発足当初まで、遡《さかのぼ》ってみよう。オバマ政権で最初の大統領首席補佐官に任命されたラーム・エマニュエルの言葉を、多くの人が記憶しているだろう。二〇〇九年にオバマ大統領が就任した直後に、このように語っている。

「危機を無駄にしてはいけない」

このとき、リベラル勢力はホワイトハウスだけでなく、上院と下院の両議会とも支配していた。この言葉を心に刻んでいたリベラル派は、かねてから構想していた政策を、危機に乗じて実行することにしたのだ。元左翼でありながら、現在は社会派の政治評論家となっているデヴィッド・ホロウィッツは、このように発言していた。

「長年の間、極左勢力が待ち望んでいた瞬間が、ついに到来したのだ」(4)

タイム誌の表紙を飾ったのは、気取ったフランクリン・ルーズベルトに似せてシルクハットをかぶり、葉巻タバコをくわえたオバマの絵だった。オバマが考えていたことは超大型のニューディール政策だったので、まさにぴったりの描き方だった。

オバマ就任後の最初の数カ月では、悪名高い八三〇〇億ドル規模の予算法案が、景気〝刺激〟対策のために〝即効性がある〟とされて成立していた。法案の具体的内容を見れば、景気の浮揚のためというよりも、左翼の利益集団に莫大な資金をバラまくことが目的なのは明らかだった。全米芸術基金への補助金まであった（このようなもので、景気が刺激されるとでも言うのだろうか？）。

ヘッドスタート計画（低所得層向けの育児支援政策）、失業給付金、フードスタンプ、再生可能エネルギー関連の補助金、高速鉄道、連邦政府の役人が新車を購入する予算、養豚業界の救済資金（本当に適正なものだろうか）、労働組合の新規雇用のための予算などがあった。ほかにも数百万ドルが、ワシントン動物園の予算、ナンシー・ペロシ下院議長の選挙区でのネズミ駆除対策予算、不法滞在者や大学生のためのフードスタンプ予算に費やされた。電気自動車業界への補助金もあったが、そのあとに、ほとんどの会社が倒産していた。何という〝投資〟なのだろうか。

この景気刺激予算は、道路や橋などの即効性のあるインフラに投資されるはずだった。だが、こうした建設関連のプロジェクトに向けられた予算は、全体のわずか一五パーセントにしかすぎなかった。

残りの大部分の予算は、二〇〇八年大統領選の勝利に貢献した、数多くの利益団体に流れていったのだ。

連邦政府にも資金が流れ込み、焼け太りになった。GDPにおける連邦政府支出の割合は二一パーセントから二四・五パーセントに増加していた。連邦政府機関のなかには、予算規模が倍増しているところもあった。まさに〝天からマナが降ってきた〟（旧約聖書の故事による、予期せぬ恩恵のこと）ようなものだった。

オバマ政権の政策のなかでも愚の骨頂だったのは、エコカー買い替え支援のための補助金だった。燃費のよい新車を購入するために中古車を下取りに出すだけで、三〇〇〇ドルから四〇〇〇ドルもの補助金が支給されることになっていた。中古車を下取りに出せば、タダでお金がもらえるというので、新車のショールームには大勢の人たちが押し寄せることになった。もらえる小切手の金額が、下取り価格の一〇倍にも相当するケースも、よくあることだった。

新車購入のためとはいえ、中古車を大量に廃棄するというのは、経済的に見れば不合理な話だ。建設業者の雇用を生むためには、新しい住宅を建設する必要がある。だから、今住んでいる家を焼き払う人のために補助金を支給しよう、という話と何ら変わりはないからだ。このような間違いを論証したものとしては、ヘンリー・ハズリット教授の『ある教訓に見る経済学』（邦訳『世界一シンプルな経済学』日経BP社）という名著がある。家の窓に石を投げつけ、ハンマーで全部を叩《たた》き割ったあとで、またつくり直すような仕事では、何も富が生まれないことを論じている。だが、オバマ政権の最初の年には、あらゆる経済学の常識が完全に投げ捨てられてしまっていた。

二〇〇九年の景気刺激策は、ケインズ的な多額の借金による支出政策としては、近年では最大級となった——つまり、ステロイド漬けのケインズ経済政策だった。副作用が生まれて、二〇〇九年、二〇一〇年、二〇一一年と景気の調子は悪いままだった。政府は何もしないほうがましだったという結果になっていたのだ！　しかし、これは〝私たち〟による結論ではない。ほかならぬ〝オバマ政権〟が、二〇〇九年以降に発表した数字に基づいている。オバマ政権のエコノミストは、私たちに驚くべきことを教えてくれた。実際の毎年の失業率は、景気刺激対策をしなかった場合よりも、さらに悪い数字になっていたと言うのだ。つまり、何兆ドルもの借金をして政府の予算をつぎ込んだというのに、何も対策をしなかった場合よりも、さらに景気が悪くなったということを意味していた。

ポール・クルーグマン教授がニューヨーク・タイムズ紙に、こうした政策の失敗についての言い訳を書き連ねていた。失業率が史上最高の水準を続けていた理由は、政府の借入と予算の支出が、まだ十分ではなかったからだと言うのだ(5)。どうやら五兆ドルでも十分ではないということだった。クルーグマン教授たちが言っていることは、一〇兆ドルを借り入れるべきだったということなのだ。まったく恐ろしい話だ。

ハーバード大学の経済学者であるロバート・バローは、クルーグマンの病的なまでの言い訳をからかった。

「財政赤字を拡大させる政策が失敗に終わるたびに、政策アドバイザーは、もっと財政赤字を拡大するべきだったと主張するのだ」

「こうした政策アドバイスを実行してきた結果、慢性的な低成長率となり、GDP対比での公的債務比率が膨張してきたのだ」と結論づけた(6)。

ギリシャやプエルトリコの事例を見れば、そのことは明らかだった。

大恐慌以来では最悪の景気回復

二〇一一年になると（予算のほぼ全額が支出されたあとになってから）景気回復が始まり、雇用状況も改善し始めたが、回復のペースは緩やかだった。二〇一四年に、私たちは『オバマノミクス対レーガノミクス』という研究を発表して注目された。ウォール・ストリート・ジャーナル紙でも、その要旨が掲載された。オバマ政権での景気回復が、近年では最も脆弱なものであることを指摘した。さらに悪いことには、家計所得の中央値が――景気後退が始まってから、すでに五年も経過していたが――二〇一四年になっても、依然として下がり続けていた。オバマ政権での景気回復のペースは、過去の水準と比べてかけ離れたものだった。

民主党は、レーガノミクスによる景気拡大を、それほど特別なものではなかったとして過小評価してきた。しかし、景気回復局面での年平均の経済成長率を比べると、レーガン政権では四・七パーセントだったのに対して、オバマ政権では二パーセントにしかすぎなかった。

この違いによって、どのような影響が生まれたのか？　平均的な年成長率で景気回復をしていた場合には、二〇一五年のＧＤＰの規模は、さらに二兆ドルは拡大していたはずだ。また、オバマ政権での景気回復が、レーガン政権のときと同じペースであったならば、ＧＤＰの規模はやはり三兆ドルは拡大していたはずなのだ。このＧＤＰの差は、ミシガン州、オハイオ州、ペンシルベニア州を合計し

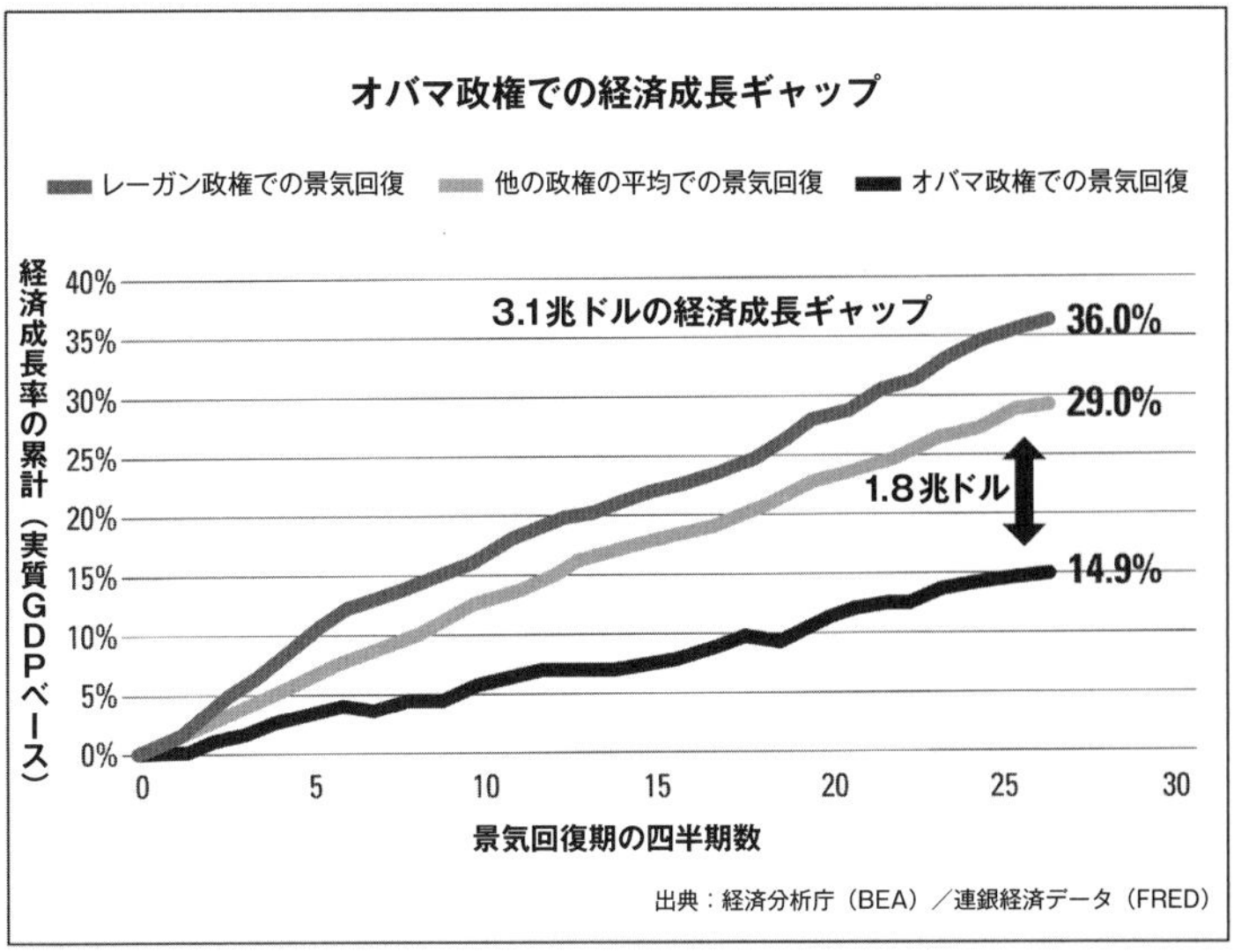

た年間総生産に匹敵する。

不況の原因と深刻さというのは、それぞれの場合で異なっている。しかし、レーガン政権とオバマ政権の違いは、二つの理由で参考になる。第一に、どちらも大恐慌以来では最悪の経済状況のなかでバトンタッチされていた。レーガン就任のときには、スタグフレーション――高い失業率と高インフレで〝経済不快指数〟は約二〇パーセントにも達していた――によって経済は疲弊していた。十数年も続いたインフレによって、株式市場は半分以上の価値を失っていた。オバマも、深刻な金融危機のあとを受けて政権に就いていた。株式市場と住宅市場が崩壊して、七〇〇万人が失業していた。

失われた一人当たり三三〇〇ドルの所得

二〇一五年に上下両院合同経済委員会（ＪＥ

C）は、オバマ政権での景気回復が脆弱であることが、平均的な家庭にどのような影響を与えているかについての調査を行った。この調査では、一人当たりを基にしたGDP成長率が分析された。レーガン政権での景気回復には例外的な強さがあったが、その理由は、数百万人のベビーブーマー世代が労働市場に参入して、雇用が拡大したからとのことだった。一人当たりの指標で見ると、平均的な景気回復での実質GDP成長が一八・八パーセントであるのに対して、オバマ政権での景気回復の実質GDP成長は、わずか九・〇パーセントにすぎなかった。これは、一九六〇年代以降の景気回復では最低の数字だった。

ただし、合同経済委員会の調査では、一六歳以上の労働人口で九五〇〇万人が統計に算入されていなかったことが判明した。オバマ政権の二期目には、かなり失業率が下がっていたとされていた。だが、この数字が減少していた理由は、かなりの人数が労働人口から除外されていたからだった。つまり、定年退職者の要因だけというわけではなかった（この問題は、トランプ政権下でも引き続き大きな問題になっている）。

また、労働人口が減少しただけでなく、労働時間も短縮されたために（パートタイムでの雇用が、大幅に増加したことが理由だが）、経済成長が変則的に低調となり、所得も伸び悩んでいた。

これが、オバマ時代についての残念ではあるが、本当の話だ。もし、このオバマ政権での経済成長率が、平均レベル程度はあったとするならば、「（二〇一五年における）税引き後の個人所得は、年間三三三九ドル（二〇〇九年換算）は多かったはずだ」と、合同経済委員会は試算している。だからこそ、アメリカ国民は、二〇一六年大統領選で進むべき針路の変更を熱烈に求めていたのだ。これが、私たちの結論だった。低成長の経済が、個人の財布を直撃していたということだ。

合同経済委員会は、オバマノミクス（オバマ政権の経済政策）の成果の実態を、わびしい言葉で結論づけている。

「経済成長に関しては、オバマ政権は完全に最下位だった」

労働を罰して、社会保障を与える

景気回復が低調だった理由のひとつは、失業者を生活保護から立ち直らせ、就業させることに失敗したことも挙げられる。とても簡単な理屈であるが、政府からの給付金を当てにして働かず、有益な技能を身につけようとしないならば、家計の状況が改善するはずがないからだ。メディケイド、フードスタンプ、失業手当のおかげで大勢の人たちが救われたことを、オバマはいつも誇らしげに語っていた。社会保障当局は、（納税者の税金を使って）テレビやラジオに広告を出して、メディケイド、フードスタンプ、オバマケア、政府の社会保障プログラムを申請するように国民に呼びかけた。手当を申請することは〝恥ずかしい〟ことではないのだと国民に訴えていた。多くの都市では、フードスタンプが幅広く支給されて、まるで第二の通貨にでもなったかのようだった。この章の冒頭では、当時の下院議長ナンシー・ペロシのバカげた信念を紹介した。フードスタンプを支給すれば景気刺激策になるという見解だったが――経済学の教授たちも、この考えを支持していた。本当にそれが正しいのならば、不法難民を何百万人も入国させて、フードスタンプの支給対象者にすれば、景気を大きく刺激できるはずだった。

民主党の考え方が、これほどまでに経済的合理性からかけ離れているのは、とても残念なことだ。クリントン政権では、数多くのアメリカ国民を生活保護から〝自立させた〟ことを誇りとしていた。しかし、オバマ政権は生活保護を〝与える〟ことを誇っていた。オバマ政権では、生活保護を受給する人たちが急増し、景気が回復してもその数が減ることはなかった。

シカゴ大学の経済学者ケイシー・マリガン教授は、生活保護の内容が手厚すぎることが、貧困世帯が職探しをする動機を阻害していることを明らかにした(7)。多くの場合では、貧困世帯で一ドル分の給料を稼ぐと、五〇セント分の生活保護が減るかたちになっていた。ケイトー研究所によると、生活保護の内容によっては四万ドル相当が支給される場合さえあるという(8)。そうだとしたら、働く必要があるだろうか？　失業している人が、職探しを急いだりする必要がないというのは、あまりにも驚くべき状況だった。

働かない人に対する支給を増やせば、ビジネスにおける労働、投資、営業のコストも上昇することになる。オバマ大統領が（公正さ《フェアネス》を理由に）企業と投資家に対する増税をした結果、景気回復には冷水を浴びせていた。キャピタルゲイン税を、クリントン政権時代の二〇パーセントの税率に戻すことを公約していたが、実際には一五パーセントから約二四パーセントに増税した。投資に対する税率そのものは約六〇パーセント分も上乗せされることになったのだ。

新規の起業率は低下して、軌道に乗る事業よりも破綻する事業のほうが多くなっていた。オバマ政権によるアンチ・ビジネスの政策環境のために、企業は、次にどんな災難が降りかかるのかと恐れをなしていた。こうしたわけで、オバマ時代における企業投資は、極めて低調になったのだ。つまり、税金をかけるということは、何かを失うことを意味するのだ。

最も痛みを受けたマイノリティと女性

さまざまなリベラル政策の社会実験のひとつとして、忘れてはならないことがある。二〇〇七年から二〇〇九年にかけて、三回にわたり最低賃金の引き上げが行われた。動機は正しかったのだろうか？　おそらく、そうなのだろう。しかし、実行されたタイミングは最悪だった――景気が、後退を始めていたからだ。二〇一一年には、一〇代の黒人の失業率は三〇パーセントに急上昇していた。非熟練労働者が労働市場から締め出されて、起業による雇用創出もなくなっていた。私たちの調査では、一〇代の黒人の労働参加率（生産年齢人口に対する労働人口の比率）は、二〇〇九年三月に史上最低の水準に落ち込んでいた（トランプ政権になってからの二〇一八年には、黒人の労働力人口はオバマ政権以前の水準に戻り、黒人の失業率は四十六年ぶりの最低水準になった。しかし、なぜかトランプは、いまだに人種差別主義者だとして非難されている）。

オバマ政権の任期の最後の年に、連邦議会予算局は、アメリカにおける若年層の黒人の地位についての報告書を公表した。その内容は、悲惨で衝撃的なものだった。二〇一四年には、一八歳から三四歳のアメリカ人男性のうち、約六人に一人が失業あるいは投獄されていた。これは一九八〇年での一〇人に一人の割合よりも悪化していた。若年の黒人男性で見ると、もっとひどい状態だった。約三人に一人が失業あるいは投獄されていた。連邦議会予算局は、若年層の失業率が急増した理由を、幾つか指摘していた。州や地方で最低賃金が引き上げられたために雇用コストが上昇したほか、収入調査に基づく社会保障プログラムが若年層の勤労意欲を阻害したからだった(9)。

オバマ政権におけるマイノリティと貧困層の独身女性の状況は、最もひどいものだった。センティア・リサーチの調査によると、大不況が終わった二〇〇九年以降の五年間で、独身女性の所得は、子供の有無にかかわらず約五パーセント減少していた。黒人の世帯主での所得は七・七パーセント減少し、ヒスパニックでは五・六パーセント減少していた(10)。すなわち、平均的な有権者と比べると、これらのグループでは大幅な所得の減少が見られていたのだ。幸いにも、二〇一五年、二〇一六年になると所得の状況は改善したが、元の水準まで回復するまでには至っていない。

ケインズ経済学という〝乗数効果〟の実験をしたことによって、こうした不幸な現実が生まれることになったのは、驚くべきことではない。よく見てみれば、ヨーロッパでも同じことが起きているからだ。私たちの研究結果では、ケインズ政策の実行によって、国内経済を巨額の借金と財政支出であふれさせた国では、景気回復が遅れる結果になっていた。むしろ、借金による財政支出というケインズ政策を無視した国ほど、景気が早い立ち直りを見せていた。ギリシャでは巨額の借金による財政支出が行われたが——悲劇的なまでの信用の崩壊を招いただけだった。

オバマ政権が失政だったならば、なぜ再選されたのだろうか？　これは、もっともな疑問だ。しかし、第一に、そもそも経済を壊滅させた共和党政権には戻ってほしくないと、アメリカ国民が思っていたからだ。そうしたわけで、近年まれに見る不人気の大統領候補だったミット・ロムニーには勝機が訪れることがなかったのだ。

第二には、二〇一二年のオバマ再選チームを率いた頭脳派のデビット・アクセルロッド（オバマ政権で大統領上級顧問）が、アメリカ国民に向けての洗練された宣伝工作を成功させていたことだ。景気回復が期待外れになっている原因は、ジョージ・W・ブッシュ政権の後遺症のせいなのだとしていたのだ。つまり、オバマ政権には責任がないということだった。選挙が終わってからの調査によると、数多くのアメリカ国民が、そのような説明を信じ込んでいたことが判明した。このようにして、景気が悪化していたにもかかわらず、五一パーセントの得票率でオバマは再選されたのだ。しかし、一九八四年のレーガン再選が四九州での勝利だったのと比べてみれば、オバマの二〇一二年の得票は、二〇〇八年のときよりも明らかに後退していた。

長期不況

オバマ政権の二期目になっても、アメリカ経済は停滞を続けていた。低成長をめぐっての〝悪いのはブッシュだ〟という言い訳は、次第に説得力を失っていた。オバマ任期中の八年間で、三パーセント成長――控えめな目標だったが――に届いた年は一度もなかった。任期の最後の年は一・五パーセントにまで落ち込んでいたし――経済成長が加速することはなく、むしろ、オバマ退任のときには、ただ減速していただけだった。

景気回復の脆弱さについての権威ある解説としては、カルメン・ラインハートとケネス・ロゴッフによる世界各国の不況と恐慌に関する研究が挙げられる。二〇〇八年にアメリカの金融業界が直面したレベルの金融危機を経験した国が、完全に景気を回復させるためには、最低でも十年間か、それ以上の時間がかかるとの結論を出していた。

ただし、この研究における問題点は、レーガン時代の景気拡大を説明できないことだった。レーガンは深刻な経済危機が発生したあとで、政権を引き継いでいた。大幅なインフレと高金利のために、株式市場は過去十五年間で実質六〇パーセントも暴落していた。ノーベル経済学賞受賞者のポール・サミュエルソンは、このインフレを退治するには八年間は必要だと予測していた。しかし、レーガン大統領と当時のＦＲＢ議長のポール・ボルカーは、一八カ月でインフレを撃退して、二年で経済を再建したので――十年も必要なかったということだ。

オバマ政権の元首席エコノミストのラリー・サマーズは、経済が不調である理由については、よく知られた言い訳を使って説明していた。つまり、二〇一三年末にはアメリカ経済は〝長期不況〟に突入していたという分析だ(11)。たとえどのような対策を講じたとしても、二パーセント以上の経済成長は不可能だという主張を、もっともらしく表現していたにすぎなかった。

これは、失笑すべきことだった。ラリー・サマーズのほかオバマ政権のエコノミストたちは、オバマ政権の発足当初には四パーセント成長は容易に実現できると主張していたからだ。オバマ政権における最初の六回の経済見通しのすべてが、オバマの経済政策によって、三・四パーセントから四・五パーセントの間での年間成長率を実現できるだろうと予測していた。

毎年のように、力強い景気回復が期待できると繰り返し語られていた。ジョー・バイデン副大統領

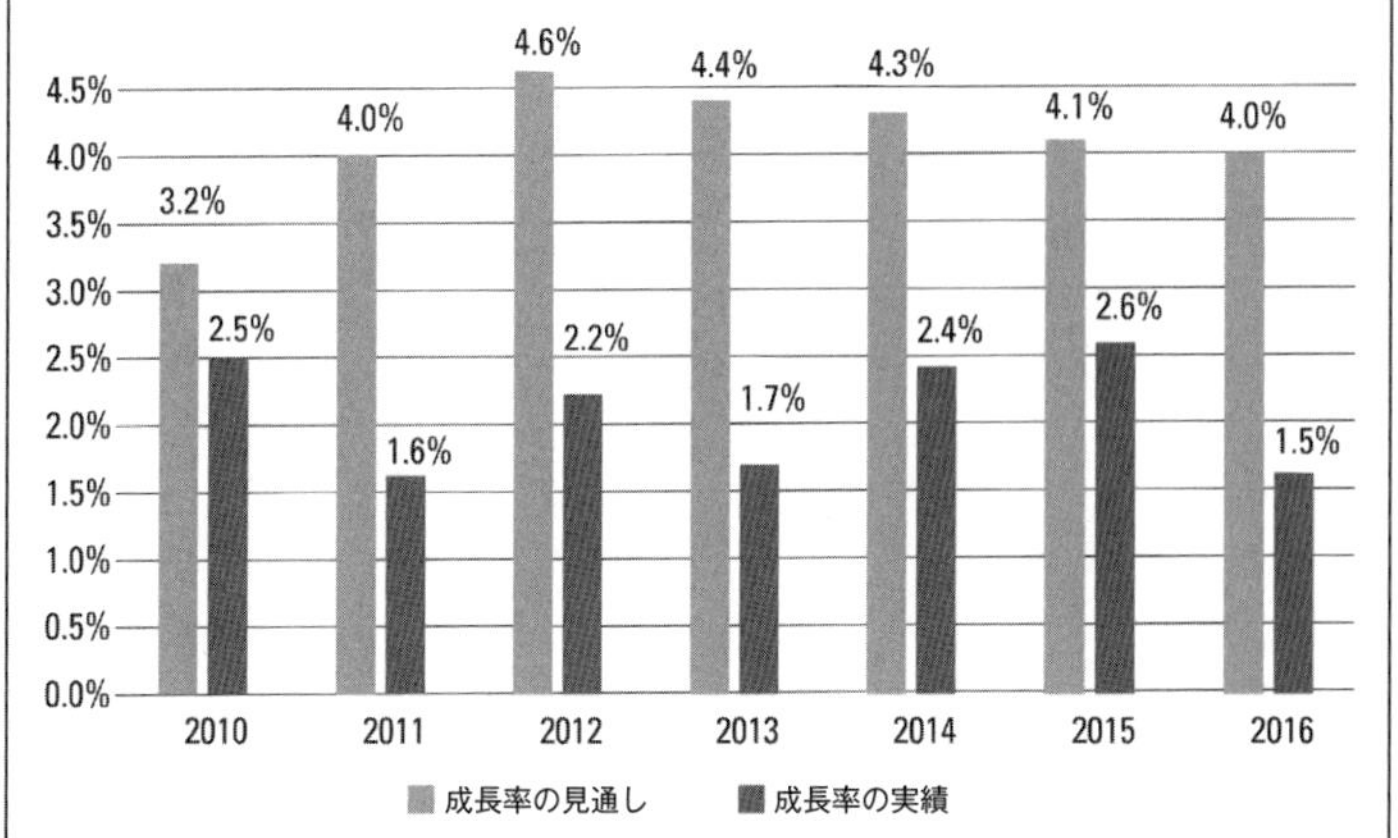

オバマ政権での成長率の見通し VS 成長率の実績（2010年〜2016年）

出典：ホワイトハウス行政管理予算局　過去の統計 2010 年〜 2016 年

も、〝景気回復の夏〟と名付けた全米ツアーで飛び回っていた。結局、景気が回復するには、オバマ政権が終わるまで待ち続けなければならなかった。

現実に起きた事実を確認してみよう。成長率が三パーセントを超えたことは一度もなく、平均成長率は二パーセントだった。オバマ政権の成果は、公約された数字のおよそ半分しか達成されなかったことになる。こうした連中が、アメリカは二パーセント以上の経済成長などできないと言っているのは、まるでお笑い草だ。こうしたわけで、私たちが、トランプに繰り返して言い続けたことがある。

「オバマ政権では、これ以上の成果は無理なのでしょう。でも、正しい経済政策を実行しさえすれば、もっといい成果を出せるはずなのですよ」

左派の〝コンピューター・モデル〟は、お

よそ〝良識〟に対する挑戦だと言えた。増税をすれば四パーセント成長が実現できるという主張だったからだ。しかも、減税をするなら、三パーセント成長でも困難になるというのだ。このような人たちが、経済学のことを〝陰気の科学〟（トーマス・カーライルが経済学を評した言葉）と称するのは、何ら不思議なことではない。

もし、オバマ政権が公約どおりに経済成長を実現していたならば、連邦政府の財政赤字は十年間で約五兆ドルは減少していたはずだ。それでは二〇一六年の時点で、オバマ政権が公約した三パーセント成長というのは、やはり無理な目標だったのだろうか？　トランプ政権は、政権発足後の四回目の四半期で、ほぼその水準（二〇一七年第4四半期では、二・九パーセント成長）を達成できたのだ！

フリーランチ経済学

単純ではあるが、悲しい事実があった。三年間で四兆ドル以上もの財政赤字をつくり出しながら財政支出を行ったにもかかわらず、二〇一一年の初めに、失業率は九パーセントの高止まりを見せていた。パートタイムでの就業者と、直近の非求職者を数字に入れると、依然として失業率は約一五パーセント（U6失業率〔米労働省が発表する六種類の失業率のうち最も広義のもので、失業率を全体的に捉えるとされる〕に基づく数字による）となっていた(12)。

経済復興法をはじめとするオバマ政権での数々の取り組みが、なぜ、これほどまでに悲惨な結果に終わったのか？　また、なぜ、私たちがこうした経済政策が失敗することを正確に予測できたのだろうか？

ケインズ経済学の前提では、たとえそれが不要不急の事業のためであったとしても、政府が財政支出を実行すれば、経済を回復させることができることになっていた。しかし、それは理論的にも、歴史的にも、非常に疑わしいことだった。一九三〇年代のフランクリン・ルーズベルト政権でも、一九七〇年代のニクソン、フォード、カーター政権でも、一九九〇年代の日本でも、まったく成功していなかった。私たちが知るかぎり、いかなる国の、いかなる時代でも失敗してきたのだ。

ケインズ経済学には、実証的な根拠が乏しいと言えるのだが、それでも生き延びている。その理由は、政治家や経済学者が政策アドバイスをする上で、便利で、もっともらしい理屈を提供してくれるからだ。ケインズ経済学の理論では、政府には景気循環を調整する役割があるとされている。つまり、政治家には経済活動を仲介する役割があると説明されているのだ。いずれにせよ、利用できる理屈としては、格好の材料となる。偉大なる先人であり、私たちの友人でもあったミルトン・フリードマンは、このような失敗が何度も繰り返されてきた理由を、すでに教えてくれている。

「フリーランチなんていう、そんなうまい話があるはずないじゃないか」

政府が支出するお金というのは、必ず、どこかから調達されることになる。政府が支出を行うためのお金を得る方法というのは、三通りしかない。課税か、紙幣の発行か、借金だ。お金を得るためにどの方法を使ったとしても、たいていの場合は、政府がお金を使うことで生まれるプラスの効果よりも、そのマイナス効果のほうが大きくなってしまう。

第一の方法として、政府は、支出を行うために増税をすることができる。このことが意味しているのは、しっかり働くだけの生産性がある労働者（マリーさん）の収入から一ドルを取り上げて、お金を稼いでいない人（ジェーンさん）に渡すということだ。このことから、富の再配分の仕組みにはマイナスの効果があることを説明できる。つまり、私たちの研究では、一ドルの税金を得るためには、二〇セントから四〇セントもの徴税コストの負担が生じると判明している。確かに、ジェーンさんはマクドナルドやウォルマートで一ドルを使い、乗数効果を生み出せるのかもしれない。しかし、その一ドル分の税金を払うためには、マリーさんは一ドル二〇セント分を稼いでいる必要があるのだ。それならば、マリーさんは働くのをやめて、ジェーンさんと一緒に補助金を受け取ったほうがよいことになる。

別の方法としては、ドル紙幣を印刷することだ。だが、紙幣を印刷すると、これまでに発行されているドル紙幣の値打ちが下がることになる。つまり、政府が通貨の供給を魔法のように二倍にしたとすると、今までのドル紙幣の値打ちは半分になってしまうのだ。もし紙幣を印刷することによって、国を豊かにできるというならば、アルゼンチンも、ボリビアも、メキシコも、今ごろは繁栄を謳歌《おうか》しているはずだ。

借金という爆弾

最後に、議会が借金をすることで、政府の支出をまかなうという方法がある。ブッシュも、オバマも、一〇兆ドル規模の借金をした。フリーランチのようには見える。お金を使うために政府は米国債を発行するのだが、しかし、誰かがそれを買っていることになる。つまり、政府が借りたり、使ったりするドル紙幣は、米国債を買ってくれた人を通じて、経済活動から取り出されることになる（確かに、米国債の約半分は外国人に購入されている。外国人の米国債保有にもコストが伴うが、さらに悪い問題であるかもしれない）。だから、借金したお金を使うことで経済活動を刺激するといっても、その効果は相殺されて、よくてもゼロになってしまうのだ。

オバマ政権では、GDPの約一〇パーセントに相当する一・五兆ドルもの財政赤字が生まれていた。こうした借金は、将来の納税者によって返済される必要がある。つまり、アメリカ国民にとっては、これは経済の問題というだけではなく、まさに道徳の問題でもあるのだ。借金をして使うことに躊躇《ちゅうちょ》しない点では、共和党も、民主党も同じだった。トランプ政権でも毎年約一兆ドルの財政赤字が生まれているが、その大部分はブッシュ政権とオバマ政権から引き継いだものだ。支出を抑制して、こうした赤字を縮小させるための対策は、まだ見つかっていない。リベラル派は、オバマ政権での兆ドル単位もの赤字額を問題にしていなかったのに、今になって、大きな不満を募らせ始めている。反対に、共和党のほうはといえば、オバマ政権の財政赤字を批判していたはずなのに、今は自分たちが同じことをしても平気なのだった。

借入金と財政赤字の影響に関しての私たちの見解は、保守であるとも、リベラルであるとも分類できない立場だ。私たちは、借金すること自体に反対しているわけではない。クドローは多少、大げさな言い方ではあったが、ときどきトランプに、こう言っていた。

「わが国は、借金の上に築かれています」

もちろん〝借金王〟であることを自称していたトランプは、クドローの言わんとする意味を正しく理解していた。

もし、借金が経済成長のために使われるならば、将来の世代にとっては、借金は有益なものとなる。借金には、意味があったことになるのだ。一九八〇年代に、ロナルド・レーガン大統領は国の借金を三倍にした。だが、この借金のおかげで、長期にわたる素晴らしい成果として二つの使命が完遂されることになった。第一には、冷戦期において、ソ連という〝悪の帝国〟を倒すための軍備を拡張する資金として使われた。世界の人々を共産主義の専制体制から解放して、自由をもたらすことに貢献したのだ。第二には、借金は減税の埋め合わせになった。これによって、アメリカ経済は一九七〇年代の恐るべきスタグフレーションから立ち直ることができた。借金は二兆ドル増えていたが、アメリカの国富は、少なくとも八兆ドルは増えていた。

こうした借金は、そのコストを何倍も上回る成果を生み出したことになる。第二次世界大戦に勝利するためにも借金をしたが、間違いなく、それが正しいお金の使い方だったのと同じことだ。

それでは、ブッシュ政権やオバマ政権における一〇兆ドルもの借金は、何かを生み出したのだろうか？　何かのために役立ったのだろうか？　まったく役に立っていないというのが、私たちの意見だ。

結局のところ、一〇兆ドルもの借金にふさわしい仕事があったとすれば、国家としては何をすべきだっただろうか？　そのようなことは、あまり多くはないはずだ。全米高速道路網を建設したりはしていないし、月に人類を送ったりもしていない。冷戦に勝利したわけでもないし、景気を急回復させたわけでもない。そうしたことではなくて、フードスタンプや、メディケイドを国民に与え、〝無力感〟をもたらした。出来の悪い健康保険制度もつくった。グリーンエネルギーのプロジェクトにも資金をつぎ込んだ。驚くべきことではあったが、一〇兆ドルもの借金の山を築いておきながら、二〇一六年における米軍の装備状況は、十年前よりも悪化していた。

オバマ政権の借金は、将来の世代が犠牲を払うに値するものだったと言えるだろうか？　上院議員当時のバラク・オバマが、この問いかけに答えてくれている。以下は、スーパースターとして初当選したオバマが、二〇〇六年に上院で行った詩的とも言える演説だ。国家が際限なく借金をしたときに、返済できなくなってしまう危険を訴えていた。

大統領閣下、本日、私は、国の借金の問題について話をします。現在の債務上限に関する議論は、政治のリーダーシップが危ぶまれている兆候です。アメリカ政府が、将来、借金を返済できなくなる危険があることを示しています。

連邦政府の野放図な財政政策のために、外国からの財政支援に依存する結果になっています。過去の五年間で、連邦政府の財政赤字は、三・五兆ドルから八・六兆ドルにまで増えました。まさに〝兆〟の単位になっているのです。この借金のための利払い費は、すでに、教育費、国土安全保障費、運輸費、退役軍人給付金の合計額を超えてしまっています。利払い費の一年分は、アメリカの栄光を守るための沿岸警備隊を、荒廃した状態から再建させるための金額よりも多くなっています。すでに連邦政府予算のなかで、最も急速に拡大しているのが米国債利払い費の割合なのです。この借金の拡大は、もはや、わが国の隠れた敵となっています。インフラを必要としている州や都市から、橋や、港湾や、堤防などを建設する予算を奪っています。教育や健康保険改革を必要としている家族や子供たちのために、大切な投資をすることができなくなっています。

お年寄りが期待していた、退職後の保障や健康面での安心も奪っています(13)。

経済的に負担できないオバマケア

最後に、オバマ自身が最大の業績と考えていた、医療費負担適正化法、いわゆるオバマケアにも触れておきたい。

この医療費負担適正化法案は、上下両院で、共和党議員の賛成票が一票も得られないまま強行可決され、大統領によって署名された。わが国の健康保険制度が穴だらけで重大な欠陥があると、オバマが考えていたこと自体は正しかった。緊急時の医療費負担のための保険を、数多くのアメリカ国民のために用意したいという目標には、賛同を惜しまない。しかし、この新法案には根本的な欠陥があった。健康保険に対する政府の管理を強化したので、創意工夫、選択の自由、競争の原理からは、かけ離れたものになってしまった。そうした原理が働けば、どのような業種であったとしても、よいサービスを低価格で提供できることになるはずなのだ。しかし、最重要の業界であるはずの医療健康保険の分野において、命令と統制の方式を採用してしまったのだ。何という愚かなことだろうか。

私たちは、オバマケアが、結局は医療費を膨張させることになるだろうと予測したが、自由市場を尊重する経済学者たちも同じ考えだった。残念ながら、そのとおりになった。もっぱら、メディケイド――世界最悪の保険制度のひとつだが――の急拡大によって、アメリカ国民の多くが、健康保険に加入することができるようになった。家計にとっても、アメリカ経済にとっても、そのコストは莫大

オバマケアでの保険料負担（平均月額）は倍増した

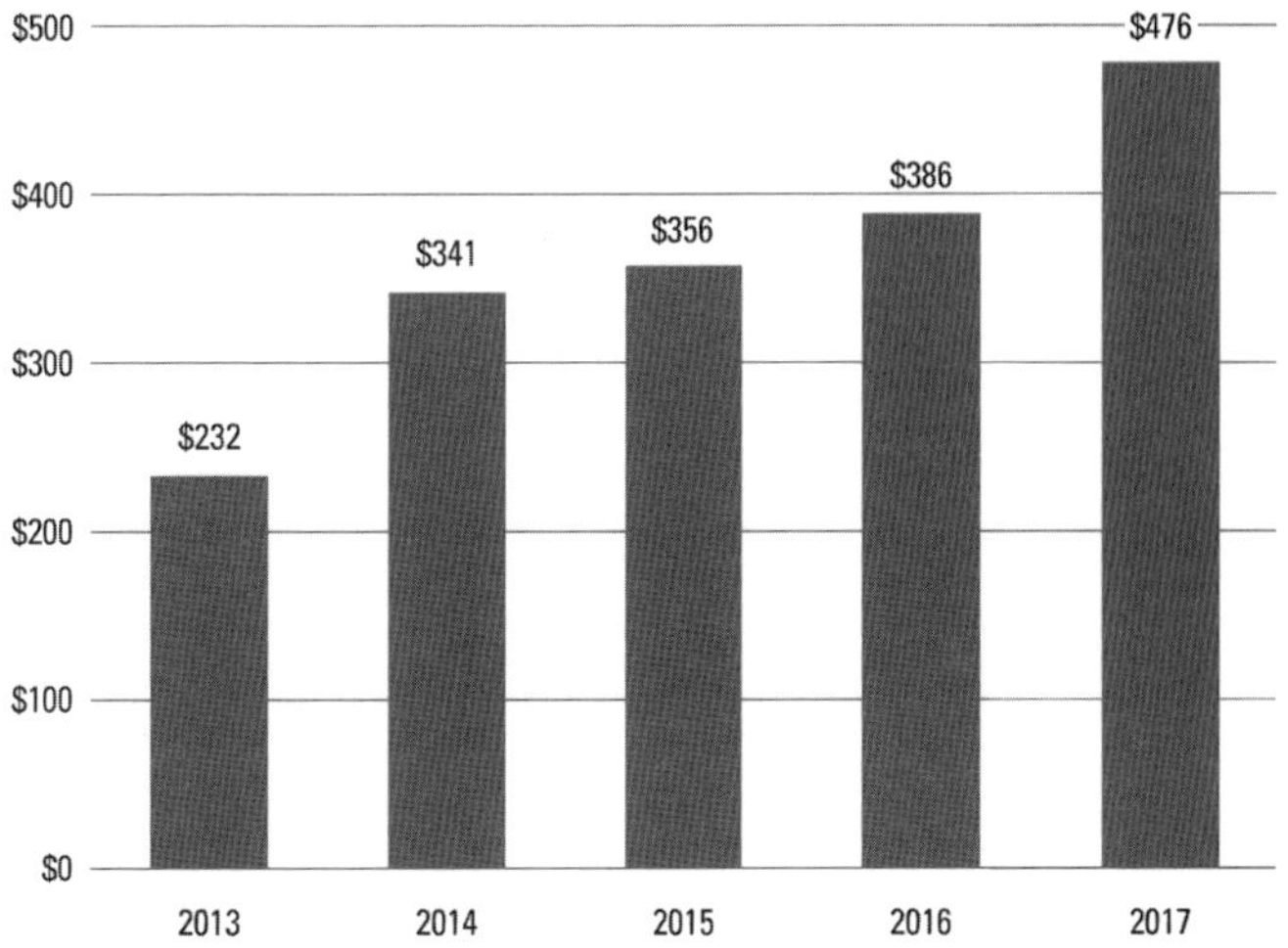

出典：米保健福祉省 ASPE データポイント
「個人保険料負担の推移 2013 年−2017 年」p.4

なものとなった。この医療保険制度によって破られた約束を考えてみよう。

オバマケアによって、平均的な家庭では二五〇〇ドルの保険料を節約できるはずだった。しかし、二〇一七年五月に保健福祉省は、平均的な健康保険料が二〇一三年と比べて二倍になったと発表した。オバマケアのなかでは最も安価とされるシルバー・プランでは、二〇一七年での一世帯当たりで生まれるコストは三万三〇〇〇ドルとなっていた(14)。二〇一三年から二〇一七年にかけての国民の保険料負担は、年ごとに約三〇〇〇ドルずつ増加していった。二〇一八年には、さらに三〇パーセントも増加する見込みだ(15)。オバマ政権下で、平均的な世帯の実質所得や給与収入が変化しなかった理由のひとつは、この健康保険料の負担が、所得の増加を帳消しにしていたからだった。

オバマケアによって〝健康保険料の上昇カーブに歯止めがかかる〟ことはなかった。オバマケアが完全に施行される前年には、医療保険費の合計額は、アメリカのGDPの一七・二パーセントだった。この数字は、昨年では一八・三パーセントに伸びていたが――医療保険支出が二〇〇〇億ドル増加したことによるものだった。最新の予測によると、二〇二五年にはGDPの二〇パーセントにまで達すると見られている。

オバマケアによっても、無保険者の問題をなくすことはできなかった。巨額のコストを費やしたにもかかわらず、この十年間で、オバマケアはいまだに三〇〇〇万人を無保険者のままにしている。その結果、コストの伸びは抑制されている。オバマケアによる無保険者数の減少分の九割は、単にメディケア――保障内容はとても貧弱だが――を拡大させた恩恵によるものだった。二〇一二年の連邦議会予算局の推計によると、オバマケアに切り替える登録者数は、二〇一六年と二〇一七年では一一〇〇万人増えるとされていた(16)。しかし、この期間に実際に切り替えをしたのは――主な理由は、経済的に負担できないからだが――登録予定と推計していた人数の二〇分の一しかいなかった。

オバマケアという税金は、雇用の拡大、投資だけでなく、経済全体の成長も損なうことになった。オバマケア法案では、キャピタルゲインと配当に対する三・八パーセントの増税が行われた。これは、アメリカ経済への投資そのものに対する直接の課税を意味した。オバマケアのために、キャピタルゲインと配当に対する課税は、過去二十年間では最高の税率になってしまった。通常の景気回復期の平均と比べると企業投資は三分の一しかなかったが、この高い税率が原因のひとつだった。

最後に、残念なことではあるが、かかりつけの医者や、これまでの健康保険に満足していたとしても、今後は継続できなくなるかもしれない。連邦政府や州のデータによると、郡ごとの保険業者の切り替え対象を見ると、二〇一八年時点では、五〇パーセント以上の地域で選択肢は一つだけだった。さらに三〇パーセント以上の郡部では、保険業者の選択肢は二つだけだった。つまり、八〇パーセント以上の郡部では、保険業者の選択肢は一つか二つに限られているのだ。もっと多くの選択肢と競争原理が必要であるはずだ。

こうしたことがなければ、オバマケアは素晴らしい成功となったはずだった。

リベラル派のほか、欠陥だらけのオバマケア法案の作成に関わった人たちと内々での話をすると、構造的な不備がある制度なので、いずれは崩壊することになるだろうと認めていた。民主党の議員たちが法案の内容を読んだのは成立後だったので、修正はあとからされることになっていた。私たちの予測としては、オバマケアが〝死のスパイラル〟――病気の人たちが加入者となるが、健康な人たちは非加入者のままでいる――に入っていくことは不可避だった。結局、保険料は上がり続けることになるのだ。そして、数多くのアメリカ国民も、無保険者のままになっていた。

こうしたわけで、重大な選択が私たちの前に現れていた。トランプが、自由市場の原理と選択の自由に基づいた改革をすることで、健康保険を救うことができるのか。それとも、バーニー・サンダースの夢（民主党議員のほとんどが賛成していた）のように、政府が運営する独占的な健康保険制度によって全国民の加入を実現するかだ。

絶望感の深まり

あまり理解されていないが、有権者が、ブッシュ政権とオバマ政権は悪い時代だったと感じていた理由がほかにもある。それは、絶望だった。経済活動のチャンスが失われて、社会的な地位向上の可能性が閉ざされてしまったことが——一九八〇年代と九〇年代には、アメリカ経済の素晴らしい長所だったはずなのだが——大きな痛手となっていた。

二〇一五年に、プリンストン大学のアン・ケイスとアンガス・ディートンが、重要で驚くべき内容の報告書を発表していた。

「この数十年間では初めて、アメリカの中年白人の平均寿命が短くなっている。他の先進国でも、アメリカの他の年齢層でも、平均寿命は延びる傾向にあるにもかかわらずだ」(17)

死亡率の上昇は、特に教育水準の低い人たちの間で深刻だった。スティーブ・ムーアとジュリアン・サイモンの共著『いつでも良くなっている』では、二十世紀には、所得、健康、豊かさ、栄養、生活水準のすべてにおいて、素晴らしい改善が見られたことが強調されている。しかし、この本で記された人類の一世紀間における進歩に対する逆行現象が、現実に起きていた。

報告書を書いたプリンストン大学の学者は、痛ましい事実を発見していた。死亡率の上昇の背景にあった主な要因は、「失望——アルコール、薬物の過剰摂取、自殺——による死」だった。余談だが、喫煙(絶望からの薬物摂取も)による死亡率は劇的に下がっているが、この研究では言及されていない。だから、この統計には多少の偏りはあるだろう。しかし、ここ最近の十五年弱で死亡率が約二倍になっているのは紛れもない事実だった。

こうした憂慮すべき傾向が生まれている主な理由とは、「過去、数十年間にわたり雇用の見通しが悪化してきたこと。安定した結婚や家族生活が失われていること。肥満などの悪い生活習慣が蔓延していることだ」

ケイスとディートンの二人は、次のように結論づけた。

「思い描いていた生活と、現実とのギャップによって絶望感が生まれている。そのはけ口として、薬物、アルコール、自殺に至っているのだ」

こうした絶望感の広がりが、ブッシュやオバマの責任だと非難したいわけではない。しかし、二〇〇〇年から二〇一五年までの景気低迷は、中間層に大きな犠牲を強いていた。お金で、愛や、幸福を買うことはできないというのは――確かに、そのとおりだ。しかし、ボートを進ませる波が消えたときに、数多くの人たちが水の中――破産、自尊心の喪失、無気力感、倦怠感、（離婚や家庭崩壊による）愛情喪失の感覚――に放り込まれてしまったのだ。だからこそ、私たちが（トランプも同じだろうと考えるが）痛切に感じていることは、政府による支援を、生活設計の基本にさせてはいけないということだ。そして、就業要件（生活保護の支給に当たり、過去の一定の就業期間などを必要とすること）も――納税者よりも受給者自身にとって――非常に重要な問題だと感じている。

確かに、オバマは〝希望とチェンジ〟を公約した。しかし、悲しいかな、オバマ政権二期が終わってみると、アメリカ国民の多くは、何かを変えられるという希望を見失い、無力感に打ちひしがれていた。

おそらく、このことが多くのエリートたちが予測を誤った理由でもあった。二〇一六年の大統領選では、アメリカ国民の半数が決定的な方向転換を望んでいた。しかし、エリートたちには、それを知ることも理解することもできなかった。こうした背景のもとで、〝トランプ現象〟が生まれていた。そして、「アメリカを再び偉大な国に」というスローガンが魅力を放つことになったのだ。

今トランプは、全米に蔓延しているオピオイド中毒への大規模な対策を始めている。もちろん、よい成果があがることを願ってやまない。ただ、雇用環境の改善と、中流階層の家計の逼迫《ひっぱく》という問題を解決することなくして、絶望感を癒やして、本当の希望を取り戻すことはできないのだ。

トランプの番だ

ムーアは、ウォール・ストリート・ジャーナル紙で仕事をしていたころ、「フォーチュン社が選ぶアメリカ優良企業一〇〇社」の経営者たちと、定期的に会う機会があった。オバマ政権の最初の五年間のころにはCEOたちには、次のような質問をしていた。

「御社の業績は好調です。株価も堅調です。内部留保も厚いです。それなのに、どうして会社の成長のために、事業への再投資を行わないのですか？」

答えは、たいてい決まっていた。Fで始まる四文字言葉――〝恐怖（fear）〟だった。政府が次にどんな政策を打ち出してくるのかと、戦々恐々としていたのだ。企業のバランスシートを狙《ねら》い撃ちにする過酷な政策が、マシンガンのように連続射撃されていた。そのなかを、企業は何とか生き延びようとしていた。増税があり、規制による攻撃があり、オバマケアがあった。数兆円規模の政府の借金による財政支出があった。そこには、もちろん政府が企業の成功を支えているのだという見下した態度もあった。よく知られたバラク・オバマの言葉によっても、そうした考え方が明瞭《めいりょう》に表れていた。

「建設したのは、あなたがたではないのです」（二〇一二年大統領選でのオバマの演説での言葉。企業の繁栄も政府の投資によるインフラ投資に依存していることを指摘したが、典型的なリベラル思考の表明として批判の対象とされた）

当然ながら、経営者たちは真剣に対応しようとしていた。採算性と収益性を猛烈なまでに追求して、大不況のなかを生き延びようとしていた。限りない創意工夫によって、事業を前進させようとしていた。現在、世界的な優良企業の多くはアメリカ企業で占められているが——わずか十年前には、まったく状況は異なっていた。オバマ時代には、このようによい面として働いた部分もなくはなかった。

二〇一六年の成長率は、一・五パーセントという緩やかなペースだった。このような期待外れの景気回復が長く続いていた理由は、企業が、新規の工場や、製造所や、研究所を建設しなかったことであり、新規の設備を購入したり、コンピューターなどの技術に投資しなかったことだった。ヒラリー・クリントンでさえ、景気回復が不十分であると認識して、このように語っていた。

「企業は、多額の現金を手元に持っています。けれども、それが投資には向かってはいかないのです」

企業は資金を寝かせていたわけではなく、利回り二パーセントの十年物米国債を購入していた。実質金利がマイナスにまでなっても、企業は米国債を購入していた。それほどまでにリスク回避が行われていた理由は、まさに恐怖のためだった。

約十五年もの間、アメリカ経済が麻痺《まひ》していたのは、こうした問題が元凶だった。一九五〇年から二〇〇〇年までは、企業投資は年平均で五・五パーセント増加していた。だが、二〇〇〇年から二〇一五年になると、増加率は二・五パーセントと低調になっていた（幸いなことに、現在、企業投資率は健全な水準に回復している）。

二〇一四年の全米製造業協会による調査によると、鉄鋼業、自動車産業、コンピューター産業、建設業などでの規制のコストは、平均で労働者一人当たり一万八〇〇〇ドルとのことだ(18)。これでは、アメリカ企業が、カナダ、メキシコ、中国に海外移転していくのは、何ら不思議なことではない。規制を軽減するだけで、企業にとっては一人当たり一万ドルもの負担が簡単に節約されることになるからだ。

アメリカ投資界の偉大な権威であるスタンリー・ドラッケンミラー（著名なヘッジファンド・マネージャー）が、二〇一八年にウォール・ストリート・ジャーナル紙に、「今、必要とされる神の見えざる手はどこに？」と題する論説記事で、次のように書いた。

アメリカの統計学者は、自由市場で生まれたアメリカ資本主義の優れた実績よりも、外国のトップダウン型の計画経済に強く惹《ひ》かれている。今、資本主義は攻撃にさらされているのだ。オバマ政権の八年間では、資本主義の有効性と公正さが軽んじられてきた。個人の生活のあらゆる場面に、政府が介入してきている。規制のコストも倍増している。社会的平等を実現するためとして、アメリカ経済界が攻撃にさらされている。健康保険制度は、以前よりも、さらに非効率になっている(19)。

この章を締めくくるに当たり、ラリー・クドローが、よく語っていたことを紹介しておきたい。選挙戦のさなかに、オバマ政権エコノミストのオースタン・グールズビー（オバマ政権で二〇一〇年-二〇一一年大統領経済諮問委員会の委員長）やジェイソン・ファーマン（オバマ政権で二〇一三年-二〇一七年大統領経済諮問委員会の委員長）と議論を交わしたときの言葉だ。「この八年間では、バラク・オバマのやり方を試してきた。君たちとしては、全力を尽くしたことだろう。よかれと思って取り組んだのだろう。しかし、失敗だった。それならば、今度はトランプのアイデアを試してみようじゃないか」

トランプの政策で流れが変わることが確実だったわけではない。しかし、経歴と経済的な理屈から見れば、トランプのほうに分《ぶ》があったと言える。

それでは、これからトランポノミクスの政策の詳細を検討することにしよう。

第４章　トランポノミクスとは何か？

「アメリカの雇用を守りたい。ほとんど戦争のようなものだと見るべきだ」
――二〇一五年　ドナルド・トランプ

トランポノミクスとは、いったい何なのか？　トランプが思いつくままに出来上がったものなのか？　それとも、確固とした理念に基づいているのか？

このような質問を受けるたびに思うのは、ビットコインのように便利な答えでもあったらいいのにということだ。

私たちから経済政策の理念を尋ねたときのトランプ自身による答えは、要するに、こういうことだった。

「私は、これまでと同じような共和党候補として立候補するわけではない。これまでの共和党と労働者階層との関わり方には、明らかに問題があった。そのために、労働者階層は苦しみ続けているのだ」

また、こんなふうに簡単に答えることもあった。

「経済政策の戦略としては、常にアメリカ・ファーストを掲げよう」

共和党の新しい経済政策の枠組みとなるべきビジョンが、ブライトバート社CEOのスティーブ・バノンからも生まれていたことは間違いない。物議を醸《かも》しがちなバノンは、選対責任者として、選挙戦の最後の数カ月だけに存在していたわけではなかった。トランプとの関係は、数年前にまで遡《さかのぼ》る。二〇一二年にも、トランプが出馬するかもしれないという話があった。バノンのほうが、先にポピュリストの理念を持ち込み、トランプに売り込んだのか。それとも、トランプがそうした考え方を長年温めていたところで、ついに気性が合うバノンというアドバイザーを得ることになったのか。そのどちらなのかは、定かでない。

はっきりしているのは、協力関係とでもいうものが始まったときから、〝経済ポピュリスト〟という新しい理念を、アメリカ国民と保守層に向けてどのように訴えていくかについて、この二人がほとんど同じ考えを持っていたということだった。

少なくとも最初のころから、バノンはトランプの世界観を共有していた。壊し屋であることも共通していた。違いがあったとすれば、バノンが未来に対して悲観的だったのに対して、トランプは楽観的だったことだ。バノンがよく語っていたのは〝鉄球破壊〟の戦略だったが、トランプが語っていたことは、どのように物事を築き上げるかということだった。選挙戦の合間に、バノンは私たちに、こう語っていた。

「過去二十年間で、共和党は、ほぼ完全に有権者からかけ離れた存在になってしまった。そのことに気づかないといけない」

「貿易、移民、文化といった問題がある。勝つあてもなく、戦費をつぎ込んだ戦争の問題もある。こうした問題についての中流階層の人たちの懸念の高まりに向き合っていない。ほとんどの有権者は、共和党も、民主党も、完全に見限ってしまっている。トランプは職業政治家ではない。だからこそ、パラダイムシフトを約束できるんだ」

今のところは控えめな言い方にしておきたいが、トランプは、ミルトン・フリードマンやレーガン流の自由市場主義者ではない。リバタリアン（政府からの不干渉を強調する自由主義者）でもない――まったく違う。〝より親切で優しい〟（一九八八年大統領選で、ブッシュが掲げた言葉）ブッシュ型のネオコンでもなかった。

トランプの斬新なポピュリストの政策によって、共和党が二十年かけて守っていた古い考え方は、引っ繰り返されてしまった。衝撃的だったのは、無党派層や共和党支持者だけでなく、ポピュリストを支持する民主党支持者まで、あまりにも多くの人々がトランプの経済政策に大きく惹《ひ》きつけられていたことだ。この経済政策を、少なくとも試してみる価値があると感じていたのだ。

人物とメッセージ

トランポノミクスの原理を説明する前に、重要なことを指摘しておきたい。この〝ポピュリスト〟政策――トランプは〝ポピュラリズム《大衆主義》〟と言うことを好んでいたが――を成功させた人は、まだ誰もいなかった。このメッセージを伝えるために、ふさわしい人物が待望されていた。トランポノミクスが広まったのは、優れたセールスマンがいたからだ。トランプは、間違いなく、現代における最強の営業の達人だ。それは、トランプがビジネスで成功した秘訣《ひけつ》だった。政治で成功するためにも、やはり、そうした才能が必要なのだ。

　これまでにトランプが才能あふれる天性のメッセンジャーとなれたのは、自分が手にした富や成功を隠そうともしなかったからだ。むしろ名誉の勲章として、見せびらかしてきた。立派に仕立てたスーツを着こなして、リムジンを乗り回した。おしゃれなリゾート地を訪れ、自家用ジェットで世界を飛び回った。高層ビルも建設した。自分の成功を自慢してきた（繰り返し、大げさに語ってきた）。こうした強気の態度が、有権者には魅力的に映っていたようだった。

　トランプが、こうしたポピュリストのメッセージを訴えるのに成功したのは、職業政治家ではなかったからでもある。これに対して、演説でのヒラリーは、雄弁で、聡明《そうめい》で、しっかりとしていて、およそ誤りのない人物だった。オバマも、やはりそうした人物だった。

　トランプのほうは、スポーツバーや地元のパーティーにでもいそうな、リアルな人柄を感じさせる話し方をしていた（ロッカールームでの男の会話とまで言うつもりはないが）（大統領選直前に女性蔑視とされる過去の発言がリークされたとき、トランプは「ロッカールームでの会話のようなものだった」と釈明した）。事前に内容を準備して、プロンプターを使って話すようなタイプではなかった。ヒラリーが〝マディソン街通り《アヴェニュー》〟（マンハッタンの目抜き通りのひとつ）のタイプだとすれば、トランプは〝ブルックリン〟（ニューヨーク市郊外の地区）のタイプだった。トランプは、本物のストリートファイター型の人物だったが――そうしたスタイルを嫌うアメリカ人も多かったが――ポピュリストのメッセージを訴えるためには、まさにうってつけの人物だった。

　いろいろな人たちが、実際のドナルド・トランプは、どんな人柄なのかと私たちに聞いてきた。一言で答えるとすれば、「本物だ」ということになる。そのまま見た通りの人物なのだ。さらに、ドナルド・トランプについて確かに言えることは——支持者もよく理解していたことだが——中流階層の人たちの生活を本当に気にかけて、よりよい暮らしを実現したいと願っていたことだ。

もっともなトランプ批判も、たくさんあった。しかし、自分のような金持ちを、もっと豊かにするために政治をやりたいなどとは、まったく考えてはいなかった。トランプ自身が、すでに金持ちだったからだ。

トランプ・ポピュリズムの原則

それでは本題に入ろう。トランポノミクスは、幾つかの核となる原則が展開して出来上がったものだ。

第一に、常にアメリカ・ファーストが基本となる。グローバリズムを拒絶するということだ。すなわち、友好国に対する支援に過度に熱心になるのをやめるということだ。アメリカが世界で最も惜しみなく気前がよい国であり続けることは、もはやできないのだ。他国のことよりも、まず、アメリカの国益とアメリカ人の利益を優先させるということだ。

左派は、こうした理念が、時代遅れの〝ナショナリズム〟だとして鼻であしらっている。しかし、それは間違っている。アメリカという国家は、アメリカ国民の同意に基づく、アメリカ国民の自治によって成り立っているからだ。世界政府であるとか、多国籍の行政機関というような解決方法は、危険な誤りなのだ。グローバリズムを排除して、偉大な国家を復権させるべきだ。

第二に、愛国心を取り戻すことだ。トランポノミクスの核心となっているのは、アメリカが基本的に素晴らしく、偉大であるという考え方だ。アメリカは特別な地であると、トランプは根本において考えている。レーガン大統領の言葉を引用すれば、「偉大なる神の摂理が、わが国をして世界各国を照らす灯台の光とした」ということだ。

左派知識人の指導者たちは、アメリカの勝利という理念に対して、冷笑的な立場を取る。リベラル派は、アメリカの偉大さよりも、失敗や欠点をあげつらう傾向がある。アメリカの実験――まさに建国以来のものだが――に対して、〝アメリカ非難から始めよう《ブレイム・アメリカ・ファースト》〟という破壊的な態度なのだ。例えば、現在では、合衆国建国の父たちは、世界で最も偉大な自由の革命を実現させた英雄ではなく、家父長的かつ非道徳的な奴隷所有者だったと描かれている。

第三に、アメリカの国民に、自分の運命を決める機会を与えている。それは、政府の保護主義的な政策を拒絶することを意味している。競争原理と選択の自由を認めれば、政府の規則、規制、命令よりも、よい成果を生むことができるからだ。国民が自分の意思で決めるということだ。

左派の人たちの考え方は、これとは正反対だ。医療保険でも、学校の選択でも、年金運用でも、国民には自分で意思決定する資格はないのだと考えている。私たちがいつも心を痛めているのは、こうした左派の人たちが最も嫌悪《けんお》しているのが、トランプ政権の閣僚のベッツィ・デヴォス教育長官だということだ。デヴォス長官の許しがたい罪だとされたのは、マイノリティの子供のために教育の自由の幅を広げる計画を構想したことだった。左派の意見では、貧困層の親は正しい選択をすることはできないし、競争原理にしたらインナーシティ（大都市内部のスラム化した地域）の公立学校の質が低下するということなのだ——まるで、もっと悪くなるかのように主張するのだ。

第四に、インナーシティの再建だ。犯罪、暴力、麻薬中毒、腐敗、失業を根絶するということだ。トランプがアメリカ国民に対して明らかにしたことは、リベラル政権が貧困層と荒廃したコミュニティを救済するという公約を果たさなかったことだ。ボルチモア市、ニューアーク市、シカゴ市、デトロイト市、クリーブランド市などの大都市で、リベラル政策が失敗をもたらした現実を容赦なく指弾した。トランプは、聴衆のなかにいるインナーシティの住民たちに——ほとんどがマイノリティだが——よく尋ねたものだ。「あなたや町のために、民主党はインナーシティで何かしてくれましたか？」と聞けば、「何もない」という答えが返ってきた。

トランプの重要な都市政策としては、五〇カ所の特区が指定された。そのほとんどはインナーシティのなかの貧困地区で、キャピタルゲインの減税、規制緩和、その他の開発を妨げる障害を除去する取り組みが行われることになる。

第五には、麻薬の売人、テロリスト、不法移民、犯罪者から国境を守ることだ。トランプが繰り返し発言しているとおり、国境がなくなった国家など、もはや国家とは言えない。左派からの反撃として行われたのはサンクチュアリ・シティ（聖域都市）（不法滞在者を優遇するリベラル政策を行う都市）であり、人種差別や外国人排斥だという非難だった。国民はトランプを支持した——それも確固たる支持だった。ちなみに、いつも私たちからトランプに発言を促していたことといえば、国境を守るための高い〝壁〟のことだった。もちろん、合法的に通ることができる大きなゲートを備えたものだ。

第六には、アメリカ企業を支援し、発展させることだ。トランプは、明確に、ビジネス志向の大統領になることを表明していた――だからこそ、当選が決まった瞬間から、株式市場が急上昇を始めたのだ。これとは対照的に、民主党の方は、反射的なアンチ・ビジネスだった。所得格差の是正に対するこだわりがあったからだ。リベラル派は雇用を守れとは言うのだが、雇用の創出《ジョブ・クリエーション》をする人は嫌いだった。トランプがよく言っていたのは、〝雇用の保障〟と〝雇用の創出〟は別々の問題ではない、ということだった。

第七には、〝アイデンティティ政治〟の拒絶だ。これはリベラル派には広く受け入れられていた考え方だった。アメリカは人種、性的指向、民族、階級によって、本質的に分断されているというのだ。そして、こうした分断のために、常にゼロサム状況に陥っているとしている。しかし、こうした考え方は間違っている。「われらは神の下で、〝分かたれることのない〟一つの国家である」（アメリカ合衆国への「忠誠の誓い」の言葉の一節）からだ。誰もが豊かになれるのが、アメリカという国なのだ。そして、誰かが何かを得ることは、他の人にとって何かを失うことを意味しないのだ。あらゆるアメリカ人は、階級ではなく個人として尊重され、人種、性別、財産の別なく、法の下の平等が保障されている。「多《た》からなる一つ（E《エ》 pluribus unum《プルリブス ウヌム》）」（アメリカの国章に刻まれる言葉で、「多州からなる統一国家」との意味）という言葉は、「多数が集まって、一つになる」という意味であり、「一つ一つが集まって、多数になる」という意味ではない。

第八には、〝衰退主義〟を拒絶して、アメリカの前途に素晴らしい未来が開けることを讃《たた》える。これまで左派が喧伝《けんでん》してきた、〝成長の限界〟という考えや、長期不況論、終末論的な環境問題（気候変動）の拒絶を意味する。トランポノミクスの根底には、未来は明るいという確信がある。イノベーション、発明、新しい技術、純朴な「やればできる」という楽観思考があれば、アメリカはいかなる困難をも乗り越えられるという自信に裏付けられている。ジョン・レノンの曲『マインド・ゲームス』（一九七三年発売の同名のアルバムに収録された曲）の歌詞にあるとおり、「答えは、イエスだ」。将来に待ち受けている社会問題、経済問題、環境問題におけるさまざまな脅威や難問は――貧困や麻薬中毒から、ガンに至るまで――今すぐにではなくとも、次の世代には解決されることになるはずだ。

第九には、世界経済においてアメリカ経済が果たすべき最も重要な役割として、世界に模範を示すことだ。世界に対するアメリカの最大の貢献とは、民主主義国家における善なる価値である、資本主義と自由経済を輸出することだ。アメリカが正しく行えば、世界はそれにならうのだ。トランプはよく「国内で強く、海外でも強く」（米政治学者ウィルダフスキーは、米大統領が内政よりも外交で自由度が高いことを指摘して「国内で弱く、海外で強い」との見解を述べた）と語っているが、これはレーガンが核にしていた信念と、ほとんど同じだ。

一九八〇年代から九〇年代にかけて世界に広まったのは、自由の価値であり、自由経済だった。世界各国は、レーガノミクスという経済成長の公式を模倣した。アメリカが減税すれば、世界で減税が始まった。アメリカが規制緩和と民営化をすれば、世界はそれを見習った。アメリカが強いドルの安定を守れば、世界各国は――多くの場合、ドルとのリンクによって――インフレを抑制した。

トランプのやり方は、正しい。アメリカが問題を解決すれば、世界に繁栄をもたらせるのだ。アメリカが自由の灯台となることができれば、世界にチャンスをもたらす使命を果たせるのだ。アメリカが先頭に立てば、世界はついてくるのだ。

最後に、成長、成長、また成長

最後に、アメリカに繁栄を取り戻すための、トランポノミクスの最も重要な原則について触れておこう。

経済成長こそ、すべてだ。アメリカの社会的な経済問題を解決するためには、経済成長のスピードが必要になる。

二〇一七年初めに、ホワイトハウスから、次のような報告書が発表された。

「今後十年間で、二パーセントではなく、三パーセントの経済成長を実現すれば、名目GDPは一六兆ドル拡大する。連邦政府の税収は二・九兆ドル増加する。労働者の所得も七兆ドルが増加することになる」(1)

この本を執筆している時点で、よいニュースがあった。四半期ごとの年換算成長率では、すでに三・二パーセントを記録することになったのだ。これは、オバマ政権の最後の年での一・五パーセントと比べると、はるかに高い成長率だ。

左派は、所得格差の問題に固執するあまり、経済のパイの分配方法ばかりを論じている。しかし、トランプの考えは違う。大きなパイをつくることができれば、みんなが大きな分け前にあずかれる、という考え方なのだ。

トランプ政権下の二〇一七年には株式市場が高騰したが、左派は、次のような反応を見せた。アメリカ人のうち、わずか一パーセントの人たちが株式の半分以上を保有している。だから、金持ちだけが恩恵を受けたのだと。しかし、私たちの考え方は違う。もっと豊かな国になって、財政的にも安定すれば、その恩恵は国民全体に行き渡ることになるからだ。なぜならば、アメリカ国民のうち一億人以上が、四〇一ｋプランなどの年金基金を通じて株式を所有しているからだ。

もし、このトランプの経済政策が成功すれば、高い経済成長率が安定的に持続することになる。そうなれば、社会保険とメディケアの長期にわたる財源の問題も、ほとんど解消されてしまうのだ。こうした恩恵も、あまり正しくは理解されていないようだ。社会保険とメディケアのための数理計算では、一・八パーセント成長が前提とされている。しかし、この数字を上回る三パーセント成長が実現されたならば、五十年間にわたる複利効果によって、メディケアと社会保険の信託基金には五〇兆ドル以上の財源が確保されることになる。この制度における資金不足は、ほとんど解消されてしまうことになる。長期で見れば、赤字どころか、黒字に転換できるのだ。

トランポノミクスの実行

それでは、次の論点について考えてみよう。

トランポノミクスの原則は、現実の政策としては、どのような解決策を提供できるのか？

私たちはこの二年間で、ドナルド・トランプ本人と、この問題について何度も議論を重ねてきた。ときには、この政策が目指す方向へと、トランプの考え方を転換させるための助力をしてきた。

トランポノミクスをつくり上げるに当たり、極めて大きな影響を与えた人物がもう一人いる。それは、ミック・マルバニーだ。非常に行動的な性格（よい意味でだが）で、サウスカロライナ州選出の共和党の前下院議員で、トランプ政権では行政管理予算局（ＯＭＢ）局長を務めていた。政権移行期にも、政権発足当初のころにも、トランプ政権でも、私たちは定期的にマルバニーとは会っていた。新政権では、議会からの連邦予算要求を二回にわたり作成している。健全な経済政策を推進することにかけては、マルバニーは、トランプ政権の閣僚のなかでも輝ける存在だった。

マルバニーがＭＡＧＡ《マガ》ノミクスと名付けた経済政策について、私たちはいつも、その説明の仕方に感銘を受けていた。このＭＡＧＡノミクスとは、「アメリカを再び偉大な国に」（Make America Great Again）するための経済政策の略称だ。ここでは、多少の補足と修正を加えた上で、マルバニーの説明の仕方をそのまま紹介してみよう。

1．不要な規制を廃止する

不必要な障害となっている規制を廃止すれば、企業にとっても、消費者にとってもコスト削減につながる。第6章で指摘するとおり、アメリカ国内における投資活動と雇用創出の拡大を加速させるには、規制当局の存在が大きな障害となっている。マルバニーは、このように指摘している。

「現実的で事実に即した、規制についての費用対効果に基づく検証を行えば、環境問題も、雇用の問題も同時に解決することができる」

例えば、環境保護庁（ＥＰＡ）による評価では、大気汚染対策法による規制の効果と費用は三〇対一だった(2)。

世界銀行によれば、アメリカの規制の健全度は世界第八位とのことだ。もちろんトランプは、世界ナンバーワンとなることを目指している。

2．税率を下げて税負担を減らし、アメリカの国際競争力を強化する

減税をすれば——ケネディ、レーガンなどの大統領が、歴史のなかで実証したように——経済成長、投資、雇用を拡大することができる。この問題について、トランプは、常にアメリカの国際競争力という視点で考えている。

「今、アメリカ企業はどん底の状態にある。だから税金で優遇したい。税制面でのアメリカの国際競争力を、最下位からトップにしたいのだ」

左派の人たちは、税金などによって人間の行動が影響されたりはしないとしたが、トランプは、そんな考え方を一蹴《いっしゅう》していた。

「ビジネス上の意思決定をするにあたり、私にとっては、常に税金の問題は非常に重要な要素だった」

かねてからトランプは、そのように語っていた。もちろん、それはトランプだけに当てはまることではなかった。数十年にわたり、民間部門における雇用と賃金の伸びは、民間部門の投資の伸びと相関関係にある。つまり、企業が新しい工場や設備のための投資をすれば、雇用が増え、生産力は高ま

り、賃金も上がるのだ。

3. 生活保護ではなく雇用を

健康で、働く意欲があるアメリカ人ならば、経済が成長すれば、職を見つけて生活保護から脱出できるようになる。労働市場が高齢化している反面、働けるのに職がない人たちがいる(3)。生活保護の支給額が寛大すぎて、就職したばかりの人の手取り額を上回ることもある。こうした状況は、低賃金労働者にも、納税者にも、やがては就職して経済的に立ち直れる人たちにとっても不公平だ。二〇一四年のケイトー研究所の調査によると、ハワイ州などでは、一世帯当たりの生活保護の支給総額が、年収五万ドルの人の税引き後の収入額と同じ水準になるケースもあった(4)。こうした生活保護の支給は――現金支給、公営住宅、フードスタンプ、障害者給付金、失業給付金、メディケイドを含めて――補助金ではあっても、自立の助けとなるべきだ。

4. アメリカの豊富な天然資源を活用する

アメリカには、現在の掘削技術や採掘技術で利用可能な、五〇兆ドル相当以上の天然資源がある。他国と比べても、はるかに多くの資源に恵まれて、無尽蔵の富の宝庫になっている。また、こうした資源が枯渇することはない。資源を発見し、企業や消費者のために利用可能にする技術――例えば水圧破砕技術や、水平掘削技術がある――は進歩を続けているからだ。あらゆる意味で、資源は無尽蔵なのだ。既存の技術だけでも、長い年月で生み出された資源――鉱石、レアアース金属、石油、天然ガス、石炭、木材――を利用することができる。

こうした資源を活用すれば、アメリカはあらゆる面で豊かになることができる。将来にわたり、数十兆ドル相当の国内総生産を拡大させることになる。また、数兆ドル相当の所得税収、賃貸料、ロイヤルティ（利権料）が生まれて――連邦政府や州政府の収入になる。中東、ロシア、中国のほか、海外の行状が悪い国に対する依存度を減らして、国家の安全保障を強化できる。アメリカの数百万人の労働者を高い賃金で雇用できるようになる。左派の思想では、「地下に埋めておけ《キープ・イット・イン・ザ・グラウンド》」（環境保護運動による資源開発反対のためのスローガン）とのことだ。しかし、私たちの考えは、資源を掘削し、採掘し、取り出すことによって、アメリカを世界に冠たる天然資源による発電大国とすることだ。

トランプ政権は、次のように発表している。

「安価でクリーンなエネルギーを豊富に供給できるようになれば、化学産業から自動車産業までの幅広い産業で、投資と雇用を増やすことになる。トランプ政権のエネルギー政策で、供給と価格が安定すれば、アメリカ国内で新規の工場を建設するリスクが軽減される。特に製造業における不確実性が軽減されることになる」

トランプの考えは、まったく正しい。

5. アメリカのインフラを現代化する

トランプは、インフラ投資として一兆～二兆ドルの追加支出を提言した。しかし、その内容は、不要不急であるが費用は高い、という従来型の事業ではない。つまり、やがて不要になるような〝即時に着工できるプロジェクト〟ではなかった。州だけでなく、民間の資金も活用しながら、伝統的な公共インフラ――道路、橋、学校、空港、港湾――を再建したいと考えている。

私たちが、よくトランプにアドバイスしていたことがある。それは、アメリカのインフラのなかで、最も重要なニーズは民間にある――工場、倉庫、リサーチセンター、オフィスビル群、研究所など――ということだ。こうした投資が活性化している背景には、トランプ減税のほかにも、民間が所有・運用する施設の改修を対象とする資本投資の即時償却制度がある。今、新しいかたちの二十一世紀型の公共インフラが必要となっている。パイプライン、液化天然ガスのターミナル、エネルギー精製所、空港、配電網設備、広域通信設備、人工衛星、宇宙ロケットなどだ。こうしたインフラは、民間での運営は可能だし、そうしていくべきだ。トランプは、こうした分野での規制緩和を行って、あまり税金を使わずに、アメリカの投資活動が拡大していく未来を構想している。スペースXが、よい事例だ。民間のロケット事業は、他の多くの分野での民間部門のインフラ投資のモデルとなっている。

6．選択と競争の原理で、二十一世紀型の医療と教育を推進する

　現代のさまざまな政策の失敗のなかでも、とりわけオバマケアの破綻は、画一的な政府事業が失敗に終わることを証明した。オバマケアでは他の業界とは異なり、保険加入者が、サービスの向上と安いコストを追求できない仕組みになっていた。つまり、選択と競争の原理が働いていないのだ。

　二〇一七年にフェイスブック社で起きた危機管理事件への対応と比較してみよう。顧客が不適切な事案を指摘したときに、フェイスブック社は、プライバシーとコンテンツ管理に関する業務改善を約束した。もし、行動原則を改善しなければ、他のソーシャルネットワークへの乗り換えが起きて、数千万人の規模で顧客を失う恐れがあったからだ。顧客には、企業を動かす力があるということだ。

　これに対して、医療保険と教育の分野は、独占市場の業界構造で運営されている。コストが高く、官僚的で、顧客対応が悪く、鈍重な動きで、イノベーションができない。この二つの分野は、過去二十年間で最大の価格上昇があった業種だ。教育の分野では、支出を増やしても、それだけの成果が生まれることはなかった。もし、学校間での競争が行われていたら、決してありえないことだ。トランプは、医療保険と教育の分野に競争原理を導入して、医療保険や学校の選択についての革命的な変化を起こしたいと考えている。この本を執筆している時点で、トランプが示唆しているのは、格安のプランを選べる制度を導入して、医療保険費を世帯当たりで最大五〇パーセント節約できるようにすることだ。言うまでもないが、官僚と既得権益を持つ人たちが激しく抵抗している。

7．自由で公正な貿易を推進する

トランプは、従来の多くの国際貿易交渉で、アメリカ合衆国があまりにも不利な立場に置かれていたと考えている。NAFTA《ナフタ》（北米自由貿易協定）を「世界の歴史上で最悪の貿易協定」だと非難した。TPP（環太平洋パートナーシップ協定）として知られる、アジアの多国間貿易条約からの離脱も主張した。特に、中国とは貿易の再交渉を行いたい――貿易相手による詐欺、窃取《せっしゅ》など、数々の不正行為を止めさせるために――と考えていた。トランプ政権での推定では、貿易相手国によって毎年六〇〇〇億ドル相当もの知的財産権が――コンピューターのソフトウェア、医薬品、ワクチン、イノベーションされた技術、特許料、商標権、エンターテインメント、音楽などの無断使用によって――盗まれている。二〇一七年の大統領経済諮問《しもん》委員会（CEA）の報告によると、ほとんどの国ではアメリカ企業の市場進出を妨害するために、貿易障壁だけでなく〝非関税障壁〟が存在している。最新のグローバル・トレード・アラートの報告によると、昨年末の時点で、二四二〇件の保護貿易措置が実施され、アメリカ合衆国の通商の利益が侵害されている(5)。

トランプの考えでは、貿易相手国に知的財産権の窃盗を止めさせ、日本や中国のような国に市場を開放させるためには、関税による脅しや、他の制裁手段が必要だということだ。こうしたやり方は危険な綱渡りだ。また、貿易政策としても、極めて異例なアプローチとなる。しかし、中国や韓国のような国は、アメリカ企業に対して市場開放する姿勢を見せ始めている。貿易政策をめぐるトランプの対決姿勢は、国際貿易の障害を生んでいるというよりも、むしろ、国際貿易を拡大する効果をもたらしている。

8．政府支出を削減する

トランプは大統領選の遊説のなかで、政府の支出を削減し、財政を均衡させることを公約した。これは正しい目標だ。ミルトン・フリードマンが教えるところでは、アメリカ企業と国民に対する本当の〝税金〟とは、政府が課税した額の合計ではなく、政府が支出した額の合計だということだ。なぜならば、すべての政府支出は、いずれ何らかのかたちで返済される必要があるからだ。

トランプ政権での最初の二回の予算案では、政府予算の大幅な削減が求められた。費用対効果に見合わず、もはや不要となった数多くの政府支出計画が中止を求められた。トランプは「ペニー（一セント）・プラン」を方針とした。今後五年間の政府機関の予算では、一ドルを使うごとに、一セントを削減するという内容だ。この簡単な方法を実行すれば、十年後には予算を均衡させることができる。しかし、今のところは、米軍再建の予算を組むために、トランプは借金を増やす予算案に二回署名しているのが現実だ。マルバニーは、このように語っている。

「政府が多額の支出を行えば、民間資金が投資の機会を失う。しかし、効率的な資金の配分ということにかけては、政府よりも民間の投資のほうが、常に優れている」

ただ残念ながら、現在のところは、トランプの支出抑制という目標を議会は無視している。

9. アメリカ本位の移民政策を実行する

トランプが「壁」の建設を主張したり、家族ベースの移民制度の制限を求めたりしていることが波紋を呼んだが、トランプが提唱する「能力ベースの移民制度」については、あまり注目されていない。この移民制度は、技能、才能、投資資金、英語力、教育水準などに基づいて選別を行うというものだ。これらの要件は、アメリカでの成功を約束するものだ。私たちがトランプに言っていたのは、こうした移民こそ、世界の〝優れた頭脳〟として歓迎すべきだということだ。

世界のほとんどの移民は、アメリカを移住先に選んでいる。したがって、能力主義に基づく移民制度が新たにできれば、全米各地にシリコンバレーのような新しいハイテクセンターが生まれることになる。そうなれば、アメリカの経済と産業の優位に挑戦しようとしている中国、ドイツ、カナダなどの国々に対して、アメリカはかなり有利になるはずだ。アメリカ生まれの人たちよりも、こうした移民のなかから、新たな企業、特許、アメリカ製の消費者向け商品を生み出す人が現れてくる可能性が高いからだ。現在のアメリカでは、直接の親族ならば――配偶者か子供の場合には――これまで通りに移民ビザを取得できるのだが、そのほかの場合には、アメリカの国益のためになる可能性をもとに、選別されるべきだろう。

今後、問題となる可能性があるのは、トランプが、毎年の移民ビザ取得者の合計人数を制限しようと考えていることだ（あまり賢明ではない選択と思われるが）。現在、アメリカ社会の高齢化のコストは、外国生まれの若い労働者で負担する必要が生じている。

うまくいくのか？

現在までのところ、トランポノミクスは、左派からの猛烈な反撃に遭っている。ほとんど毎日のようにだ。ここで、はっきり言っておこう。その理由は、トランポノミクスの思想が、統制型の経済政策や、グローバリズムや、政治的な特権階級のための〝正義〟や、現代のリベラル派に特有な〝被害者の哲学〟に共通する考え方の枠組みを攻撃しているからだ。

例えば、現代リベラル思想の核心には、〝被害者としての物語〟がある。つまり、アメリカでは、女性も、黒人も、ヒスパニックも、移民も、インナーシティの住民も、障害者も、成功を手にすることはできない。なぜなら、差別があるし、機会が保障されていないし、数多くの障壁が邪魔しているからという神話だ。確かに、こうした主張には、一片の真理がないわけではない。だが、あまりにも多くの場合に、失敗した人に都合のよい言い訳の山をつくり出しているだけだ。ときには、まったく挑戦しない人の自己正当化の材料にもなっている。

私たちは、トランピズムの原則に関しては、ほとんどの部分について賛成している。ただし、移民と貿易の問題については、私たちの立場は、制限する方向よりも、むしろ、拡大する方向が望ましいと考えている。

トランプのアドバイザーの立場として、私たちが日ごろから特に大事だと思ってきたことがある。

トランプの考えが正しいと思ったときも、間違っていると思ったときも、（内々でのことが多いが）それを本人に率直に伝えることだった。もちろん、ときには公の場で、トランプの政策を批判したこともあった。二〇一八年の初めに、鉄鋼関税の問題で、私たちがテレビ出演や記事の執筆で反対したときには、トランプは不満であったと思う。

二〇一八年の包括的歳出法案については——膨張しすぎで、経済的に賢明でない内容だったので——拒否権を行使したほうがよいと提案した。その後、トランプは、この包括的歳出法案については私たちのアドバイスを求めたいと言ってきた。

しかし、大局的に最も重要なことは——以前からそう信じていたし、現在も、そう考えているのだが——アメリカの課題が何であり、それをどう解決するかに関しては、トランプが正しい政治経済的な見識をしっかりと持っているということだ。そのための正しい政策戦略が、トランポノミクスなのだ。そして、トランプこそが、それを実行するにふさわしい人物なのだ。

次の章では、トランプがこの大胆な政策をどのように実行し、どのような成果をこれまで収めてきたのかを説明したい。

第５章　トランプ税制改革プランを設計する

「レーガン減税よりも、もっと大規模で、もっと素晴らしいものにしたい。史上最大級のものにしたい。この減税を実現するために、あなたがたは私を手伝ってくれますか？」

これは、二〇一六年三月にトランプ・タワーで面会したときに、トランプが最初に問いかけた言葉だ。政策の説明をするために、初回の正式な会合を行ったときのことだった。そのときに出席していたのは、スティーブ・ムーア、ラリー・クドロー、スティーブ・ミラーだった。当時、ミラーは、トランプ陣営の政策責任者になっていた。その場には、ラッファーは出席していなかった。ただ、その年のさらに早い時期にトランプと二人きりで対面したときにも、まったく同じ言葉がかけられていた。

この会合のときには、トランプはとても上機嫌だった。リラックスしていたし、自信にも満ち溢《あふ》れていた。順調に選挙戦が進んでいたので、もっともなことだった。フロリダ州での予備選でも勝利を収めたばかりだった。この勝利によって、トランプは、ジェブ・ブッシュとマルコ・ルビオという二人の共和党候補者のライバルを、事実上、ノックアウトしていた。どちらもフロリダ出身だったからだ。トランプは、この手強い二人の対戦相手を敵の本拠地で倒したのだ。

民主党にとっても、状況はよくなかった。ヒラリー・クリントンはバーモント州選出のバーニー・

サンダース上院議員との間で、果てしない激闘に巻き込まれていた。ヒラリーが富裕なウォール街の銀行家たちと深い関係にあることや、クリントン政権時代の汚職疑惑や、上院議員時代にイラク戦争を支持したことを、サンダースは猛烈な攻撃の材料にしていた。これと同様のヒラリー攻撃は、やがてトランプが共和党指名候補者になってからも続けられることになる。

民主党にとっては、他にも選挙の見通しに、さらに暗い影を落としていた要因があった。再び、景気が失速していたからだ。大統領選が行われていたこの年の経済成長率は、わずかに一パーセントを超える程度だった。雇用の創出も冴えない状況だった。就業者と求職中の人の割合――〝労働参加率〟――は、極めて低調なものに留まっていた。

企業は収益をあげてはいたが、新規の投資を控えていたので、景況感は後退していた。

こうした背景で、綿密に設計された税制改革の実行が期待され、それが政治的なテーマとしても浮上していた。私たちの仕事は、税制改革プランに対する有権者の期待を高めることだった。また同時に、政治的には理論武装した批判勢力からの攻撃が予想されたので、それに耐えうる内容に仕上げることだった。

このテーマは、当時の状況のなかでは非常に重要な問題となっていた。なぜなら、共和党指導部でさえ、トランプを政治的な異端者として扱っていたからだ。トランプだけでなく支持者の勢力も含めて、邪魔者として追いやってしまおうとしていた。もっと型どおりで、安全なタイプの候補者に乗り換えようと画策していたのだ。私たちが出会うすべての人が、トランプが敗れ去ることを願っている様子だった。

トランプが予備選での勝利を重ねていくと、経済政策の中身をあれこれと詮索《せんさく》する人たちが増えてきた。一流メディアのなかでは圧倒的な存在感を示していた左派寄りのエコノミストたちが、トランポノミクスに対する非難を浴びせ始めていた。ビル・クリントン政権の国家経済会議（ＮＥＣ）委員長を務めて、ヒラリー陣営でも顧問となっていたジーン・スパーリングが、五月初めにポリティコ誌で、こう語っていた。

「この税制改革案は、これまでの有力な大統領候補者から提案されたなかでも、最も危険で、配慮が欠けていて、時代遅れのものだ」(1)

右派の税制専門家からも、辛辣《しんらつ》な攻撃が加えられた。マルコ・ルビオの不出来な税制改革案の作成にかかわっていたライアン・エリスも、トランプの税制改革案を非難していた。

「これまで保守派が税制改革に費やしてきた努力を、バカ騒ぎの次元におとしめるものだ」

そして、こうも付け加えた。

「社会保障改革も、課税ベースの拡大も、財源を生み出すに足るものになっていない」(2)

私たちとしては、ドナルド・トランプ候補の経済政策を擁護する立場にあった。最初の代弁者となったために、攻撃にさらされることも多くなっていた。二〇一六年五月十一日のポリティコ誌では、シェーン・ゴールドマッチャーが、次のように書いていた。

「クドロー氏、ラッファー氏、ムーア氏は、保守派のエコノミストのなかでは、よく知られた人物である……。このグループの影響力のおかげで、トランプの税制改革案は改善され、右派の人たちからの信用が高まりつつある。トランプが提唱していた当初の案は、あまりにも非現実的な規模だとして、

共和党からも批判が出ていたものだった」(3)

私たちが取り組んだ重要な仕事としては、トランプの税制改革プランを洗練されたものに仕上げたことだ。やはり大型で、経済成長志向なものになった。しかし、決して〝非現実的〟だとして非難されない内容にすることができたことは確かだった。

歴史的な減税の起源

私たちが参加し始めたころのことを思い出してみよう。トランプが考えていたのはプランの骨格だけだった。そして、選挙戦の初期の段階では、その概要のまま繰り返し訴えていた。

それは、ラフスケッチそのものだった。六万ページにわたる税法を解体して、まったく斬新なものにつくり直すための、最初に描かれた壮大で意欲的な設計図だった。当時、仕事を始めた時点であったものといえば、わずか一枚のペーパーだった。そして、そこには、減税の五つの方針が箇条書きで記されていただけだった。この最初のプランは、二〇一五年九月に急遽《きゅうきょ》発表されていた。

トランプは、自分の壮大な税制改革の構想を、有権者に大まかに描いてみせていた。選挙戦の序盤では、それで十分だった。その段階で、有権者が候補者について知りたいと思うことといえば、端的に、「どういう方向を目指すのか?」「私の税金は上がるのか、下がるのか?」ということだからだ。

では、原案の内容を見てみよう。新しい税法典の設計原案ということであれば、歴史的な重要性があったことになるだろう。しかし、それがいったいどこから生まれたのかが分からないというのは、まことに不思議なことだ。トランプが語るところでは、「ラッファーとの長時間の議論のなかで、多くのアイデアを得た」とのことだ。確かに、このプランを発表する前の数週間で、ラッファーと長時間にわたる議論を重ねていた。

しかし、原案のメモに、その箇条書きを書き込んだ人物が、いったい誰だったのかは依然として謎のままだ。トランプの最初のころの政治コンサルタントだったロジャー・ストーンが、このメモの作成に関わったのではないかと伝えられている。当時のトランプ陣営の選対責任者だったコーリー・ルワンドウスキも、ラッファーからの助言を受けるための面会を準備していたので、やはり関わっていたのではないかと見られている。最終的な承認を得るために、そのペーパーをトランプに渡したのは、ルワンドウスキであったはずだからだ。

もう一人の隠れたヒーローは、アイオワ州出身で非常に早い段階から、聡明《そうめい》かつ忠実な経済政策アナリストとして、トランプの側にいた人物――サム・クロビス（元ラジオ・トーク番組司会者。トランプ政権で農務省次官に指名されたが辞退）だ。クロビスは、選挙戦が始まってから予備選のころまで、すべての経済政策について重要な役割を果たしていた――政策を立案するだけでなく、テレビに出演したり、草の根の活動家に向けて政策理念を語り込んだりしていた。クロビスは私たち三人の同志であり、よき友人でもあった。トランプがクロビスを政策責任者に選んだのは賢明な判断だった。

では、そのメモに書かれていたことは、いったい何だったのか？　そこには、五つの提言が書かれていた。

1. 独身で所得が二万五〇〇〇ドル未満の人、既婚や共稼ぎで合計所得が五万ドル未満の人は、連邦所得税を無税とする。これにより、標準控除額は四倍となり、所得税の課税対象となる世帯は約五〇パーセント減る。
（トランプは、二〇一五年後半の記者会見で冗談を言った。この税制改革によって税務申告者は、たったひとつのことをすればよい、とした。「内国歳入庁宛ての一ページの書式に『私の勝ちだ』と書いて、送付すればよい」。以上は、トランプ陣営のウェブサイトに掲載されていた）

2. 〝より簡素な〟税法により課税階層を四区分――〇パーセント、一〇パーセント、二〇パーセント、二五パーセント――とする。これにより、課税階層の最高区分では、記憶するかぎりでは過去最低の税率に下がることを記しておく。

3. 法人税を三五パーセントから一五パーセントに下げる。アメリカでは、いかなる企業であっても――フォーチュン五〇〇社から、パパママ・ストア、仕事を渡り歩くフリーランスに至るまで――法人税を一五パーセント以上払う必要はない。

4. 企業が租税回避のために海外に逃避させている資金に対して、一回限りで税率一〇パーセントの課税をすることにして、国内に呼び戻す。これにより、推定二・一兆ドルがアメリカに還流する。企業の海外所得に対しては――現在は留保されているが――即時課税が行われることになる。

5. マリッジ・ペナルティ（共稼ぎ夫婦に対する税制上の不利）、代替ミニマム税（高額納税者を優遇する控除を調整する制度）、財産税を廃止する。

ここで提言されている内容は、大規模な減税だ。このプランを最初の素案として発表すると、トランプは選挙演説のなかで、いつもの勢いのあるトーンで公約した。

「このプランで、税法がシンプルになる……。平均的な世帯で年間一〇〇〇ドルが節約されることになる。そうすれば、この数十年間では見たこともないレベルで、アメリカ経済が発展することになるだろう」

トランプがメディアと選挙集会の参加者に語ったのは、このプランで財政赤字が増えることはないということだった。なぜなら、経済成長率が「三パーセントか、四、五、あるいは、六パーセントになる」からだとしていた。

トランプの原案にあった概要とほとんど同じ内容を、およそ二年後に、減税法案として署名して自ら成立させたのは、素晴らしい成果だった。

標準控除額を二倍にする（実施済み）。

法人税を減税する（実施済み）。

外国での所得に一〇パーセントの本国還流税を課す（実施済み）。

税法の抜け道を減らして、簡素化する（実施済み）。

マリッジ・ペナルティを廃止する（実施済み）。

プランを仕上げる

私たちは、トランプから示された内容が、単純かつ簡潔なものだったことに感心した。そして、原案の要点を基にして、プラン2・0の作成に取り組んだ。経済成長のために必要となる正しいボタンをすべて押すためだった。構想が完全に描き切られていたわけではなかったが、有権者はトランプが物事を〝大きく考える〟ところに心を揺さぶられた。アメリカ経済が本来の魅力ある姿を取り戻すためには、大型の景気拡大が必要だというのが私たちの考えだった。トランプとこのプランについて議論するなかで、よく交わされた言葉があった。「やるからには、とことんやれ」だった。

私たちが好んでいた政策は、フラットタックス（累進課税とは異なり、税率を一律にした税制）だ。これは、私たちの仲間のスティーブ・フォーブス（米経済誌フォーブスの社主）が、二十年前に大統領選に出馬したときの政策だった。とはいえ、トランプの税制改革プランは、税法を改正するための重要な布石となった。これが実現すれば、もう一度、アメリカ経済を繁栄させることができる。このトランプのメモを見せられたときに、私たちはトランプを大統領にするために力を尽くすことを誓い合った。税制改革法案として仕上げて、議会を通過させ、成立させることを決意したのだ。

トランプは、正しい全体戦略を持っていたが、減税を埋め合わせるための財源には触れていなかった。課税ベースの拡大をすれば、減税を補うことはできた。ただ、減税によって経済成長と雇用拡大という大きな効果が生まれれば、三パーセントから、おそらく、四パーセントの経済成長が続くことになるという確信はあった。しかし、メディアのほか、税制政策センターのような中道左派のシンクタンクは連邦政府の財政赤字が急速に拡大するとして、このトランプのプランを非難した。何兆ドルもの大赤字になるという見積もりは、あまりにも大げさなものだった。しかし、メディアはそうした論調を、まるで福音の真理でも宣べ伝えるかのように報道し続けていた。

このプランを設計するに当たっては、どのような政策を実行すればアメリカ経済を三パーセント以上の安定した経済成長率に押し上げることができるのか、という検証から始めた。この目標そのものは、トランプが選挙戦のなかで――まさに正しく――訴え続けてきたことだった。

トランプはプランの内容を具体化するに当たり、幅広い裁量の余地を委ねてくれた。ただし、原案にあった三つの項目は絶対に外さないようにと、最初の段階で私たちは釘《くぎ》を刺されていた。最初の数カ月のほとんどすべての会合の場で、トランプはこれらの項目を絶対の前提とした。

第一に、法人税一五パーセントに関しては、絶対に譲らなかった。「やっぱり一五パーセントは無理だなどと言い出すのは、なしにしてほしい」と、重々しく言い渡されていた。もちろん、私たちも一五パーセントでいけるとは考えていた。アメリカが、世界最高の税率であったところから――一夜にして――最低水準にまで減税するという話には、いつも興奮を感じていた。

この問題に関しては、私たちが応援するまでもなかった。トランプは、まったくブレる可能性がなかったからだ。また、政治的に実行不可能だという反対派からの意見にも、折れるようなこともなかった。だから、この言葉は、当選してからはトランプとの間でのお決まりの冗談のネタになった。

「大統領閣下、忘れないでください。一五パーセントが無理だなんて言い出すのは、なしですよ」

そうすると、トランプはいつも、分かっているよと言わんばかりの態度で頷《うなず》き、親指を立てる仕草で応えたものだ。

第二は、トランプの考えは、フォーチュン一〇〇社も中小企業も同じ税率にしたいということだった。

「中小企業も対象にするべきだ。除外したら駄目だ」

立派な政策理念ではあったが、莫大《ばくだい》なコストを生むことになる。アメリカの中小企業の数は、大企業の数の一〇倍はある(4)。順調に仕事をしている中小企業の法人税も、四〇パーセントから一五パーセントに大幅に減税しようということだった。

いわゆるパススルー会社（通過会社）といわれる中小企業のために、これだけの規模での減税を訴えている候補者はほかにはいなかった。パススルー会社とは、会社の利益を経営者個人の納税申告書に移転させて、個人所得税の税率で納税している会社のことだ。企業の法人税は、C株式会社（会社と株主で別々に課税される企業）だけに適用されるからだ（企業が株主に配当を払うと、再度、個人所得税の税率での課税が行われることになる。しかし、これは別の問題だ）。

こうした議論のなかで実感したのは、有権者を政治的につかむことにかけては、トランプには優れた直感力があったことだ。有権者は、大企業があまり好きではない。アメリカ人にとっては、大企業とは人間味のない強欲な怪物のように感じられがちだ。アメリカ人のよくある感じ方としては、労働者を最低賃金すれすれで働かせながら、政治家に取り入って特別な便宜を図ってもらい、際限なく経営者が私腹を肥やしているという姿だ。しかも、そうした利益が、庶民である自分たちの側には絶対に巡ってくることはないと感じているのだ。かってよく知られた言葉に、「ＧＭの利益は、アメリカの利益だ」というものがあった。しかし、もはやほとんどのアメリカ人は、そうした話を信じてはいない。

大企業に対するアメリカ国民の不満が高まったのは、特に二〇〇七年から二〇〇九年の金融危機を受けてからだ。大企業の悪行のために、アメリカ経済が崩壊の淵《ふち》に追い込まれたからだ。アメリカの労働者は大打撃を受けて——七〇〇万人の雇用が失われた。それなのに、大企業の悪党どもは高額の退職金を用意してもらい、納税者からの税金を落下の衝撃を和らげる〝クッション〟にした。アメリカ国民は〝不公平〟だと感じているが、私たちも同感だった。

アメリカ人の大多数が、中小企業や、企業買収屋と戦う庶民に好感を持っていることは、世論調査でも明らかになっている。まさに、映画『素晴らしき哉《かな》、人生！』で描かれた印象的なテーマだ。ジミー・スチュワート扮《ふん》するジョージ・ベイリーという人物が、ある小さな町でベイリー住宅金融会社を経営するなかで、商売敵《しょうばいがたき》の中小金融会社を次々と買収していく悪党ヘンリー・Ｆ・ポッターと対決するという話だ。これが、アメリカ人の心を語る物語なのだ。アメリカ人のＤＮＡとはアイデアと、勤勉さと、数千ドルの資金を元手にしてリスクを背負い、独立して小さな会社をつくることにあるのだ。

それだけではない。アメリカの雇用のおよそ三分の二は、政府でも、ＩＢＭのような巨大企業でもなく、中小企業によって生み出されている。だから、数多くのアメリカ人にとっては、雇用主である中小企業が経済的に潤うことは、自分たちの利益に直結することなのだ。政府のためのお金が減り、企業のためのお金が増えることは、雇用が増え、賃金が上がり、福利厚生もよくなることを意味している。

富裕層には減税しない

トランプからの三番目の指示は、大勢の人を驚かせた。

「この減税を、私のような金持ちのためのものにはしたくないんだ」と宣言したからだ。

トランプはこの問題に関しては断固たる態度だった。私たちに対しても本当に何十回も繰り返して、同じことを語った。もちろん、候補者討論会の場でも公言した。

こうした宣言は、トランプに懐疑的だった人たちからは、不真面目なだけでなく非現実的だとして冷笑されかねなかった。なぜなら、最高税率の課税階層の人たちや会社経営者までも含めて、税率を全面的に下げるとしていたからだ。私たちが主張していたのは、経済を急成長させるために、成功している人たちに対する懲罰的なまでの高い税率を、大幅に引き下げることだった。

税率一〇パーセントとは、よく働き、よい投資をした結果として得られる一ドルに対して、税引き後の報酬が九〇セントになるということだ。これが、税率五〇パーセントならば、よく働き、よい投資で得られる一ドルに対して、税引き後の報酬は五〇セントということになる。極端な場合には――これまでのアメリカの歴史のなかで、実際にあった最高の限界税率だが――税率九〇パーセントならば、一ドルの収入を得たことに対して、たった一〇セントしか税引き後の報酬がないことになる。何という大きな違いなのだろうか！

私たちの目標は、労働、雇用、事業の開始と拡大、貯蓄が報われるようにして、経済成長を最大化することだ。

確かに減税は、中流階層の労働者世帯の所得を増やすことになる。だが、私たちが説明していたのは、究極の利益とは、賃金が上がり、雇用機会が増えて、アメリカ経済全体における生産性が上がるということだった。

しかし、トランプ自身は、自分のような億万長者には減税は必要ないし、ふさわしくもないと考えていた。政治的な観点からの懸念も、的確に感じ取っていた。トランプを支持する中流階層の有権者から、自分の利益を図るための減税なのではないのかと勘繰られたくなかったのだ。それは、左派が格好の攻撃材料にしたいところでもあった。

数字を合わせる

そうしたわけで、富裕層全体での税金の負担を下げることなく、いかにして減税するかというプランを、私たちは何とか練り上げた。トランプが提言している減税の規模を考えると、それほど簡単な仕事ではなかった。その後の数週間にわたり、メディアは私たちを追いかけ続けた。私たちが何かを企《たくら》んでいたとでも言うのだろうか？

ポリティコ誌や、ウォール・ストリート・ジャーナル紙の記者は、私たちがトランプと面会したことや、プランを仕上げてほしいと頼まれたという情報をつかんでいるようだった。

記者たちに答えたことは、トランプの税制改革プランを書き直しているわけではない、ということだった。全体が整合するように、数字を「調整している」のだと答えていた。トランプからの指示どおりに、減税で生じる莫大なコストを埋め合わせることや、富裕層にとっての思わぬ利益にならないようにすることは大変な難問となった。

計算の上での〝解決〟方法のひとつは、超富裕層に対する税率を、さらに高くすることだった。トランプがそうした〝ポピュリスト〟の選択肢に賛成しかねないことを、私たちはいつも懸念していた。この点に関するトランプの態度は、選挙遊説でも、メディアとの応対のなかでも、まだ、明瞭なものとなっていなかった。二〇一六年五月に、必要な財源をどのように確保するかで頭を悩ませていたころ、トランプはＡＢＣニュースの番組『ジス・ウィーク』（代表的な日曜朝の政治討論番組）に出演して、こう語った。

「私は、もっと（税金を）払ってもいい。いいですか？　富裕層は、もっと払ってもいいんだ」(5)

その数日後にも、ＮＢＣニュースの番組に出演して、同じ発言を繰り返した。

どうやって富裕層に対する税率の引き上げを実現するかというアイデアを、トランプは私たちに求めた。初期の段階のプランでは、最高税率は四〇パーセントから二五パーセントに下げる予定だった。しかし、トランプは、超富裕層に対して四二パーセントから四五パーセントの超過税率にしてもよいかもしれないと思い始めていた。よいアイデアだと考えていた人物のひとりが、政治コンサルタントで、後にトランプ陣営の選対本部長となり、ついにはホワイトハウスの首席戦略官となったスティーブ・バノンだった。バノンが考えていたのは、キャピタルゲイン課税と個人所得課税の税率を上げて、四五パーセントぐらいにまですることだった。

バノンは、とかく賛否が分かれる人物だったが、私たちはよい友好関係を築いていた。彼の政治に対する鋭い理解にも敬意を払ってきた。バノンは、トランプに対して伝統とは異なるタイプの共和党候補者となることを説いていた。大企業やウォール街のエリートに対抗し、労働者の味方であるポピュリストとして出馬することを勧めたのだ。また、バノンが果たした重要な役割は、長年の共和党の政策だった自由貿易と移民の問題に疑問を投げかけたことだ。ブルーカラーの労働者には、経済的な安定を脅かすものとして映っていたからだ。

そうしたわけで、バノンは、トランプを安い税金を信条とする共和党（とサプライサイド経済学）のスタンスから離れさせて、超富裕層に高い税金を求める方向に向かわせようとしていた。富裕層ならば負担はできるはずだ。それがバノンの考えだった。金持ちにふっかければ、有権者は喝采する。それでいいじゃないか、ということだ。

私たちは、このアプローチには断固として反対だった。税制改革そのものを成長志向とは反対の方向に向かわせ、トランプと一緒に取り組んできた私たちの目標のすべてを台無しにしてしまうからだ。私たちは、ラッファーがよく使う事例を用いて説明しようとした。月曜の仕事に三〇パーセント課税され、火曜の仕事に四〇パーセント課税され、水曜の仕事に五〇パーセント課税され、木曜の仕事に六〇パーセント課税され、金曜の仕事には九〇パーセント課税されるという制度があったとしたら、いったい何が起きるのかという問題だ。

いったいどれだけの人が、金曜日に働こうとするだろうか？　金持ちから税金を取って、貧しい人に分け与えていったら、どうなるだろうか？　金持ちの数が減り、貧しい人が増えるだけなのだ。

　私たちは、このようにもトランプに説明した。民主党の相手がヒラリーでも、サンダースでも、ほかの誰であっても、社会保障政策をめぐる階級闘争路線で勝負するならば、勝ち目はないでしょうと。もし、トランプが四五パーセントの税率を提言すれば、民主党候補（とメディア）は、五〇パーセントとか、六〇パーセントを主張してくるだろう。トランプが五〇パーセントを提言するなら、七〇パーセントを主張してくるだろう。だから、ラッファーはこう言うのだ。

「あなたは、経済成長を目指しなさい。民主党には、再配分政策を言わせておけばいいのです。アメリカ国民が関心を持つことは、小さなパイをどう分けるかよりも、大きなパイをつくることのほうに決まっていますから」

　そして、私たちは、幾つかのグラフをトランプに見せた。過去のデータは、高い税率が、必ずしも富裕層からの納税を増やす結果にはならないことを示していた。むしろ、減る結果になっていた。例えば、レーガン政権での最高税率は、七〇パーセントから五〇パーセントに下がった。そのあとで、二八パーセントに下がった。しかし、上位一パーセントの富裕層による納税額が全体に占めるシェアは、一九九〇年までに約一九パーセントから約三五パーセントに倍増したのだ。税率が下がれば、所得を逃避させる必要がなくなるからだ。課税ベースが拡大し、経済が成長して、アメリカに富が流入することになる——こうしたことは、すべて富裕層からの税収を増やすことにつながるのだ。

　ジョン・F・ケネディとロナルド・レーガンは、トランプが敬意を持ち、手本になると考えている大統領だ。ともに富裕層への減税を行い、国庫への税収を増やした。ケネディは、一九六二年後半にニューヨーク経済クラブでの演説で、雄弁に語っていた。

「税率が非常に高いと、税収が非常に減るという逆説的な事実があるのです。だから、税収を長期的に増やすための正しい方法としては、減税をすべきなのです」(6)

最後に、私たちは、最高税率を二五パーセントではなく、三五パーセントにすることにしぶしぶ合意した。ラッファーは、この変更には強硬に反対した。そんなことをすれば、トランプ税制改革プランを「かなり悪くすることにはなっても、よくなることはない」と反論したのだ。ラッファーは妥協の産物だとしていたが、確かにそうした面もあった。トランプが二五パーセントの税率を支持していたならば、最高税率は三〇パーセントあたりに落ち着いたことだろう。議論の結果は、三七パーセントにすることになった。このプランを最終的に精査することになる議会予算局の試算では、二五パーセントの税率では、どうしても収支を均衡させられないと考えられた。

別の方法として挙がったアイデアとしては、例えば富裕税のような、新しい税を導入するということだった。しかし、この案も、税率を引き下げることで生まれるプラスの効果を台無しにするものだった。売上税のような新税を導入することにも、私たちは反対だった。ヨーロッパの事例を見れば分かることだが、このような種類の税金を、長い時間をかけてだんだん引き上げ続けていくと、社会保障や社会福祉支出の拡大につながることは明らかだった。

「あらゆることを無償に」――とバーニー・サンダースは提唱しているかもしれない。だが、そのような方針には、はっきりと反対しておきたい。ムーアは、「福祉国家のための税金取りになるのはやめよう」という言葉で警告した。これは、かつてニュート・ギングリッチ（元下院議長）がボブ・ドール

（元大統領選共和党候補者）について語ったことだった。

課税ベースを拡大し、税率を下げる

語り伝えられるところでは、レーガン政権からジョージ・H・W・ブッシュ政権に引き継ぎが行われたとき、財務省の会議室の黒板には、レーガン信奉者による四つの単語からなる走り書きが残されていたという。「課税ベースは広く、税率は低く（Broad Base, Low Rates）」。しかし、チーム・ブッシュは、この教えを無視した。一年半後には、ブッシュは個人所得税を増税していた。最高税率を二八パーセントから三一パーセントに上げたのだ。当然の結果であったが、ブッシュは次の選挙で敗北することになった。共和党大会の演説での公約を破ったことも、原因のひとつだったとされている。「よく聞いておいてください。新しい税金をかけることはないです」と約束していたからだ。

私たちが考えるところでは、「課税ベースは広く、税率は低く」という原則が、よい税制をつくるための最も大切な土台になる。税率が低くて、抜け道が少ない税制ならば、経済的な意思決定にあたっての障害にはならない。また、すべての人にとっての公平な負担を――たとえ、大金持ちがたくさんの会計士を雇ったとしても――実現できる。

控除や免除の措置というのは、税制を複雑にして、租税回避が生まれる原因となる。また、税制改革をするならば、現行の税制よりも簡素なものである必要があった。二〇一六年四月に、ラッファーは上下両院合同経済委員会の公聴会で、複雑な税制による経済への悪影響についての証言を行った。

このことは、それから一年半後に始まる戦いの布石ともなった。

かつては、こうした原則を信じていたのは、共和党議員だけではなかった。古い世代の民主党議員で経済成長派とされたのは、ニュージャージー州選出のビル・ブラッドリー議員や、下院院内総務だったミズーリ州選出のディック・ゲッパート議員たちだった。三十年前には、民主党議員との共同で一九八六年の税制改革法案が提案され、推進された。当時のジャック・ケンプが率いる共和党議員たちは、どちらがより税率を低くできるかを競っていたものだ！（古きよき時代だった！）

レーガン大統領、ケンプ議員、ブラッドリー議員、ゲッパート議員による大幅減税案は、所得税率を一五パーセントから二八パーセントまでの範囲に下げて、控除を最小限にするものだった。この法案は、上下両院の圧倒的多数で成立することになった。しばらくは、この税制度はうまくいっていたが、やがてロビー活動家たちが、新たな税の抜け道をつくり始めていた。二〇一六年には、革新派《プログレッシブ》によって最高税率が一九八六年のときの二八パーセントから、約四〇パーセントにまで引き上げられてしまっていた。

私たちは、一九八六年のときの超党派での枠組みにならいたかった。そこで、タックス・ファウンデーションの優秀なエコノミストたちに連絡を取って、試算を依頼した。もし、寄付金控除以外のあらゆる控除をなくした場合に、一〇〇万ドル以上を稼ぐ人たちには、どのくらいまでの減税が可能になるかを試算してもらったのだ。内国歳入庁のデータに基づいた所得階層ごとの納税額について、コンピューター・モデルを駆使した結果が届けられた。

ドナルド・トランプ、ビル・ゲイツ、ウォーレン・バフェット、トム・ブレディ（プロ・フットボール界を代表する高額年俸選手）

といった上位一パーセントの富裕層に関しては、税率の引き下げを三五パーセントか三六パーセントまでにしておけば、あらゆる控除をなくしたとしても、所得階層全体で同じだけの納税額が確保されることが分かった。

これでいいのだ。富裕層には減税しなくてもよいことになる。

さらに、控除額の上限を納税者一人当たり一〇万ドルとすることを、私たちは提案した。有権者のうち一〇〇人中で九八人が、この範囲内の控除に収まることになる。年収が約四〇万ドルを超える世帯だけしか、影響を受けないことになるのだ。これは名案だ！　聖域だったはずの抜け道がなくなれば、特定の利益に絡んでいた人たちは頭にくるかもしれない……しかし、かなりの富裕層だけに限られることだ。また、中所得者層のアメリカ国民にとっては、寄付金、住宅ローン金利、州税や地方税などでの控除は従来のままとなる。

これで、とてもよい内容になった！　標準控除額を倍増させたことで、納税者の九〇パーセントが、住宅ローン控除、州税や地方税の控除の心配をしたり、寄付金を細々と記録したりする必要がなくなった。しかも、ほとんどの人は税金が安くなったのだ。チェック・ボックスに印を記入するだけでよくなり、面倒な手間から解放されるだけでなく、所得二万四〇〇〇ドルまでの個人所得税が無税になるのだ。

標準控除額を倍増することで、非常に簡素化することができた。それだけではなく、特定利益団体の息の根を止めることにもなるのだ。住宅業界からは反論があった。標準控除額を倍増すると、控除の適用を受ける対象が減ることになるので、住宅業界には打撃になるとのことだった。

大規模な〝慈善〟団体も、不満を表明した。自分たちが特定の利益を受ける機会を守るために、中流階層が高い税率を負担することを歓迎しているようだった。こうした人たちを説得するために私たちが述べたことは、税率を下げれば、経済が好調になるということだった。そうなれば、住宅産業も活況になり、慈善団体への寄付金も盛んになるはずだったからだ。

このような考え方を説明したところ、ドナルド・トランプは直ちによく理解してくれた。トランプからの要望は、高額所得者の寄付金控除はそのままとして、慈善団体からの不満も生まれないようにしてほしいとのことだった。私たちは、そのとおりに対応した。ただし、ムーアとクドローは、ラッファーをこの合意に引っぱり込む必要があった。最終的には、ラッファーも同意した。

トランプは不動産開発業者だったので、住宅ローン控除に上限を設けることには懸念を感じていた。とはいえ、最終的には、控除の内容には反対しなかった。

トランプ減税プランを仕上げるに当たっては、税法に関しての企業側の〝採算〟を合わせるために、企業のあらゆる資本投資支出の費用計上を認める代わりに、事業負債の利子控除をなくすという案を私たちは考えた。

しかし、利子控除の廃止という案が、採用される見込みはなさそうだった。トランプが、利子控除の廃止を嫌ったからだ。「それは、ありえない」という反応だった。あまりに拒絶感が強いことには、少しばかり驚いた。五分ばかり議論したところで、トランプは断固たる態度を示した。

「いいか、私はこれまで生涯をかけて不動産取引の仕事をしてきたんだ。どのようなときでも、借り入れで資金を調達してきたんだ。だから、このような考え方は嫌いだ」

以上で、議論は終了となった。

事業支出をめぐる戦い

ラリー・クドローは、資本支出に関する問題——資本支出（即時に消費されず、長期間にわたり使用される事業用の工場や設備）への即時償却——の重要性を、当初から熱心に主張していた。この問題では、クドローとムーアは、ラッファーだけでなく、レーガン政権で財務省高官だった税制政策の専門家スティーブ・エンティンなどの経済学者と緊密に連絡を取っていた。

エンティンは、一九八一年にレーガン大統領を説得する大事な仕事をした人物だ。税率を下げるだけではなく、課税階層をインフレに適応させることについても、議会は対策を行うべきだと主張したのだ。一九七〇年代の高いインフレ率によって起きた〝ブラケットクリープ〟から、中流階層を守るためだった。インフレのために、労働者階層の人たちは、どんどん高い課税階層へと押し上げられてしまっていた——実質所得の伸びがないのに、富裕層向けだった課税階層に組み込まれてしまったのだ。

エンティンは説得的な課税モデルを示して、費用計上による一ドルの税収の減少につき二ドルから三ドルの経済成長が生まれることを示した。この研究によって、目標とする三パーセント以上の経済成長を実現するためには、事業支出の費用計上の問題が非常に重要であることが確信できた。

私たちは、フェデックス社ＣＥＯのフレッド・スミスのような企業経営者にも、意見を求めた。事業支出を費用計上できれば、「新しいトラックや飛行機を、何百台でも、すぐにでも購入できるようになる」と話してくれた。もちろん、そうなれば自動車産業や航空産業でも雇用が生まれることになる。

現行の税法の下では、企業は複雑な減価償却期間を遵守することになっていた。建物、工場、設備、コンピューター、研究開発支出などの費用に応じて、十年、二十年、三十年の期間が設定されていた。

ウィスコンシン州にあるユーライン社のＣＥＯであるディック・ウィフレインは、最近、一一〇万平方フィートの倉庫を建設していたが、この二十一世紀における現在のアメリカのビジネス慣行のなかでは、税法が完全に時代遅れになっていることを指摘した。「経済は、急速に変化しているのです」と本社のオフィスで語ってくれた。

「倉庫の耐用年数を、十年か、二十年にしてくれたら嬉《うれ》しいのですが。けれども政府は、三十年とか、それ以上の期間で償却しろと言うわけです。まったくバカげています。ワシントンにいる人たちは、何も分かってはいないのです」

事業支出に対する全額即時償却を認めれば、実体経済を大きく刺激する方策となって、経済を成長させることがよく分かった。

このような理由で、改訂した税制改革プランをトランプに報告するに当たっては、冒頭にこの条項を盛り込むことになった。トランプ候補も、トランプ陣営の財務責任者のスティーブン・ムニューシンも――後に、財務長官に就任している――このアイデアを気に入ってくれた。これで、うまくいくに違いなかった。税制改革プランの最終案を作成するに当たって、極めて重要な貢献ができたことを、私たちは誇りに思っている。

ただ、それでもまだ、私たちには途方もない仕事が残されていた。この税制改革プランの帳尻《ちょうじり》を合わせるために、数兆ドル分の財源を見つけ出す必要があったからだ。

アメリカを再び成長させる

二〇一六年七月、ラリー・クドローとスティーブ・ムーアは、ドナルド・トランプのほかごく少数の最も有力な選挙陣営アドバイザーと共に、ラガーディア空港（ニューヨーク市郊外の空港）を発っていた。デトロイトで、重要な経済政策演説をするためだった。トランプが選挙で勝つことになるとラッファーが予言したことは今でこそ有名になっているが、その予言からは、まだ二カ月しかたっていなかった。

ドナルド・トランプは共和党候補者としての指名を獲得していた。トランプの経済政策に対するメディアの注目は、にわかに熱気を帯びてきていた。税制改革プランに関して、あたかも〝核のフットボール〟の発射コードを運んでいるかのように、私たちは詳細を秘匿《ひとく》していた。おかげでこの大々的な発表を行う前に、情報が漏れることはなかった。

選挙遊説用の特別機の機内では、トランプは、いつも機内の中央あたりの場所にあるデスクに座って、ごく少数のアドバイザーと共に時間を過ごしていた（休息が必要になれば、機内の別の場所にあるベッドルームに入ることもできた）。トランプは、たいていテレビの大画面を眺めていた。普段はFOXニュースにチャンネルを合わせていた。最新の国内ニュースには、常に細心の注意を払っていたが――選挙戦のことや、民主党の指名候補者に関連するニュースが流れれば、さらに熱心に注目していた。

トランプ候補の自家用機の真ん中にあったこの部屋のなかで、どれだけ数多くの重要な政策決定がなされたのかを思い返すと、驚嘆するほかない。私たちがすぐに気づいたのは、トランプが仕事の能率にかけては超人的だということだった。片時たりとも無駄にすることがなかった。非常にタイトなスケジュールのなかで、じっくりと政策や戦略について考えをめぐらせるための時間を取ることができたのは、この二万五〇〇〇フィートの上空だけであることが多かった。

このときの機内の会議では、経済政策の方針が議題となった。

トランプは、クドローとムーアを飛行機に同乗させていた。このときには、信頼するアドバイザーであったニュート・ギングリッチとスティーブン・ムニューシンのほか、常に随行していたジャレッド・クシュナーも一緒だった。税制改革プランにおける重要項目を、最終的に完成させるためだった。全員が集まって長椅子に座り、一時間ほどの時間をかけて、最新版の税制改革プランの内容の検討を続けていた。

トランプは、住宅ローン金利控除と寄付金控除に上限を設けることに反対したという重要な例外を除いては、クドローとムーアが提案した内容のほとんどすべてを承認した。

トランプ候補が感じていたことは、こういうことだった。確かに、この上限の設定は、経済学的には正しいことなのかもしれない。しかし、それを実行した場合には、慈善活動の大切さを否定し、住宅市場を損なうものだとして批判の嵐が巻き起こるかもしれなかった。住宅市場は二〇〇七年から二〇〇九年にかけて壊滅的打撃を受けた状態から、ようやく立ち直りつつある状況だった。

ふとしたタイミングで、トランプ候補はこの演説に付け足したい話があると言い出した。トランプの直感は天才的だ。ニューヨーク・タイムズ紙かニューヨーク・ポスト紙のどちらだったか覚えていないが、最後のほうのページに書いてあった話を知っているかと、居合わせた人たちに問いかけた。その内容は、ニューヨーク州の郊外の地域が――バッファロー市、シラキュース市、ロチェスター市など――近年、いかに貧しくなっているかという話だった。こうした地域は経済的な苦境のために、雇用や工場を失うばかりでなく、希望までも失ってしまったことを伝えていた。

トランプは言った。

「ちょっと待ってほしい。この二十年間の間に、こうした地域の経済発展のために、誰も手を差し伸べなかったなんて恥ずべきことだ」

それからの話題は、ヒラリーに矛先が向けられていった。ヒラリーはニューヨーク州選出の上院議員を務めてきたからだ。しかし、この地域で起きた経済的な負の連鎖を目《ま》の当たりにしながらも、何も手を打ってはいなかった。

そこでトランプは、次の文章も付け加えた。

「ヒラリーによってニューヨーク郊外の地方で生まれた状況が、今度は、アメリカ全体で起きることになるのだ」

この言葉は、ヒラリーに対する決定的かつ痛烈な打撃だった。私たちでなくても、誰もがそう思うに違いないと感じられた。確かに、トランプは政治家としては新参者でしかなかった。しかし、アドバイザーたちよりも、はるかに鋭い政治的な直感を発揮することがあったのだ。

ドナルド・トランプには天性の才能がある。私たちが、そのように確信した瞬間でもあった。デトロイト経済クラブでの演説のテーマは、「アメリカの繁栄への序章」だった。ランチタイムの演説――特に税金の問題に焦点を絞りながらも、経済問題全般に触れた――は満席となっていた。そのために、世界中から取材に押し寄せていたメディアのテレビカメラは、会場の後方の三、四列に押し込められていた。

演説は、非常に素晴らしいものとなった。トランプは、いまだかつてない最高の演説家だ。まさにこの演説が節目となって、選挙戦でも、税制改革の戦いでも流れが変わっていった。右派の陣営からは、優れた傑作となる政策だとして――トランポノミクスに非常に懐疑的で、批判的でさえあった評論家や団体からも――幅広く称賛が寄せられた。

例えば、当時のウォール・ストリート・ジャーナル紙は、かなり批判的な論調だったが、社説のなかで――保護貿易的な政策の部分には「雇用を失う」と警告してはいたが――この演説を絶賛していた。次の日の社説でも、トランプの経済再生プランについて「トランプの税制・規制緩和政策で、大きな飛躍が生まれた」と称賛した。ウォール・ストリート・ジャーナル紙の副編集委員のダニエル・ヘニンガーは、こう書いていた。

「アメリカ国民のうち六〇パーセントから七〇パーセントが、国の進路が間違った方向に進んでいると考えている」

まさにそうしたときに、

「この演説は、有権者に明るい希望と楽観とを与えてくれた」(7)

講演の数日後には、ヘニンガーの指摘を強調するかのように、ウォール・ストリート・ジャーナル紙は労働生産性に関する最新のデータを特集した。公式発表の内容は、悲惨だった……。アメリカ経済が低迷しているとの確信を、さらに深めるものだった。

選挙戦が始まってから初めて、トランプに対する保守派からの冷ややかな抵抗に、雪解けが生まれていた。共和党候補としての指名が確実になっていたことも理由だった。また、トランプが選挙戦で訴えていた減税や規制緩和には、誰もが賛成せざるをえなかったからでもあった。

経済成長がないとの静学的な前提での試算では、このプランを実行すると、今後の十年で三兆ドルの減収になることが予測された。しかし、動学的な前提のもと、経済成長が年率でさらに一パーセントが加速されるならば――減税だけでなく、規制緩和、エネルギー政策なども併せてだが――税収が収支均衡することが確証される統計的な試算結果が得られていた。

また、中間層の労働者にとっては、今後十年で新たに二五〇〇万人の雇用が生まれて、実質賃金も一〇パーセント上昇するとの試算結果となった。こうした見積もりがおおむね正確ならば――五年後から十年後を予想するのは難しいことだが――一九八一年のレーガン減税以来では、最も経済成長志向が高い政策が生まれたことになる。

共和党の団結

政治的な観点から言えば、選挙戦のこの段階で、税制改革プランを発表したことはホームラン級の大成功となった。このころ、トランプ陣営は共和党を団結させることに、依然として苦戦していた。有望な指名候補者が現れているにもかかわらず、共和党内では抵抗が続いていた。〝トランプ絶対反対派〟は怒りを露《あら》わにして、不穏なムードを漂わせていた。テッド・クルーズの支持者の多くも、指名候補者の選出で保守の憲法尊重派《コンスティチューショナリスト》（建国当時の合衆国憲法の基本理念を尊重する立場）が保守派のポピュリストに敗れたことを苦々しく感じていた。しかし、税制改革プランのおかげで、初めはしぶしぶながらであったが、保守運動に属している人たちが、続々とトランプ支持に巻き込まれていくことになった。

ラッファーは、ほとんど毎日のようにケーブル・ニュース番組に出演して、こう語っていた。

「レーガン以来では、最高の税制改革プランだ。これで、経済成長が大いに加速されることになるだろう」

このことは、数多くの経済保守派からの信任を得ることに役立った。それまでは経済保守派にとって、トランプの政策が正当なものであるかが懐疑的に見られていたからだ。

クドローとムーアは、数多くの有力な保守派の団体で講演を行った。懐疑的な聴衆が大勢いる場に出向いていって、トランプの宣伝をするためだった。権威ある国家政策審議会（ＣＮＰ）――ごく少数の非常に有力な保守派の献金家や、思想界のリーダーたちが集まるグループ――の事前に開催された重要な会合にも、クドローとムーアは参加した。国家政策審議会の役員であり、副会長を務めていたビル・ウォルトンに、トランプの経済政策を説明するためだった。後に、ウォルトンは政権移行チームで経済政策を担当する主要メンバーのひとりとなった。

私たちは保守派の人たちに対して、トランプを誇大に宣伝しようとしたわけではなかった。貿易や移民の政策に関しては、従来の自由貿易の原則と矛盾するところもあった。だからといって、政策における国家主義的な要素を曖昧にしたりもしなかった。数百人の聴衆がいても、税制改革プランの内容を聞けば、ほとんどがトランプの味方に変わった。そうでない人でも、少なくとも心を開いてくれるようになった。トランプ支持のために共和党が団結できるようになったのは、税制改革プランの魅力によるところが大きかったのだ。

税制改革は、ある種の通過儀礼となった。たとえ、まだそれが試用期間のようなものだったのだとしても、ついにトランプは保守陣営に受け入れられたのだ。

民主党指名候補者に予定されていたヒラリー・クリントンは、すぐさま、この改革案に対して、「まやかし《トランプ・アップ》のトリクルダウン理論」（トランプという名前と、トランプ・アップという言い回しをかけた言葉）の経済学だと非難した。左派からの批判によれば、アメリカ史上で最大級の財政的に無責任な減税案だとのことだった。しかし、その後の一八カ月にわたって、トランプが減税の問題では、まったくブレなかったのは立派だった。それは、私たちにとっても嬉しいことだった。

輝かしい税制改革プラン

法人税の税率を三五パーセントから一五パーセントに引き下げた理由は、トランプがアメリカ経済界と親密だからというようなことではなかった。目標は、常に次の二点にあった。

1. 世界の舞台において、アメリカの競争力を高めること。
2. 中流階層の労働者の賃金を上げること。

クドローが強調したのは、「法人税の減税をすれば、中流階層のための減税になる」ということだった。この二つの関係を十分に理解していないメディアや有権者のために、クドローは粘り強く説明を重ねていた。

ＧＤＰの成長は、わずか二つの要素で決定される。働く人の人数と、その人たちの生産性の高さだ。一人当たりのＧＤＰ成長率は国民の豊かさを示しているが、そのもとになるのは生産性の成長率だ。生産性が高まれば、労働の価値は高まり、そして、労働者の賃金も高くなる（さらに、ボーナスや昇進も得られる）のだ。以上！

賃金は他の価格と同じように、需要と供給によって決定される。法定最低賃金のような、政府による賃金規制で決定されたりはしない。そのような考え方は、空想の世界でしか成り立たない。仮に、政府が法律を定めて、企業に対して、実際の私が生み出す価値よりも高い賃金を払うように命令したとしよう。そんなことをすれば、例えば、企業は仕事を自動化するなどして、私の仕事を不要にしてしまうだろう。そうなるはずだ！

企業は資金が尽きれば、事業を継続できない。また、社員の働き以上の給料を無理やり企業に支払わせれば、企業だけでなく社員にも破滅が巡ってくる。そんなことはないと空想したとしても、現実には悲劇が待っているだけだ。

高い賃金というのは、高い生産性からもたらされる。高い生産性は、よい生産手段によって生まれる。そして、よい生産手段は、資本投資から生まれる。サプライサイド経済学は〝こぼれ落ちる《トリクルダウン》〟というようなものではない。トランポノミクスにも具体化されているサプライサイド経済学とは、まるで〝湧《わ》きやまない泉〟なのだ！

第一に、法人税率の引き下げは、アメリカ企業が資本投資を増やすことにつながる。企業による投資は、投資の税引き後の利益に基づいて行われるからだ。だから、企業の投資に対するペナルティとして働いている税金を下げれば――他の条件が変わらなければ――企業は投資を増やすことになる。これは理屈だけのことではない。二〇一七年になってから、減税を受けて企業の投資は急拡大しているのだ。

第二に、資本投資は、労働者の生産性を高める重要な要因となる。コンピューター、診察機器、テクノロジー、トラクター、フォークリフト、ロボットなどを使って仕事をする労働者は、そうした生産手段を使わない労働者と比べて生産性が高まる。現在の製鉄所では、五十年前と比べると、三分の一の労働力によって二倍の生産高を生むことができるようになっている。

一九〇〇年当時は、アメリカ人の三人に一人が農業に従事していた。しかし、現在、農業に従事しているアメリカ人は一〇〇人のうち三人だ。そして、農地の広さは三分の一になっているが、四倍の食糧を生産できるようになっている。なぜだろうか？　農業機械、灌漑《かんがい》設備、よい品種の種子、大型の果実、肉とミルクをよく生産する肥えた牛のほか、最新の農業技術によって、一エーカー当たりの食糧生産高が増加したからだ。

第三に、労働生産性は、アメリカの労働者に高い給料や福利厚生をもたらす重要な要素である。

現在の製造業を三十年前と比べてみると、労働者数では減少している。しかし、一九五〇年代や一九六〇年代の労働者と比べると、賃金は高くなっている。コンピューターを使う労働者は、コンピューターを使わない労働者の二倍の給料を稼いでいる。これは生産性の向上という魔法であり、パイを大きくすれば、全員にたくさん配れるようになるという働きだ。生産性の成長率の増減をならすと年平均では二・一パーセントとなっているが、これに合わせて、一九八二年第4四半期から一九九九年第4四半期までの非農業部門の労働者の実質時間給は、年率で一・一パーセントの伸びとなっている。

しかし、何と二〇〇〇年以降のジョージ・W・ブッシュ政権とバラク・オバマ政権では、この上昇が止まってしまった。一世代にわたり、生活水準が停滞したからだ。経済の停滞が年々続いた結果、一九八〇年代と九〇年代の経済成長率が持続したと仮定した場合と比べると、アメリカ人の豊かさは三分の一から半分程度になってしまっていた。

だから、今こそ速やかに減税を実行することが求められている。それは、国民の所得を増やすためだけではなく、アメリカン・ドリームの核心である公正な繁栄がもたらされるように、経済を再び活性化するためでもある。

あまり当てにならない議会予算局でさえも、私たちの考えを裏付けてくれている。過酷なまでの法人税を負担しているのが、実は、労働者であることを指摘しているのだ。二〇〇六年の議会予算局のレポートによると、「合理的な推計によると、法人税の七〇パーセントをやや超える分が、国内の労働者の負担になっている」とのことだった(8)。つまり、法人税の負担を軽くすることができれば、中流階層のアメリカ人の給料は上がることになるし、給料のよい仕事にも就けるようになるということなのだ。

世界がアメリカを笑いものにしていた

アメリカの法人税の制度は、経済をあまりにも弱体化させていた。アメリカの連邦法人税の最高税率は三五パーセント（州税や地方税と合わせて、ほぼ四〇パーセントになる）で、競争相手となる他国と比べても最高水準にあった。アメリカ以外の国では約二十年の間に、法人税率は半分になっていた。二〇一六年までに、国際的な平均は二〇パーセントから二五パーセント付近になっていた。とりわけアイルランドでは、法人税の最高税率は一二・五パーセントまで引き下げられた（ラッファーが、アイリッシュ・アクセントで語るところでは、アイルランドは、投資には絶好の場所だという。なぜなら、「首都《キャピタル》（資金）は、ずっとダブリン（倍増《ダブリング》）だ」からだ）。

トランプは、世界中の国がアメリカを笑いものにしていると語っていたが、それは正しい。アメリカは、まるで自国の製品とサービスに対して関税をかけているようなものだったからだ。そんなことをする国があるだろうか？

ムーアとクドローは、アメリカの法人税は競争相手となる他国に対する〝ヘッドスタート計画〟（低所得者層向けの育児支援政策）を用意して、二〇パーセント分のハンディを与えていると嘆いていた。しかも、法人税は複雑かつ不公平だったので――業界により税率が異なっていた――結局は、税収は四〇〇〇億ドル

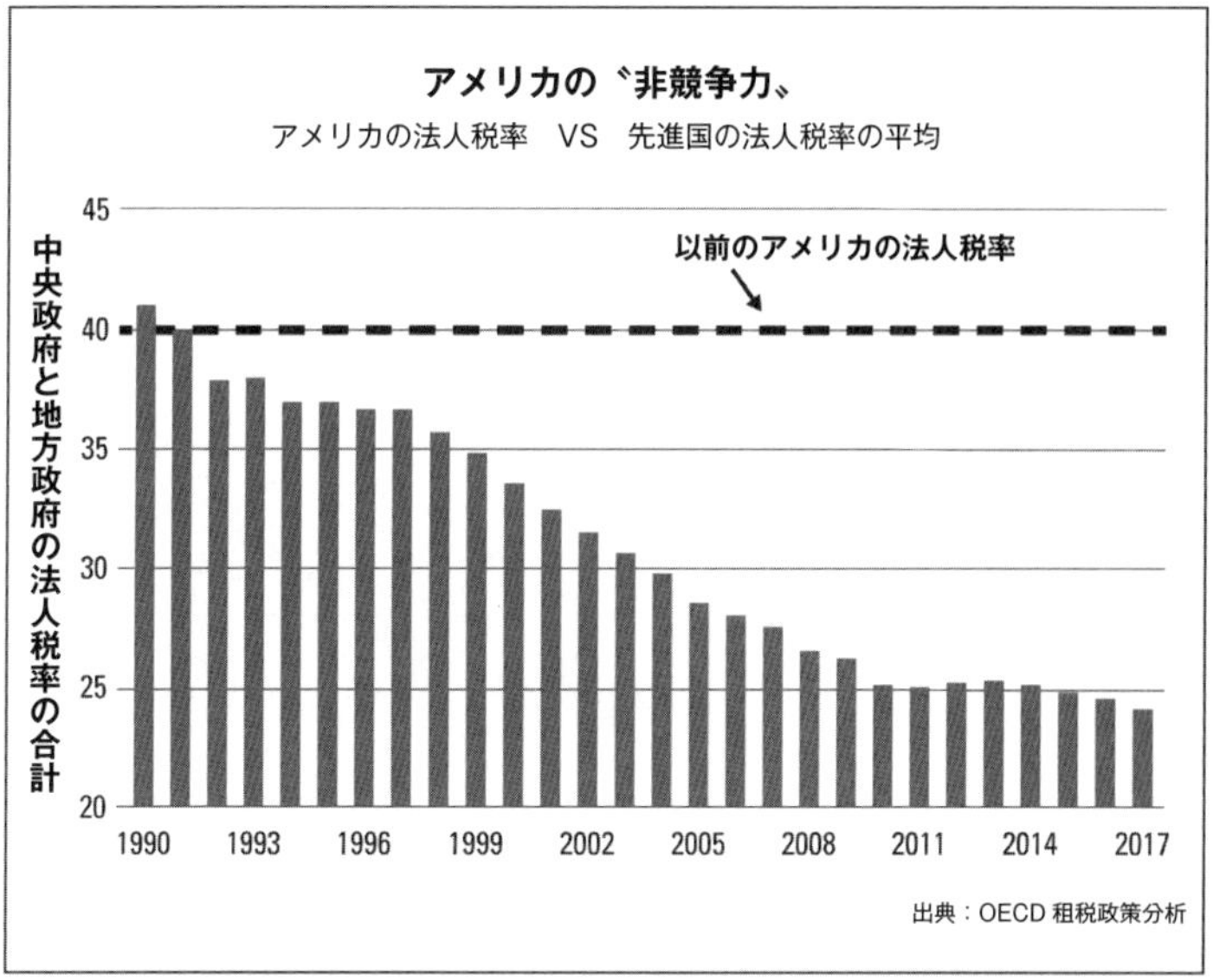

にも達しなかった。

悪い税制とはどんなものかといえば、税率が高くて――経済活動を歪《ゆが》めてしまい――大きな抜け道や減免があるために、税収の伸び悩みを招くものだ。どちらにしても最悪だ！

驚くことに、二〇一〇年から二〇一五年まで、ＯＥＣＤ諸国（三五カ国）のなかではアメリカの法人税率は最高となっていた。しかし、ＧＤＰ比率での法人税収は九番目に低かった。

法定の税率と、実際に国庫に納税される税率に違いが生じる理由は、多くの業界では――風力発電や太陽光発電の会社のように――まったく税金を払わない場合があるからだ。いったい、この制度のどこに公平さがあるというのか？

私たちの主張は、こうだ。法人税率を一五パーセントに引き下げた上で、全員が納税するようにしようということだ。バーガーキング社、メドトロニック社、ファイザー社などの数多くの企業が、外国の低い税率を求めて国外に出ていったり、あるいは、そうするかもしれないと脅しをかけたりしていた。二〇一六年に税制改革プランをまとめていたときには、ジョンソンコントロールズ社が、オフィスと社員を海外に移転する企業合併を行うことを発表した。

左派の人たちは、企業や雇用を追い出している原因が、アメリカの税率ではないかのように主張してきた。しかし、そうした人たちは、次のような簡単な質問に答えることはできないだろう。何の得にもならないならば、なぜ数多くの国が、大幅に税率を引き下げるのか？　過去の二十五年間で法人税率の国際的な平均は、一九九〇年の約四〇パーセントから、二〇一六年には二〇パーセント近くまで下がっている。過去二十五年間でアメリカの法人税率は変化していないが、世界の他の国では減税を続けていたのだ。アメリカ経済が、まるまる一世代にわたり停滞していたのは、何ら不思議なことではなかった。

左翼の理論家たちは、減税に対してあらゆる理由をつけて反対したが、良識ある人たちの多くは、わが国のひどい税率が問題であることを理解しているようだった。しかし、ビル・クリントン政権でも、ジョージ・W・ブッシュ政権でも、バラク・オバマ政権でも何か改善のための対策が行われることはなかった。オバマ政権で税制改革委員会の委員長を務めたポール・ボルカー元FRB議長は、法人税には「深刻な欠点がある」と指摘して、次のように結論づけていた。

法律で定められた高い法人税は、投資収益を減少させる。その結果、貯蓄と投資を減少させる……。税法は、アメリカ企業と労働者の生産性を下げている。また、資金難のリスクとコストを増大させて、経済資源を浪費させている(9)。

私たちが提案していた法人税減税の刺激効果に関しては、タックス・ファウンデーションが、即時償却と法人税率の引き下げが、経済成長を高めるための短期的には最適の戦略となることを指摘していた。タックス・ファウンデーションは、このように主張している。

「法人税率の引き下げは、ＧＤＰに大きな影響を与える。しかし、長期的な連邦政府の税収にはあまり影響を及ぼすことはない」(10)

プランを改訂するにあたっては、トランプが考えたとおり、中流階層世帯の負担を軽減するために、法人税減税による経済成長を目指すことにした。しかし、それほど簡単なことではなかった。ほぼ四〇パーセントの世帯が、連邦所得税をまったく払っていなかったからだ。そこで、年収がおよそ四万ドルから一二万五〇〇〇ドルの世帯への負担を軽減することを考えた。これにより、中流階層には次の三つの恩恵が生まれることになる。

1. 標準控除額を二倍にすることで、所得が二万四〇〇〇ドルまでの既婚世帯と、所得が一万二〇〇〇ドルまでの単身世帯は課税されないことになる。
2. 子供のための税控除を五〇〇ドルから一〇〇〇ドルに倍増する。これにより、子供二人の世帯では、直ちに一〇〇〇ドルの減税となる。

3．所得が一二万五〇〇〇ドル以下の人たちの税率を下げる。この結果、これ以上の所得に対する税金も軽減されることになる。

私たちの分析では、この変更によって、平均的な世帯では約一五〇〇ドルから二〇〇〇ドルの連邦税の減税になることが判明した。また、経済成長と生産性の向上によって、いずれは税引き前の所得が約四〇〇〇ドル増えることも分かった。このことは、税金が安くなる割合で見れば——新聞のあらゆる見出しとは反対だが——富裕層よりも、中間層にとっての恩恵が大きいことを意味した。私たちの提案によって、アメリカの人口の大部分を占める層の人たちのために、税引き後の所得の大幅な増加がもたらされることになる。こうした人たちの状況は、過去十五年間では、一生懸命走り続けながらもルームランナーのように元の位置に留まっているかのようだった。

減税で六兆ドルという虚構

もちろんトランプの税制改革プランに対しては、民主党から直ちに容赦のない攻撃が始まった。コストが高くつきすぎるし、富裕層に偏りすぎだというのだ。レーガン政権で三〇パーセントの全面的な税率引き下げが提言されて以来、共和党が出した事実上すべての減税案に対して、民主党は同じ主張を続けてきていた。「コストが高くつきすぎる」という批判は、有権者受けするところもあった。

共和党議員の多くは、とりわけ赤字削減と財政均衡を主張してきたからだ。

ヒラリーは、この改革プランは「財政に六兆ドルの穴を開けることになる」と声を張り上げて非難した。この発言が、国家債務を八年間でほぼ倍増させた政権に関わっていた人物からのものだったのは、あまりにも皮肉なことだった。ネオ・ケインジアンの教理を振りかざしながら、減税すれば雇用を減らすことになるし、「不況を招く」ことにさえなると主張していた。たとえ財政赤字をつくり出してでも、国民の財布にお金を押し込めば、景気が刺激されるというケインズ経済学の考え方は、民主党には魅力的に見えていたのだ。それにしても、このトランプのライバルとなった候補者の主張は、驚くほどに奇妙なものだった。ヒラリーが語る雇用の創出などという話は、まったく信用ならないことは明らかだった。

私たちは、こうした左派の矛盾を含んだ主張に対しては、徹底的に反論した。法人税率を下げて、企業収益が上がれば、経済が転覆することになるという主張だったからだ。さらに、こうした意味不明な主張を、ありもしない恐怖とも結びつけていた。ヒラリーは左派の〝ビザロワールド（物語に出てくる架空の惑星）経済学〟をもとにして、一・五兆ドルの増税が必要になると脅してきたのだ。どういうわけか、そうすれば雇用を創出できるということのようだった。

まるで、心臓発作を予防するためには、静脈にエルマーズ社製の糊《のり》（アメリカの接着剤メーカーの大衆普及製品）を注入するのがよい、とでも言っているようなものだった。左翼メディアは騙《だま》されたが、有権者は完全に見透かしていた。

民主党と左派の経済学者たちは、一九八〇年代の歴史を書き換えようとしていた。一九七〇年代の不景気と所得の減少は、レーガン減税では実際に改善されてはいなかったという主張をしていた。ただ、アメリカ経済に〝巨大な負債〟を背負わせる結果になっただけだというのだ。私たちとしては、耳を傾けてくれそうなジャーナリストたちには、直ちに思い出してもらいたいことがあった。オバマ政権での国家債務のGDP比率は、レーガン政権のときの約二倍にもなったが、レーガン政権での景気回復は、オバマ政権と比べて約二倍の強さがあったということだ。

確かにレーガンは赤字を増やしたが、それは冷戦でアメリカが勝利するためだった。そして、レーガン減税は、その後の約二十年間にわたりアメリカ経済を活性化させることになった。これに対して、オバマがつくった赤字は、フードスタンプ、失業手当、〝グリーン〟エネルギーのための無益な支出、もっともらしい〝すぐに着工できる計画〟を生み出しただけに終わっていた。

この二つの景気回復の規模を比べると、レーガン政権のときには、オバマ政権のときと比べて総生産高が約三兆ドルも大きいものだった（二〇一六年での換算）。同じように、ケネディ政権の減税では五パーセントから六パーセントの経済成長が生まれていた。ケネディは正しかった。税収を増やすためにも、「今こそ減税を」という政策がベストだったのだ。クリントン大統領もキャピタルゲイン減税に賛成したことで、連邦政府の税収を急増させた。

トランプの税制改革プランは、ヒラリーが導入を考えていた寄せ集めの増税案と比べれば、非常に素晴らしいものとなっていた。私たちが選挙遊説に向けて用意したところ、それ以降の数週間で広く知られることになった。ヒラリーの案が家計の所得を減少させる内容となっていたのに対して、トランプの税制改革プランは、中流階層の世帯にとって、税引き後で平均約四〇〇〇ドルの所得増加が見込まれる内容になっていた。ヒラリーの案を詳細に検証してみれば、実際には中流階層の家計をさらに圧迫するものだった。

ヒラリーの経済政策チームが主張していたのは、経済を成長させるためには税金――つまり、コストのかかる〝無料優待券〟――を用意する必要があるということだった。バーニー・サンダースが独自の戦いを進めていたことによる影響も受けていた。サンダースは穏健な社会主義者として出馬していたからだ。健康保険は無償にすべきだ。大学授業料も無償にすべきだ。雇用訓練も無償にすべきだ。デイケアも無償にすべきだ。有給休暇も自由に取るべきだ、という政策だった。

本選挙に進むに当たって、ヒラリーは、こうした数々の政策構想に引きずられることになった。サンダース上院議員が刺激的な訴えによって民主党の支持基盤を惹《ひ》きつけていたので、対抗手段を用意しておく必要に迫られていたからだった。財政政策面ではサンダース派として出馬することで、民主党の支持基盤を必死で固めようとしていたのだ。ある意味では成功していたが、多大な犠牲を伴うことにもなった。どうにか指名は獲得できたが、本選挙に臨むに当たっては、民主党のなかでの財政良識派としての信用を、もはや取り返しがつかないぐらい失う結果となってしまった。

ヒラリーは太陽光発電業界や、自然エネルギー関連企業への莫大な補助金も訴えていた。トランプの減税政策は〝トリクルダウン〟を提唱するものだとして、ヒラリーは攻撃していた。私たちからの反論としては、ヒラリーの提言とは、アメリカ国民に〝政府からのおこぼれ《トリクルダウン》〟を提供するものなのだと批判した。いまだかつて、そのようなことが成功したためしがあっただろうか？

結局は、数多くの有権者には、素朴な智慧《ちえ》や良識があったことになる。トランプの方に賛成することになったからだ。敵意あるメディア報道が続いていたにもかかわらず、トランプは、山脈地方（ロッキー山脈沿いの諸州）と南部での伝統的な〝赤い州〟で勝利を収めただけでなく、長期の不況に喘《あえ》いでいた中西部の〝青い壁〟を破ることにも成功した。トランプはポピュリストとして、貿易協定ではアメリカ人の雇用を守るために戦うと訴えていた。雇用を創出するために減税することも訴えていた。その結果、南部と山脈地方の諸州で勝利を収めることができた。そして、ミシガン州、オハイオ州、ペンシルベニア州、ウィスコンシン州、アイオワ州までも……〝赤〟に変えてしまったのだ。

これからトランプは公約を実行していくことになる。選挙で訴えていた税制改革プランに対する期待は、当選してから、さらに高まることになった。二〇一七年一月に、ラッファーはトランプ・タワーを密かに訪問した。デヴィッド・マルパス（トランプ政権で財務次官（国際問題担当）を務め、二〇一九年より世界銀行総裁に就任）、アンソニー・スカラムーチ（トランプ政権で広報部長に指名されるが解任）、ゲーリー・コーン（トランプ政権で国家経済会議委員長に就任）、スティーブ・バノン、そして、もちろんトランプ本人も参加する会合に出席したのだ。今後の税制改革プランの見通しと、連邦政府の規制による負担を、どのように解消するかが議題となった。トランプは、ラッファーに向かって、すぐに減税法案に取り組みたいと考えていることを伝えた。そして、法案の成立に向けての協力を要請した。ラッファーにとっては、法人税減税は極めて重大なテーマだった。それから翌年までにわたって、ラッファーはこの構想を実現する戦いに取り組むことになったのだ。

第６章　減税は世界に波及する

トランプは大統領に就任するやいなや、いつものスタイルと同じように全力疾走を始める構えだった。しかし、議会のほうでは、まだ準備が整っていなかった。減税法案が連邦議会にとって幸先の悪いものになるはずはなかったが、二〇一七年には、たびたび減税法案の見通しが立たなくなる紆余曲《うよきょく》折《せつ》が起きることになった。とはいえ、エセル・リナ・ホワイト（イギリスの推理小説家）が小説『車輪は回る』（ヒッチコック監督『バルカン超特急』として映画化）で書いたように、「失われた大義こそ戦うべき理由となる」。

問題が起きた原因は、共和党の議会指導部が、出だしで筋の悪い意思決定をしていたことにある。トランプ政権は、その方針に従ったのだ。ポール・ライアン下院議長とミッチ・マコネル上院院内総務は、オバマケアの廃止に最初に取り組むと決めていたのだ。このために、減税法案の取り組みは二〇一七年の後半に延期されることになった。

私たちは苛立《いらだ》っていた。もちろん、そうした動きには反対してはいたが、だからといって、どうにもならなかった。ラッファーとクドローは一九八一年の減税法案を実体験していたので、そのときの教訓を覚えていた。しかし、共和党議員の多くは忘れてしまっていた。レーガンは賢明だった。なぜなら、歴史的な減税法案の成立を優先させて、予算問題での攻防のほか、他の課題への取り組みは後回しにすることを宣言したからだ。

もし、この優先順位を逆にしていたならば、減税の実行も、その後の七年間にわたる好景気もなかっただろう。減税のおかげで、劇的に景気が回復することになった。だからこそ、レーガンには大きな政治的資源が生まれて、四九州を獲得する地滑り的勝利――現代の歴史のなかでは最高の再選結果となった――を収めることができたのだ。レーガンの前例にならうべきだと、私たちはトランプに勧めていた。

私たちは、オバマケアの廃止には全面的に賛成だった。あまりにも悲惨な政策実験となっていたからだ。健康保険を〝手ごろな価格〟にしたいという意図とは、正反対の結果になっていた。とはいえ、議会が幾つかの課題を同時に解決できないというのは、私たちには理解できなかった。

新たに就任した大統領にとっては、時間を費やすことは不利になることを意味した。減税法案の成立が遅れれば、景気回復への道のりが危ぶまれることになる。先送りにするほど、法案成立の見込みは遠のくからだ。過去の大統領は、自分が取り組むべき政策があれば、速やかに実行してきた。レーガンが減税法案に署名したのは、一九八一年八月だった。オバマは就任から四週間後には、七八七〇億ドルもの巨額の景気〝刺激〟予算法案に署名した。大統領選の勝利で生まれた政治的資源は、すぐに有効に活かさなければ、やがて失われてしまうのだ。

トランプと政権の政策顧問たちが出席した会議の場で、私たちは政権発足から一〇〇日以内に、大統領のデスクに減税法案が届くようにするべきだと主張した。上院の議場で減税法案の論戦が活発に行われて、議員たちが審議を行って代案を示し、採決するのはよいことだろうと思われた。

バーニー・サンダース支持者からの「金持ちのための減税だ」という批判に、共和党議員はひるんでいた。しかし、このような主張には、すでに有効な反論が行われていた。アメリカン・エンタープライズ研究所のエコノミストで、トランプ政権では新たに、大統領経済諮問《しもん》委員会（ＣＥＡ）の委員長に就任することになったケビン・ハセットが、有力な論拠をまとめて、法人税減税によって賃金は上昇することになり、もっぱら労働者に恩恵がもたらされることを明らかにしていた。

労働者の所得水準の向上は、トランプが主要な目標としていたことだ。私たちの目標でもあった。そして、アメリカ国民が願っていたことでもあり、だからこそトランプに投票したのだ。この議論に関しては、私たちには絶対の自信があった。

したがって、この問題の審議の開始は、早いほどよいはずだった。しかし、延期されるのを見て、ウォール街の人たちや企業関係者の懸念が高まり始めた。初夏のころまでには、企業のロビイストや経済界の大物たちは、二〇一七年中には減税法案が成立することはないと考えるようになっていた。

そうしたわけで、この初夏の会合では、ホワイトハウスと議会の減税法案作成者を前にして、私たちは強硬な姿勢で臨むことになった。共和党指導部の対応が遅れていることに怒りをぶちまけたのだ。私たちの主張はこうだった。二〇一八年まで減税法案を持ち越せば、景気に悪影響を与える。金融市場にも悪影響がある。中間選挙での共和党の立場も危うくする。こうした指摘は参加者たちの関心を引いた。しかし、それもしばらくの間だけだった。

減税法案は誰のものか？

私たちにとって次なる障害となったのは、下院の議会指導部への対応だった。ポール・ライアン下院議長は、選挙の前年に、下院の共和党議員のために税制改革に向けての「ロードマップ」と呼ばれる政策文書を発表していた。ライアンとは、これまで長い間――あの偉大なジャック・ケンプのスタッフをしていたころからの付き合いとなるが――仕事を共にし、敬意も払ってきた。テキサス州選出で下院歳入委員会のケビン・ブレイディ委員長も税制改革には熱心に取り組み、その実現のための急《きゅう》先鋒《せんぽう》となっていた。ポール・ライアンと協力しながらも、最後の勝利に向かって前進していく指導力は、絶大な称賛を受けるに値した。

下院のロードマップ計画は、大胆かつ全面的に税体系を刷新するという内容だった。大部分の考え方は健全だったが、賛否が分かれる部分もあった。問題は、まったくロードマップが知られていないことだった。また、トランプが選挙戦で訴えた内容とは、多くの点で異なっていた。したがって、トランプの選挙戦での公約――有権者は、その実行を期待して投票したことになる――とポール・ライアンの地味なロードマップとでは、政治的な重みに違いがあった。

ライアンは、トランプの改革案ではなく、自分のロードマップの立法化を考えていた。共通する部分もあったが、税率や控除の問題では大きな違いがあった。ロードマップの内容は壮大であったが、未確定の部分が残されていて、賛否が分かれる項目もあった。まったく斬新なところでは、国境調整税が含まれていたことだ。下院の共和党議員は、財政の均衡を強く主張してきた。しかし、私たちが懸念したのは、静学的モデルでの推計をもとにして減税で財政赤字が増えるとむやみに強調するのは、罠なのではないかということだった。

私たちの考えでは、下院が取り組むべきことは、トランプと数多くの共和党議員を当選させることになった税制改革プランを進めることだった。変化球のカーブから投げ始めることではなかった。

しかし、減税法案を進める上で障害となったのは、共和党がオバマケア廃止に忙殺されたあげくに、失敗に終わったことだ。共和党の議会指導部はトランプに対して、（税制改革も進めていたが）オバマケア廃止については任せてほしいとしていた。最善の廃止法案を執務室のデスクに届けることを、トランプに約束していたはずだった。

しかし、オバマケアの代替案に賛成しない共和党議員が出たために、廃止には失敗した。審議は行き詰まり、廃案に終わった。

春から夏の半ばにかけて、税制改革の審議は開始されてもいなかった。私たちは動揺せずにはいられなかった。就任一〇〇日で予定された政策での勝利がなく、新政権になってから二〇〇日が経過しようとしていた。

上院でオバマケア廃止法案が（一票差で）敗北したことで、ターニングポイントを迎えようとしていた。トランプは税制改革法案の署名が遠のいていることにも苛立っていた。健康保険改革で空振りしたあとで、さらに税制改革でも失敗することはできないからだ。

失敗すれば政治的にも、政策的にも打撃となる。トランプは議会から主導権を取り戻す必要があった。もはや、自らが首席報道官となり、交渉当事者となる必要に迫られていた。そうでもしなければ、税制改革は実現しそうにはなかったからだ。

国境調整税をめぐる紛糾

国境調整税の問題でも、大きく迷走が始まっていた。重大な論争を招く問題となり、それまでの減税法案での努力も台無しになりかねなくなっていた。

大統領選が終わってから数週間後、ムーアはミネアポリス経済クラブで、トランプ次期大統領の経済政策とトランポノミクスについての講演を行うことになっていた。講演の前夜に、経済クラブの会長から急ぎの電話がかかってきた。ベストバイ社のヒューバート・ジョリー、ターゲット社のブライアン・コーネル――両社ともアメリカを代表する小売チェーンだ――と翌朝の朝食を一緒にできないかとの依頼だった。

お会いしたいなどと言われるのは、まことに光栄なことだ。すぐさま快諾した。

挨拶の言葉を一〇分ばかり交わすと、すぐに本題が明らかになった。話題にしたかったのは、別名BATといわれる国境調整税についてだった。

これは下院からの提出法案で、アメリカへの輸入品には関税をかけるが、アメリカからの輸出品には免除するという内容だった。アメリカの製造業界にとっては大減税となるが、輸入業者である小売業者――つまり、ターゲット社やベストバイ社など――にとっては非常に悪いニュースだった。この二人の紳士は数字を挙げながら、ムーアに説明した。

アマゾン社とのオンラインでの販売競争で、小売業者の経営環境は厳しくなっていた。大型店舗でも、利幅は極めて薄くなっていた。商品のコストに一五パーセントもの関税が上乗せされれば、倒産しかねない。こうした企業にとっては、生きるか死ぬかの大問題だった。消費者にとっても、小売価格が上昇することになるはずだった。

和やかな会話ではあったが、ムーアには、いくぶん大げさな主張のようにも感じられた。しかし、確かなことは、小売業者が恐怖を感じていたことであり、この税金の阻止のためには命がけで戦うだろうということだった。ウォルマート社は、この国境調整税（ＢＡＴ）に対して、すでに完全に戦闘モードに入っているとのことだった。全米小売業協会も阻止のためには、いかなる手段も講じるだろうとのことだった。

反対の理由はさておいて、政治的な計算としては、上院の共和党では五二議席が前提となる。そのうちの二議席がウォルマートの本拠地であるアーカンソー州選出だとすると、減税法案を通過させることなどできるのだろうか？

私たちにとっては、政治的に重大な頭痛の種となった。

下院歳入委員会のケビン・ブレイディ委員長と、下院議長のポール・ライアンは――この二人は、税制改革という壮大な物語での真の英雄だったが――この国境調整税で生み出される数兆ドルによって、事業支出の費用計上と税率引き下げを〝埋め合わせ〟て相殺できると考えた。

アメリカは、輸出よりも輸入が五〇〇〇億ドル上回っているので（商品における〝貿易赤字〟）、輸入に関税をかけて輸出では免除すれば、政府は十年間で約一兆ドルもの税収を見込めることになる。そうなれば、減税による税収減を大きく埋め合わせることができるのだ。

この問題では、保守派のなかでも意見が分かれた。ラッファー、クドロー、ムーアたちの間でさえ——税金の問題では、おおむね同じ意見になることが多かったが——意見が一致しなかった。統一戦線を組むことが必要とされているときに、内輪での意見の不一致が生まれていた。

ムーアは、政策論としては賛成していた。ラッファーは、個人や企業の所得への課税に代えて、国境調整税（ＢＡＴ）を取り入れた付加価値税モデルとすることに賛成していた。しかし、国境調整税には予防はできるが技術的欠陥があると考えていた。ラッファーは、三月に発表した論文のなかで、「議会で成立した〝埋め合わせ〟ルールのせいで、国境調整税がとんでもないものになってしまう」ことを指摘していた(1)。つまり、〝埋め合わせ〟の要請が、共和党議員たちに、静学的な推計に基づく税収減の帳尻を合わせるための手段を考案させることになっていた。しかし、こうした考え方が、減税により動学的な成長が生まれるという見方に悪影響を与えていることは確かだった。

クドローは、最初から反対だった。クドローと、同志のスティーブ・フォーブスの見方では、これは隠れた売上税であり、経済に対して税収という政府の取り分を大幅に増やすことを意味するとした。

国境調整税の発想は独創的ではあったが、経済学的に見れば強い根拠もあった。つまり、アメリカの法人税の最悪とも言える欠点を修正するように設計されていた。国際取引での課税が逆効果を生んでいたからだ。

簡単な例を考えてみよう。ミシガン州でアメリカ企業が自動車を製造すると、三五パーセントの法人税が課税される。これが、国境を越えてメキシコに売られると、メキシコ政府は一六パーセントの付加価値税を課税する。つまり、この車には、国境の両側で課税されることになる。ほとんどすべての国が、アメリカで生産された製品に対して、このような課税をしている。

では、ミシガン州からメキシコシティに自動車工場が移転したら、どうなるだろうか。もし、メキシコで生産された車がアメリカで販売される場合には、メキシコ政府からは課税されない。さらに驚くべきことだが、アメリカ政府も、輸入車には連邦政府としての国境税などを課税したりはしないのだ。要するに、車がアメリカで生産されて国外で販売されるならば、二回課税されることになる。しかし、国外で生産されてアメリカで販売されると、一度も課税されないのだ。だから、アメリカ企業が中国、インド、アイルランド、メキシコなどに移転していくのは、何ら不思議なことではなかった。アメリカは、自国の企業と労働者に対する不利な状況を、自らつくり出していた。国内で生産された製品やサービスに対しては、あたかも関税のように三五パーセントもの連邦税をかけていた。

国境調整税（ＢＡＴ）を擁護する経済学的な主張は、三点あった。

1. あらゆる関税交渉や貿易戦争を終わらせることができる。さまざまな場面で、トランプは、外国からの輸入品に対して五パーセントから三五パーセントの関税をかけることを示唆してきた。しかし、貿易協定に違反する関税は、他国からの報復措置を招くことが多い。最善の解決策は、一五パーセントのトランプ法人税をアメリカへの輸入品に課税して、アメリカで生産されて国外で販売される製品には課税しないことだ。この課税は、貿易協定に違反しない。また、他国がアメリカ製品に対する有利な条件を守るために導入している付加価値税と類似しているだけのことだ。

2. 国境調整税は課税ベースが広いので、税率を低くすることができる。よい税制とは、課税ベースが広くて、税率が低い税制である。トランプ減税では、一五パーセントにまで税率を引き下げても、政府の税収は確保できる。だから、課税ベースをできるだけ広げることが大事だ。

3. 国境調整税は、生産ではなく、消費に課税する仕組みだ。大多数のエコノミストの共通の見解では、よい税制とは、人々が経済から受け取るものに対する課税であり、人々が経済に投入したものに対する課税ではないということだ。ケインジアンの多くも、消費が経済を牽引《けんいん》するとしてきたが、アメリカの消費者が何かを消費する前には、何かが生産されている必要がある。

ムーアの主張では、国境調整税ではなく、靴の二パーセントから玩具の二五パーセントまで、現行のあらゆる関税を撤廃すべきだとの考えだ。そうすれば、保護貿易に伴う悪い側面である、特定利益団体に絡んだあらゆる優遇措置を廃止できると考えていた。

経済学的な議論としては、こうした主張が正しいとも、正しくないとも言うことはできない。しかし、政治問題としての国境調整税は有害でしかなかった。

有権者と保守系の利益団体は、税制改革としての改善点よりも、この新しい〝大悪税〟に注目した。

経済界では、完全に意見が分かれていた。そうしたわけで、私たちは、かなり早い段階で国境調整税は見送るべきだとの考えで一致することになった。

だから、この税制改革の議論で私たちが貢献したことといえば、ホワイトハウスを――国境調整税の導入をまだ決断していなかったので――説得したことだ。さらに重要だったのは、ポール・ライアンとケビン・ブレイディに対しても、国境調整税を放棄しなければ税制改革そのものが廃案になってしまうとして説得したことだ。

結局、国境調整税は放棄されることになった。最後には、ラッファーが七月末にブレイディ委員長のオフィスを訪ねて、完全にとどめを刺しに行かなければならなかった。この人たちは、今でも私たちと会うたびに、国境調整税は正しかったのにと文句を言ってくる。確かに技術論として言えば、そうだったのかもしれないのだが。

経済学的には議論の余地はあったが、政治的には不可能だとの点では、私たちの考えは一致していた。国境調整税にこだわり続ければ、上院で税制改革法案が成立する見通しが、まったく立たなくなるのだ。それならば、見送るしかなかった。

遅れてやってきた、素晴らしいトランプ減税

それまでクドロー、ムーア、ラッファーは一緒に仕事をしてきていたが、春から夏までは、別々の行動を取っていたことを記しておきたい。クドローとムーアは、強力なコンビとなって連邦議会を回

っていた。ラッファーは、議員や政権のメンバーを相手に、独自に会合を持っていた。七月のある日には、ラッファーは提案されている税制改革法案の特長について、丸一日かけて七人の議員と面会し、説明を行っていた。あらゆる方面に働きかけることが、とにかく必要となっていた。なぜなら、二〇一七年の晩春までにトランプと共和党による経済成長政策――税制改革――を成立させることは、ある非公開の場所で決まっていたので……力尽きるまで戦うことになるのかもしれなかった。

共和党議員たちからは、税制改革法案は二〇一八年まで延期すべきだという声が、公然と上がり始めていた。ウォール街の人たちの間でも、税制改革法案が成立しないという見通しが生まれていた。共和党議員は、税法を時代に合わせたものに書き換えるという、一世代に一回限りというチャンスを逃そうとでも言うのだろうか？

このころ、ラッファーは、ワシントンDC界隈《かいわい》で耳を傾けてくれる人たちに、法人税率に関する調査研究の普及活動をしていた。五月のある日には、終日、ホワイトハウスのスタッフたちとの会合を行っていた。チームの全員に対して、二〇一七年の税制改革法案が、いかに必要とされている経済政策であるかを説明した。六月には、大勢の議員を部屋いっぱいに集めて、同じ内容の話をした。ラッファーは法人税率の引き下げが税収を増やすという、広く知られた研究結果によって理論武装していた。財政再建派を巻き込むことが必要となっていたので、これは重要なことだった。

初夏になると、上下両院の議員たちとのハイレベルな会合のために議会に行くことが多くなっていた。あるときに共和党議員たちに語った内容としては、減税問題をテーマにした独自の世論調査による、よい知らせと、非常に悪い知らせの両方があった。

よい知らせだったのは、アメリカ国民のうち減税が経済によい効果を生むと考える人が、六二パーセント対三〇パーセントで優勢だったことだ。企業や家計のための大減税が、雇用創出と経済成長をもたらすという見解について、完全に有利な結果が出ていたのだ。

悪い知らせだったのは、減税を実行できるのはどちらの政党かという質問に対して、共和党との回答が三六パーセントで、民主党との回答が三八パーセントとなっていたことだ。民主党が減税に対して、まったく前向きではないことを前提にしても、この結果は、共和党への警鐘だった。共和党が〝オバマケアの廃止と代替〟の取り組みに失敗していたことが理由だった。それを目《ま》の当たりにした有権者は、議会の共和党に対する期待を失っていたのだ。

共和党は、新大統領の任期一年目にして、早くも退場の危機を迎えていた。政治的にも、政策的にもヒンデンブルク号（一九三七年に爆発事故を起こした大型飛行船）になろうとしていた。しかし、議員たちや、ホワイトハウスや財務省にいる私たちの友人の間でも、ほとんどの人は警戒もしていなければ、心配もしていなかった。このまま二〇一八年まで延期したら完全な失敗になると、何度、警告しても駄目だったのだ。

カレンダーが一枚ずつめくられるごとに、刻一刻と敗北が近づいていた。夏が終わろうとしていたころ、この大型法案の成立のために、あと二五日しか残されていないことが知らされた。ああ、もう駄目だ。

トランプ大統領の減税法案は、議会では、あたかも、もはや車に轢《ひ》かれて死んだのも同然ということになっていた。

簡単な三つのこと

この年の春の時点では、私たち三人はニューヨーク市に集まり、税制改革プランを復活させるための対策を練っていた。「繁栄を解き放つための委員会」の共同創立者であり、友人でもあるスティーブ・フォーブスも参加していた。法案の成立が遅れることになれば、トランプの政治的資産が失われることになるとの認識で、私たちは完全に一致していた。

私たちは、税制改革というものは、有権者にとってできるかぎり簡潔で分かりやすいものであるべきだと考えていた。つまり、未確定な内容を少なくする必要があるので――ロードマップ計画を放棄する必要があり――トランプが選挙戦で公約した内容に立ち戻るべきだった。私たちはこの計画を「税制改革のための簡単な三つのこと」と名付けた。そして、特にホワイトハウスの政策チームのほか、政策通たちの間で生じていた混乱を整理する材料とした。当時、ホワイトハウス最高戦略責任者となっていたスティーブ・バノンも、このアイデアを非常に気に入ってくれた。

この議論を活発にするために、私たちは共同で、ニューヨーク・タイムズ紙に論説記事を寄稿した。ホワイトハウスや、議会にいる友人たちとの間に距離が生じるのではないかとの懸念はあった。しかし、私たちにとっては、もうほかに残された手段を見出すことはできなかった。

記事は、二〇一七年四月十九日に、「共和党が税制改革に抵抗する理由とは?」とのタイトルで掲載された(2)。以下が、その内容だ。

健康保険法案が失敗に終わった現在、トランプ大統領と共和党議員にとっては、何か他の法案での勝利が求められている。税制改革法案は、おそらくその筆頭となるべきものだろう。今こそ、速やかに前進するべきときなのだが……。

今回の健康保険法案での挫折《ざせつ》を受けて思い出される教訓は、「シンプルにしろ、おバカさん（Keep it simple, stupid）」という格言だ。共和党はオバマケアの廃止に焦点を絞らずに、何兆ドル規模にもなる健康保険市場の改革までを試みようとしてしまった。

新しい減税法案を修正することもできたが、八月には時間切れになる可能性があった。私たちが大統領選のころからトランプ大統領にアドバイスをしていたことは、共和党が税制改革に取り組むに当たっての次のような教訓だ。税法の全部の内容を、ひとつの法案で書き換えようとしてはならない、ということだ。

トランプが最初の税制改革法案で最優先の目標とするべきことは、連邦法人税制と中小企業税制だ。世界の市場でアメリカの国際競争力を低下させ、国内では雇用を失い、賃金が下がる原因になっているからだ。ホワイトハウスと財務省には、すでに私たちが昨年に関わった税制法案がある。その主要な三つの項目は、次のとおりだ。

第一に、連邦法人税と中小企業税における最高税率を、世界最高水準となっている三五パーセントから、一五パーセントに引き下げることだ。

第二に、企業に対して、資本投資に充《あ》てる全額の費用を即時に償却できるようにすることだ。

新たな工場、備品、機械を取得するための支出の全額償却を行えば、事業投資は活発化する。この事業投資の伸び率は、二〇〇〇年以降では、一九五〇年から二〇〇〇年までの伸び率と比べて三分の一になっている。

第三は、外国での所得がアメリカに還流するときの税金を安くすることだ。そうすれば二兆ドル以上がアメリカに還流してくることになる。新たな雇用が生まれて、アメリカの国内総生産が増え、数十億ドルの税収が増えることになる。

上院と下院での採決で民主党に勝つために、さらに別の提案もしておきたい。全米の労働者がトランプに期待していることとしては、インフラ投資も挙げられる。この法案によって、全米の道路、高速道路、空港、パイプライン、送電網やブロードバンド接続の近代化など、インフラ再建のための資金も生み出すべきだ。つまり、外国での所得がアメリカに還流するときの資金に課税することで、そのための資金を調達することができるのだ。

この作戦を実行するためには、共和党は、幾つかの段階を必要とする。まず、トランプ大統領とポール・ライアン下院議長は〝財政均衡〟を主張することをやめることだ。短期的に見れば、法案によって赤字が増えることにはなるだろう。しかし、トランプ大統領の税制改革法案は、ロナルド・レーガン大統領や、ジョン・ケネディ大統領のときと同様、減税法案とするべきだ。アメリカ国民に対しても、そのように訴えるべきなのだ。

トランプのプランが実現すれば、今後の十年間で、実質賃金は約一〇パーセントも伸びる可能性がある。過去十五年間では、アメリカの労働者階層の所得の伸びは停滞していたが、その流れが反転することになる。そして、減税で景気がよくなるという私たちの考えが正しければ、法案の成立によって経済成長は急加速することになり、それによって赤字も減らすことができるのだ。

次に、共和党は、いわゆる国境調整税を放棄すべきだ。国境税は税制改革プランに対しては有害となる。税制改革の実現のためには、共和党は企業グループからの支持も必要としているが、そうした団結を分断することになるからだ。ウォルマートのような小売業者との友好関係は、もはや維持できなくなるだろう。さらなる悪税となるのは炭素税だ。アメリカが雇用を回復させるための最善の方法としては、ただ税率を引き下げればよい。また、例えば、国内でのエネルギー生産を阻《はば》む規則といった、雇用にマイナスになる規制を廃止することだ。

極めて複雑な個人所得税の仕組みに関しては、税率を下げて、不必要な控除を廃止すべきだと私たちは考えている。しかし、この問題への取り組みは、二〇一八年まで待つべきだ。有権者の最大の関心は、景気と雇用にあるからだ。

共和党の対応は、それなりに急がれている。アメリカの経済界も金融市場も、年内に減税法案が成立しないとの見通しを持ち始めているからだ。現時点で失敗すれば、景気と株式市場にはマイナスとなる。大統領選挙以来の〝トランプ・ラリー〟を挫折させる可能性がある。

トランプは、この雇用のための法案を、今夏にも議会で成立するよう求めるべきだ。そうすれば、二〇一七年八月十三日にでも署名することができる。その日は、一九八一年にレーガン大統領がカリフォルニア州サンタバーバラのランチョ・デル・シエロで歴史的な減税法案に署名した日だ。

レーガンとケネディの減税によって、アメリカ史上で最も長期間にわたる好景気は、これまでに二回生まれている。ドナルド・トランプが、こうした成果にならうことを願っている。

この記事は、直ちに大々的な反響を生んだ。友人のベテラン政治記者で、ウィークリー・スタンダード誌の編集者のフレッド・バーンは、「世界を変えた論説記事」と評してくれた。

事実、この記事によって〝イヴァンカが〟世界を変えることになった。大切な同志であり、友人でもあるイヴァンカ・トランプが、その日の朝、新聞に出ていたこの記事を見つけて切り抜き、大統領執務室に持っていって、デスクに積み上げられた必ず目を通すべき書類の束のいちばん上に載せておいたのだ。

トランプ大統領は、この記事に線を引きながら読んだ。そして、直ちに、大統領執務室に立法、政治、経済に関する顧問たちのチームを招集して会議を開催した。トランプは、この記事を示しながら、怒りを込めて言った。

「この方法で、やり遂げよう。彼らの主張は、まったく正しい。税制改革の取り組みを始めることにしよう。もうこれ以上、遅れることは許されない」

三日後には、国家経済会議（ＮＥＣ）のゲーリー・コーン委員長と、スティーブン・ムニューシン財務長官が記者会見に臨み、最新版となるトランプ税制改革プランを発表した。ニューヨーク・タイムズ紙の論説記事で提案されていたものと、驚くほどに同じ内容だった。その数日後には、トランプ大統領は、議会に対してクリスマス前までには法案を成立させて、執務室のデスクに届けるように求めた。

このようなことが起きるとは、一週間前には誰も思いもよらなかった。しかし今や法案成立の見込みは急速に高まっていた。その後の数カ月にわたり、ラッファーは、コーン委員長、ペンス副大統領、ムニューシン財務長官との間で、有意義な会合を重ねることになった。再び、ホワイトハウスの中枢に、サプライサイド経済学のための同志たちが生まれていた。税制改革を真剣に推進する人たちになってくれたのだ。

ほぼ一年が経過して、この提言を読み直してみたが、誤っていた点も多くあったことは率直に認めざるをえない。インフラ投資支出のことを付け加えたのは、民主党を議論の場に引っ張り出すためによい方法だと思われたからだった。しかし、あてにできる相手でないことも分かった。民主党は、強硬な〝抵抗〟モードに入っていたからだ。たとえ支持団体から求められるような内容であったとしても、経済成長を実現させるための減税法案や財政支出法案には、断固として賛成することはなかった。

次に、「簡単な三つのこと」のプランが、十分に野心的なものではなかったことだ。上下両院を通過した最終的な法案の内容では、個人所得税制についての重要な変更点もあった。税率の統廃合や、最高税率を三七パーセントに下げることや、中小企業に二〇パーセントの控除を行うことなどだ。こうした点については、私たちが誤っていたことは認める。議会は、私たちの期待以上のことをしてくれたのだ。

しかし、他の論点は、共和党が考え方を絞り込むために役立つことになった。減税が、再び検討されるべき議題になったからだ。それから五カ月にわたって、減税は政策論議の中心となり、最前線となった。ポリティコ誌の記事によれば、「簡単な三つのこと」は、近年では最も大きな影響力があった論説記事になったとのことだ。

しかし、未解決の問題は数多く残されていた。この物語は、まだ始まったばかりだった。

調整できる相違点

次に浮上したのは、上院院内総務のチャック・シューマー議員の問題だった。シューマー議員は、トランプ減税法案を成立させることに関して、民主党には何の利益もないと発言していた。上院の民主党議員は、間違いなく全員が反対票を投じることになるだろうとも語っていた。

こうした注目を集めた動きには、うんざりさせられた。現在の民主党が、いかに左傾化しているかを物語っていたからだ。党利党略を全面に出した、この〝抵抗《レジスタンス》〟路線――自分たちの動きを、この言葉で表現していた――はケネディやレーガンの時代にはなかったものだ。黄金時代とされた当時は、減税を支持する民主党議員も数多くいた。有名なケネディ減税のときには、民主党議員の大多数が賛成したのに対して、実を言えば、共和党のほうで多くの議員が反対していた。右派の英雄だったバーリー・ゴールドウォーター議員は、連邦政府の財政が赤字になるとの理由で反対票を投じていた。一九八六年当時は、民主党議員はレーガンに協力して、税制改革法案を成立させた。この法案では、税法のなかの特定利益団体に絡む条項を廃止して、個人所得税の最高税率を二八パーセントにまで引き下げた。

上院での採決は、九七対三の圧倒的な結果となった。一九八六年には、上院の民主党議員のほとんどが――テッド・ケネディ議員、ハワード・メッツエンバウム議員、アル・ゴア議員、パット・モイニハン議員などがいたが――最高税率を二八パーセントに引き下げることに賛成していた。しかし、二〇一七年になると、民主党の上院議員は誰一人として、最高税率を四〇パーセントから下げることに賛成しないというのだ。最高限界税率の引き下げを、雇用の創出や労働者の経済的地位の向上をもたらすものではなく、むしろ富裕層への許しがたい迎合になると見ていたからだった。

現在の民主党は減税反対の政党だということを、とうとう公式に表明することに至ったのだ。もちろんこうした指摘をすることは、別に嬉《うれ》しいことではない。公正のもとで繁栄をもたらすというテーマは、党派間で議論を争うような問題ではなく、超党派で取り組むべき戦いであるはずだからだ。トランプ大統領は減税法案を成立させて、経済を苦境から脱出させ、年三パーセント以上の成長を目指そうとしている。これによって、ジョン・F・ケネディ、ロナルド・レーガン、ビル・クリントンといった人たちの世界に仲間入りしようとしているのだ。

民主党議員が一致団結しての反対運動は、重大な挑戦となっていた。私たちは、上院で共和党の五二議席をまとめ切ることができるだろうか？

上院では、通常で必要とされる六〇票ではなく、法案を五一票で通すためには〝調整措置《リコンシリエーション》〟による方法しかなかった。予算案のなかに減税の内容を盛り込んでおけば、単純過半数の得票数で、減税法案の内容を議会で成立させることができた。民主党が〝抵抗〟戦術を取ることを前提にすれば、この調整措置によってしか法案を成立させる方法がないことは、最初から誰の目にも明らかだった。

予算のプロセスにおける調整措置の手続きは、一九七四年にまで遡《さかのぼ》る。ウォーターゲート事件のあとで、上院と下院の予算委員会で〝予算決議〟を通過させるという議会のルールが定められた。上院の手続きでは、フィリバスター（長時間演説による議事妨害）なしに――上院と下院の予算委員会の予算決議で、歳入欠陥が事前に合意されているかぎりは――五一票で、減税法案を成立させることを認めていた。これが、いわゆる〝財政調整指示〟だった。

議決数が五一票で足りるとされるためには、会計年度の初めにおいて、減税法案が所定の規模と所定の期間内（トランプのこの場合は十年）で議会を通過していることが必要とされた。この財政調整措置では、十年の期間内でしか赤字を認めていなかった。つまり、その後に赤字が増加したならば、理論的には二〇二七年までに減税法案が失効することになる。

減税法案を成立させる方法としては、確かに理想的なものではなかった。しかし、これしか方法はなかった。レーガンもジョージ・W・ブッシュも減税法案を通すために、この方法を使った。だから、私たちはトランプに、できるだけ大規模な減税法案を通すためには、この方法を使うのがよいと勧めた。そうすれば、ドナルド・トランプも大規模減税を成功させることができるからだ。

この措置を使うにあたって、重大な難点がひとつあった。法律の定めによって、議会予算局と両院合同税制委員会が、欠陥だらけの経済モデルに基づいて法案の内容を〝推計〟するとされていたことだ。これまでの歴史のなかではこの面倒なルールによる〝推計〟結果が、限界税率の引き下げを繰り返し妨げてきていた。この方法では、常に税収の減少が強調されることになるからだ。そこで、私たちは過去三十年にわたる実際の数字を示した上で、ほとんどすべての増税に当たって、連邦政府は、埋め合わせるべき税収額を過大に見積もってきたことを指摘した。一九九七年のキャピタルゲイン減税では、数百億ドルもの税収が減少すると〝推計〟されていた。しかし、法案が成立してみると、税収は大幅に増加していた。没収的なまでに高すぎる税率ではなくなったために、株式を売却して（税金を払ったとしても）利益を出しやすくなったからだった。

トランプ減税を実現させるために、私たちは〝財政調整措置での戦略核オプション〟の使用を考えた。つまり、推計結果として間違った数字を算出してくる静学的なモデルを捨てて、減税が経済成長に与える効果を積極的に評価する動学的推計《ダイナミック・スコアリング》を採用するのだ。議会予算局の推計では、今後十年間は経済の停滞が続くものとして、実質経済成長率を年率一・八パーセントに置いていた。しかし、過去の数字を見れば、経済が成長すれば、給料は上がり、企業収益も上がることが予測できた。だから、推計に当たっての経済成長率の数字は三パーセントにすべきなのだと、私たちはアドバイスした。このことは選挙戦が始まって以来、主張し続けてきた内容とも完全に一致している（実際に、トランプは五パーセントの経済成長率を願い、それを実現させるための政策を一貫して主張してきた！）。

だから……、「トランプには、トランプらしくさせよう」（選対本部長としてのルワンドウスキの戦略を象徴した言葉）。私たちが共和党議員に語っていたことは、トランプ減税法案の失敗を想定するのではなくて、過去の歴史のなかで正しさが証明されていることを勇気を持って信じようということだった。ケネディ、レーガン、クリントン政権での好景気の経験からは、減税法案が力強い経済成長をもたらすことは明らかだったからだ。

今後十年間で三パーセントの経済成長率が続くというのは、いい話ではないか。三パーセントとは言っても、アメリカでの長期における平均値を下回ってはいる。しかし、特に大企業と中小企業については、税率を大幅に引き下げれば、新たな投資、起業、利益、生産性、賃金、雇用が生まれることが予測される。実質経済成長率が三パーセントというのは、ただ合理的な数字というだけではなかった。むしろ、控えめな数字だった。

速い経済成長が、債務を減らす

こうした点を強調するために、私たちがウォール・ストリート・ジャーナル紙に論説を掲載したところ、大きな反響があった。この記事は、財政タカ派も――アリゾナ州選出のジェフ・フレイク上院議員、テネシー州選出のボブ・コーカー上院議員たち――こちらの陣営に引き入れるためのものでもあった。財政赤字の長期見通しとしては、今後二十年から三十年で、国家債務が急増することを指摘したが、このことは、アメリカで速い経済成長が急務となっていることを示していた。四月二十五日に掲載された「成長によって債務のジレンマを解決できる」と題する論説記事は、以下のとおりだ。

議会予算局の最新のレポートによると、国家財政の見通しは、まったく悲観的なものだった。今後の三十年間で国家債務は倍増して、ギリシャ並みのGDP比で一五〇パーセントの水準となることを予測している。債務利払い費が国防費を超えて、国家予算の最大費目となる可能性もある。連邦政府の支出は、今後二十年間でGDPの二二パーセントから二八パーセントに急増する見込みだ。戦時を除いて、これほどまでに政府が経済全体に対する重荷となるのは、いまだかつてないことだ。

しかし、両党の財政タカ派の議員のほとんどが理解していないことを、私たちは指摘した。債務見通しがあまりにも悲観的になっている理由は、経済成長見通しが極めて低く見積もられていたからだった。私たちは、次のように記した。

レポートの予測に関して最も問題なのは、数十年にわたり経済が停滞するという前提に立っていることだ。議会予算局の予測では、今後三十年間のアメリカ経済は年率一・九パーセントの緩やかなペースの経済成長になるとしていた。これは過去の実績と比較すれば、非常に低めの数字だ。一九七四年から二〇〇一年の間でも、平均成長率は三・三パーセントはあったからだ。このパーセントの数字の置き方次第で、まったく結果が変わることになる。低成長が続くのであれば、支出削減と増税を併せて実行したところで、連邦政府が財政均衡を目指すのは不可能なことなのだ(3)。

この記事では、債務の罠《わな》から脱出するために考えられる、ただひとつの方法を説明した。すなわち、三パーセント成長だ。政策決定者には、高度成長による累積効果の影響を説明した。カリフォルニアの投資会社リサーチ・アフィリエイツの調査によると、二〇四〇年までにアメリカ経済の規模は二九・九兆ドルではなく、三八・三兆ドルに拡大すると予測していた。国内総生産は八・四兆ドルも増えることになる。これは、現在のミシシッピ川以西の諸州の年間総生産の合計に相当している。

二〇四七年には、経済規模は四七・一兆ドルにまで成長することになる。これは、議会予算局の試算基準と比べて約一三兆ドルも上回っている。毎年の税収において二・五兆ドルの増収となり――社会保険やメディケアの財源不足を、全額カバーするのに十分な資金となる。過去五十年間で財政均衡を達成できたのは、一九九〇年代のビル・クリントン政権のときだけだった。四パーセントの高い経済成長、株式市場の活況、莫大な投資収益をもたらしたキャピタルゲイン減税のおかげだった。つまり、二〇兆ドルもの国家債務を抑制するためには、三パーセントの成長が前提条件となるのだ。

政府支出が適切に管理されている場合には、経済成長率が三パーセントあれば、国家債務のGDP比率の急増を抑制することができる。さらに経済規模が拡大すれば、速やかにGDP比率は下降を始めて、最終的には約五〇パーセントの水準にまで下がるだろう。ホワイトハウスと議会が理解すべきなのは、債務危機を回避するための最も確実な対策とは、経済の成長のスピードを、政府の拡大よりも速くすることだった。他の債務削減策では――もちろん増税でもだが――経済の繁栄が持続することによるほどの財政面での効果はない。もちろん、私たちの戦略が成功するためには、オバマ政権の最後の年での経済成長率の一・五パーセントを倍増させて、二〇一八年から二〇二七年にかけて三パーセント以上のペースに上げる必要があった。しかし、優秀なエコノミストの多くも、議会予算局の見通しと同じように、アメリカが達成できる経済成長率は最高でも約二パーセントが限度だとしている。ベビーブーマー世代が、これから大量にリタイアすることが理由なのだそうだ。しかし、労働市場が改善して、税引き後の所得も向上するのであれば、最低一〇〇〇万人の人たちが就職できるようになるし、そうすべきでもあると私たちは考えている。

ウォール・ストリート・ジャーナル紙の論説記事の最後にも、私たちはこのように繰り返しておいた。

「年間一・九パーセントの成長率では、長期的な財政問題を解決することはできない。どれほど鋭いナイフで予算を切ったとしてもだ。今のアメリカに必要なのは、本物の経済成長が持続することなのだ」

この問題では、クドローがほとんどひとりで陣頭に立っていた。クドローの主張は、経済成長が三・一パーセントあれば、一・八パーセントのときと比べて経済規模は四・五兆ドルも拡大するということだった。

これが、ホワイトハウスと共和党議員たちの減税をめぐる戦いでの合言葉となった。

やるなら、とことんやれ

どのくらいの減税の規模にするべきなのか？　上院の穏健派の議員たちは、依然として税収の減少を懸念していた。コリンズ、コーカー、マケイン、フレイクらの議員たちは、減税の規模を比較的小さく留めておきたいと考えていた。税収減の規模が十年間で最大一・五兆ドルにもなる予算案に対しては、一ドルたりとも譲らない姿勢を見せた。確かに大きな数字には見えたし、実際にもそうだった。

しかし、四五兆ドルの税収が見込まれたので、税収一ドル当たりでは――静学的モデルによる推計であったとしても——約三セントの税負担が軽減されることを意味した。

これは、〝財政均衡〟に向けては前進だと言える。しかし、ささやかな成果だったのも事実だ。財政タカ派と合意するための条件としては、議会は一・五兆ドルの債務上限を設けるが、〝動学的《ダイナミック》な〟推計に基づいた経済成長率を前提とする、とされた。これは、さらに約一・五兆ドルの減税となることを意味した。財政タカ派の立場からすれば、大きな譲歩だった。議会での税収見積もりの問題に関しては、画期的な成果となった。ただし、これで私たちが十分に満足したわけではない。減税による動学的《ダイナミック》な効果としては、三兆ドルの税収増を推計した。これは過去の実績から見ても、十分に検証されている数字だと考えた。実際には一・五兆ドルの回答だったが、それでも大きな進歩だった。この数十年来では初めて、税率の引き下げが経済成長を加速させるという前提を、議会が受け入れることになったからだ。

さらに次の困難が待ち受けていた。動学的な推計を前提にできたとしても、減税案での四兆ドルを、一・五兆ドルの枠組みのなかに収める必要があったからだ。議会予算局による減税案の推計値が一ドルでも上限を超えてしまったら、私たちはお払い箱になってしまう。それで一巻の終わりだ。フーディニ（二十世紀初頭の奇術師）の脱出芸のように、ルールを守りながらも期待する内容の減税法案をひねり出すことが必要になっていた。そこで、財政調整措置の規則を前提としながらも、税率の引き下げを実現するために、再び議会指導部との間で対応策を練ることになった。

下院歳入委員会のケビン・ブレイディ委員長との会合で、私たちは斬新な方法を提案することにした。減税法案の幾つかの条項は——内容のほとんどは、法人税と中小企業向けの所得減税に関するものだったが――民主党のなかで階級格差の是正のための闘争をしている人たちからは、大きな反発を招くものとなっていた。しかし、中流階層向けの減税については――児童手当、標準控除額の倍増、所得税の税率引き下げによる減税などは――総じて、民主党からも支持されるものだった。私たちが目標としていたところは、たとえ、民主党が議会だけでなく、いつかはホワイトハウスを奪還することになったとしても、できるだけ減税法案が維持されるようにしておくことだった。

それならば、民主党が賛成するような減税については時限的なものとし、民主党が反対するような減税については恒久的なものにしたらよいのではないか？　つまり、児童手当や控除は五年か六年限りのものにして、法人税減税は恒久的なものにしておくのだ。

私たちが確信していたのは、中間所得者への減税は、いかなる場合でも延長されるべきだということだった。上院でも下院でも、この減税を期限切れにしようとする議員など出てくるだろうか？　こうして税制改革法案の核心となる部分を守りながらも、会計上は一・五兆ドルの枠組みを尊重したとする建前をつくり出すことができた。

私たちのしたことは不誠実なことだろうか？　いや、そんなことはないだろう。私たちは四年、五年、あるいは、十年にわたる財政見通しでの収支の水準など、まったくデタラメなものだと考えているからだ。議会は一年後や二年後の税収の予測さえできないのに、まして や、五年後や六年後のことを予測できるはずもなかった。十年後の予測ともなれば、数千億ドルも外れてしまうに違いないのだ。試算をしている人たちというのは、まるで目隠しをしながら壁の的に向かってダーツを投げているようなものだった。その恐るべき結果としては、的に当たらないどころか、壁にすら届かないということとになるのだ！

だから、私たちはひび割れた〝水晶玉〟を荒っぽく扱うことについては、何らのためらいも感じなかったし、良心がとがめたりもしなかった。ただし、私たちは、議会予算局や上下両院合同税制委員会のバカげた静学的な推計を使うこともあった。

共和党議員たちとしては、オバマケアの個人加入義務の制度に伴う懲罰的な課税の廃止に取り組むべきときが来ていた。高価格すぎて加入できない健康保険から、一〇〇〇万人ものアメリカ国民を解放できるのならば、非常によい政策となるはずだ。そして、議会予算局による不可解な予測モデルによると、この課税を廃止すれば税収が約一五〇〇億ドル増えるとのことだった。このようなバカバカしい話は、いまだかつて聞いたことがない。しかし、それが審判の判定だというならば、甘んじて受け入れることにしよう。議会予算局よ、ありがとう！

民主党議員たちは、自分たちのルールがねじ曲げられたあげく、私たちからの対抗手段とされてしまったことに対して怒り心頭となった。支持者たちに駆け寄って、〝富裕層減税〟は恒久的とされたのに、中間階層への減税は〝五年後で終わってしまう〟との不満を露《あら》わにした。シューマー議員やペロシ議員に対しては、もしも中間層への減税を恒久化したいのであれば、二〇一八年か二〇一九年になってから、超党派での減税法案を成立させましょうということにした。民主党議員たちは、まんまと出し抜かれて怒り狂うことになった。

ここで、強調しておきたいことがある。私たちが目標としたことは、国民を騙すことでもないし、いいかげんな数字を使うことでもなかった。赤字財政が積み上がり続けることの悪影響は、私たちも十分に認識しているつもりだ。しかし、オバマ政権のエコノミストたちが――たった八年間で国家債務を倍増させておきながらも――ほかでもない私たちに向かって、財政規律について講釈しようとは、あまりに皮肉な出来事だった。増税しておきながらも……借金は、倍増していたというのだ！　オバマ政権で債務が急増した理由は、これまでの平均的な水準と比べても、約半分の経済成長率しかなかったからだった。

私たちの目標は、経済を大きく活性化することで、将来の世代の債務を少なくとも経済全体の規模との比率において縮小させ、統御できるレベルに収めることだった。そうすれば、富と生産性の高さに恵まれた、繁栄する国家を未来にも継承していくことができるのだ。どちらの政党とも、この問題にはあまり関心を示さないが、私たちは、政府の支出の増大を抑止するための歳出改革には大いに賛成の立場だ。私たちの考えは、もし、政府が肥大化していくならば、それを超えるペースで経済が成長する必要があるということだ。アンクル・サム（アメリカ合衆国政府を擬人化した俗称）をキングコングに変身させないようにすることが大事なのだと考えている。

トランプの言葉を借りれば、「素晴らしい、大型の減税法案」が、今、用意されている。そこには、あらゆる景気刺激策が盛り込まれて、将来の経済成長の実現が期待されていた。もう準備は整っていた。

ラッファー教授の税金学講義

減税法案については、議会の大半の議員が態度をはっきりとさせていなかった。二〇一七年秋の時点の世論調査でも、法案に対する支持率はわずか二五パーセントで、有権者には不人気となっていた。民主党とメディアの広報戦略によって、トランプ減税法案では税金は上がることになる、という説明が国民に広まっていた。

左派のプロパガンダ装置のなかで語られていたことは、共和党の言い分に耳を傾けることは、中間層への増税を受け入れて、超富裕層を優遇するための法案に賛成することになるということだった。税制政策センターのような左派の団体からの主張によれば、トランプ減税法案は予算に六兆ドルの穴を開けることになるとされていた。本当にそうであるならば、私たちであっても法案には反対する。

もちろん、それはフェイクニュースだった。それでも一流メディアでは、そうした主張が繰り返し喧伝されていたので、信じ込んでしまった有権者を責めることはできなかった。誤解を正さなければならない時期が来ていた。

税制政策センター、リベラル系の学者たち、財政赤字を議論する政策通の人たちに対して、最も強力であり――完膚なきまでの――理論的な反論を行ったのが、ラッファーだった。二〇一七年九月に、ラッファーが「繁栄を解き放つための委員会」から発表した論文は、議会やホワイトハウスの内部では、ある種のバイブルとなっていた。ラッファーは、この論文で自分の主張を明らかにした上で、上院運営委員会の昼食会で、共和党の上院議員に向けての説明を行った。結論はこうだった。六兆ドルの税収の減少が起きるなど、とてつもないウソ話だ。そのようなことは、経済学的に検証すれば、直ちに判明することだとしたのだ。

ラッファーの分析では、児童手当を倍増するなどとした課税条項では、確かに政府の税収は減少する。だが、（議会が検討している）約二〇パーセントでの法人税収は、現行の三五パーセントと比べても、同じ程度――それ以上かもしれない――のものとなる。税収の着地を正確に予測することは難しい。しかし、議会予算局や上下両院合同税問題委員会といった政府の政策評価機関が、減税が何兆ドルもの税収増加の効果を生み出すという実体経済の動きを無視してきたことは間違いない。絶対に、効果がゼロであるはずはないのだ。税率が下がることで租税回避が減ることや、経済活動が活性化することや、州税や地方税の税収増の効果があることや、一兆ドルを超える資本が本国還流（による納税）してくることなどを勘案しても、法人税の税率を二〇パーセントに引き下げても、税率が三五パーセントのときと同じ水準の税収が確保されることを証明したのだ。

ラッファーの論文は、最近のカナダと日本での事例を引用した。カナダは、法人税の最高税率を三六パーセント（二〇〇三年）から二五パーセント（二〇一二年）に引き下げた。その結果、ＧＤＰに占める法人税収の割合は三・一五パーセントから三・二九パーセントとなった。しかし、カナダでは法人税の政策が覆されて、二〇一五年に法人税の最高税率を引き上げることになったが、税収は減ってしまった。何ということだ！

これに対して、日本は、法人税の最高税率を二〇〇三年の四〇・九パーセント（二〇〇三年当時、

ＯＥＣＤ諸国では最高）から、二〇一五年には三二・一パーセントに引き下げた。これにより、日本のＧＤＰに占める法人税収の割合は三・三パーセントから四・二六パーセントとなった。

ラッファーの研究での結論は、重要なので繰り返しておきたい。

法人税収と法人税の最高税率に注目すると、断定はできないが、法人税減税が税収を減少させるとは限らない、との結論になる。実際に相関関係があるとすれば、法人税率を下げれば税収は増え、税率を上げれば税収が減ることになるようだ。

国際的に見ても、また、歴史的に見ても、具体的な事実は私たちの考えが正しいことを示している。法人税減税をしても――批判する人たちが主張するよりも――税収がかなり減るどころか、むしろ、増えることになるのだ。

こうした考え方に転向した人のひとりが、スティーブン・ムニューシン財務長官だった。選挙戦のほとんど最初のころから一緒に仕事をしてきたので、私たちとは非常によい関係が築かれていた。ムニューシンは、金融やビジネスの世界で生きてきたので政策問題での経験はやや浅かったが、理解をするのは早かった。

ムニューシンも、私たちが初日から遭遇したのと同じような批判の嵐に見舞われることになった。「〝埋め合わせ〟されるという財務長官の主張を裏付ける根拠はない」と、ジョー・バイデン副大統領の首席エコノミストを務めていたジャレッド・バーンスタインが批判をぶつけてきた。

「確かに、経済成長が非常に速いものであれば、税収の増加をもたらす可能性はある。しかし、減税によって、高い成長率の持続がもたらされるかどうかは、これまでに因果関係が証明されていない」(4)

ムニューシンは、こうした批判を鮮やかに打ち返した。これまでは産業界は高い法人税率が足枷《あしかせ》になっていると感じてきたが、意欲的な減税が企業を解放することになるのだ、と反論したのだ。つまり、企業は国外でなくアメリカで工場を建設して雇用を創出するようになり、これまで海外に流出させていた資金を還流させることになる、と主張したのだ。

「静学的な推計をもとにすれば、短期的には問題が生じるということなのだろう」との認識を議会では示したが、「動学的な推計をもとにすれば、この（法人税減税では）収支の帳尻が合うことになる」とした。

これほど効果的な反論は、私たちでも、できなかっただろうと感じた。

こうして、六兆ドルの税収減という数字は公式に除外されることになった。

私たちの考え方は正しかっただろうか？　やがて、時がそれを証明することになるだろう。

〝愚かな政党〟が賢くなる

しかし、中小企業減税のほか、税率の引き下げや、児童手当の費用を埋め合わせるだけの確実な税収は、依然として必要とされていた。できるだけ課税ベースを広げて、減収分を埋め合わせるための財源を確保したいと考えていた。共和党は、長年、愛称としての意味合いを込めて〝愚かな政党《スチュピッド・パーティ》〟と呼ばれてきた。絶対に成立が必要であるはずの減税法案を、十一月中旬にまで先送りしようなどというのは、まさに、そのあだ名どおりの対応だった。しかし、そのように鈍感な人たちであったとしても、ときには賢い対応を見せることがある。

最初に、ミッチ・マコネル（共和党上院院内総務）が目の前にチャンスがあることに気づいた。これまでは、税制改革法案は超党派で成立してきたので——冷静に考えれば、この法案も広く党派を超えた支持の下で成立して当然だった。しかし、民主党は税制改革法案に対して、党を挙げて断固反対を宣言していた。この〝抵抗〟運動をやめようなどという気配は、まったくなかった。

ミッチ・マコネルは議会対策での老獪《ろうかい》さにかけては、記憶にあるかぎりでは有数の政治家だったが、チャック・シューマー（民主党上院院内総務）をパイプにすることでは、まったく票固めができないことを理解した。そうだとすれば、わざわざ面倒なことに取り組むのは無駄なことだと考えた。

その代わりに、共和党は、税収減を埋め合わせるための対策を講じることで経済政策を軌道に乗せ、同時に、政府の放漫な財政援助に依存する左翼団体に打撃を与えることにした。

最初の減収対策としては、州税と地方税の控除に上限を設けた。今後は、納税者は州税と地方税の全額を、連邦税から控除することができなくなった。これにより、税制法案では過去最大規模となる一兆ドルの財源が埋め合わされることになった。

左翼陣営は、州や地方がトランプ減税の犠牲になるとして反撃した。しかし現実には、州や地方都市は、ある意味で連邦税の減税による最大の受益者となった。つまり、連邦政府が州の納税者から二・五兆ドル分を持ち去らなければ、その二・五兆ドル分は連邦政府の懐に入るのでなく、州や地方の経済のために活用されることになるからだ。多くの州知事や市長に、私たちは、このことを説明しておいた。アンクル・サム（アメリカ合衆国政府を擬人化した俗称）が余計な税金を徴収せずに、元の場所にお金を留めておくことは――地方から経済成長を底上げする環境をつくることになり――州や地方都市にとっては最善の政策となるのだ。

　州や地方の行政府にとって、税収を左右する最も重大な要素となるのは、国家経済の強さだ。トランプ減税が寄与することは明らかだ。だからこそ、一〇〇人以上の州議会議員が連邦議会宛てに署名レターを送り、減税法案の成立だけでなく、州税と地方税の控除にも上限を設ける措置を求めていたのだった。

　これにより、〝青い州〟（民主党支持が優位の州）――税金が高くなる傾向にある――では、税金の安い〝赤い州〟（共和党支持が優位の州）よりも大きな打撃を受けることが予想された。票読みの問題としてみれば、最も税金が高い州――カリフォルニア州、ニューヨーク州、ニュージャージー州、コネチカット州、イリノイ州、ミネソタ州――には、共和党の連邦上院議員は一議席もなかった。

　どちらの色の州のほうが、税収を多く失うのかという問題には関係なく、私たちはこの政策変更には大いに賛成だった（クドローは、コネチカット州に住んで納税していた。ラッファーは、カリフォルニア州からの税金難民だった。ムーアは、かなり以前に故郷のイリノイ州を去っていた。この三つの州は、どこも税金がかなり高い）。しかし、連邦政府は、重税をかける州や地方政府のための救済者になるべきではないし、破綻した公務員年金制度の穴埋めをする必要もない。テネシー州やユタ州やニューハンプシャー州の住民が高い連邦税を払って、ニュージャージー州やコネチカット州の高くつく公的部門を補塡《ほてん》すべき理由は、何もないのだ。

こうした州では、税金が高いからといって、学校や警察の質がよくなる保証もまったくないことは明らかだった。

ニューヨーク州では、州と地方政府の税金は一人当たり七五〇〇ドルが費やされているが、ニューハンプシャー州では四〇〇〇ドル以下となっている。しかしながら、公的サービスを比べれば、ニューヨーク州よりもニューハンプシャー州のほうがよい成果をあげていた。

リベラル派たちは、こうした政策変更がもたらす影響を、瞬時に理解した。典型的な〝青い州〟では、行政コストや税金の負担を軽減しなければ、高所得者の州外脱出を加速させることになるのだ。私たちの試算では、ニューヨーク州、カリフォルニア州、ニュージャージー州、ミネソタ州では、州と地方での所得税を――一〇パーセント以上は――減税しないかぎり、今後の四年間で三〇〇万人の住民を――そのほとんどは高額納税者だが――他州への移住で失うとの結果が出ていた。そうなれば、州予算では税収が大きく欠損する可能性があった。ニューヨーク州とカリフォルニア州では、二〇〇七年から二〇一六年にかけて、すでに二五〇万人の住民を失っていた。

この上限の設定によって、皮肉にも、トランプ減税はさらに〝革新的〟なものとなった。州税と地方税における一万ドルの上限控除の設定は、九〇パーセントの納税者には無関係だったからだ。この条項により影響を受ける人たちは、所得税率が高い州における富裕層の納税者たちだった。

ニューヨーク州知事のアンドリュー・クオモのような左翼的な政治家は、普段は非難を浴びせているはずの一パーセントの最富裕層の利益に寄り添い、一・五兆ドルの税の抜け道を擁護していた。偽善者そのものだった。

次の対策となったのは、共和党議員による勇気ある決断だった。（すでに前述のとおりだが）年収五万ドル以下の数多くのアメリカ国民に課されていた個人加入義務を廃止して、減税による税収減を埋め合わせるというものだ。この税金は、民主党が擁護すべきだとしていた貧困層を主な対象としていた。この税金の目的は、国民に健康保険への加入を促すことにあった。オバマケアでは、健康保険の加入者には補助金を出すが、非加入者には罰金を科していた。しかし、それでも少なくとも一三〇〇万人の国民が未加入者のままとなっていた。驚くべき顚末《てんまつ》だったが、これは欠陥商品であることの何よりの証明でもあった。

最後に、あまり注目されなかったが、大学寄付金への課税というアイデアがあった。そこには、巨額の資金が積み上げられていた。ハーバード大学とイェール大学には、およそ二〇〇億ドルの資金がプールされていた。この金額は、現在の在学生だけでなく、将来にわたって学費を無償にし続けたとしても、それでも資金が枯渇することはないという規模だった。しかし、大学基金は、高額の学費や寮費の負担について学生を支援することもなく、あたかも巨大な非課税のヘッジファンドと化していた。

共和党によるプランは、五〇〇人以上の学生と、学生一人当たりで五〇万ドル以上の投資をしている学校を対象に、寄付金の投資収益に対して一・四パーセントほどの課税をするというものだった。私たちの試算をもとにして見ると、税率が低すぎることが不満ではあった。しかし、いずれにせよ産学連携の業界に対する最初の矢が放たれることになった。

これで教育は損なわれるのだろうか？　高等教育の専門家であるオハイオ大学のリチャード・ヴェダー教授は、多くの寄付金が集まっても、学費が下がるわけではないことを指摘していた。学費は上がっていた(5)。

また、税制改革法案に追加された条項のなかでも、私たちが非常によいものだと考えたことは、アラスカ州の北極圏野生動物保護地区での石油掘削の許可だった。この問題は、良識ある人々が一九八〇年代半ばから求めてきたことだった。トランプと私たちとの間で意見が一致していたことは、これによって雇用が創出され、アラスカ経済が活性化し、年間一〇〇〇万バレルの石油増産によって、アメリカがさらに繁栄するということだった。さらには、連邦政府の収入も増加することになる。エネルギー会社が掘削事業を行えば、従業員からの連邦所得税が納税されるほか、企業からは法人税やロイヤルティ（利権料）が払われることになるからだ。

経済的には、誰にとっても大きく利益になることだった。環境保護の過激派による反論は、誇張があり説得的でもなかった。掘削地域があるといっても、サッカー場のなかに中サイズのピザが一枚ある程度のものだ。一九七〇年代中ごろのアラスカ・パイプライン建設での経験から、環境に対する悪影響が誇張されすぎていることを、私たちはよく知っていた。経済発展と環境保護は、平和的に共存することができるし、また、しなくてはならない。

さらによかったことは、リーサ・マーカウスキー上院議員が、アラスカの掘削案件を減税法案への賛成票と引き換えに要求したことだった。マーカウスキー議員は三カ月前に、オバマケアの廃止法案に反対票を投じていた。個人加入義務の廃止を含めて、減税法案に賛成票が投じられるかどうかの問題は、共和党にとっては非常に重大な懸念となっていた。共和党上院議員五二名のうち、法案成立のためには五〇票の賛成票が必要だったからだ。

こうした変更案に対して、特定利益を図るためのロビー団体は、税制改革法案に反対するための包囲網をつくり出していた。このなかにいたのは、健康保険業界、環境保護団体、オバマケア推進論者、公務員労働組合、州や市の公務員、社会福祉のロビー団体、公債トレーダー、社会学の教授、企業のロビイストのほか、あらゆる左派の政治家たちがいた。抗議を繰り広げていた人たちというのは、つまりは、廃止されることになる税法の抜け道によって利益を得てきた人たちだったということだ。

トランプよ、ブラボー！　これは、非常によい政策なのだ。〝沼地を一掃する《ドレイン・ザ・スワンプ》〟ための、とてもよい方法だったのだ。

減税法案が延期されることの問題

十一月九日に、減税法案の戦いでの決定的な瞬間が訪れた。上院財政委員会のオリン・ハッチ委員長が、上院での減税法案の最終案を発表したのだ。この法案は、とてもよい内容だった。実のところ、下院の法案よりも優れていたのは――予期せぬ成果だった。上院では、たいていの場合、下院の法案の内容を薄めることになるものだ。しかし、今回はハッチ委員長と、減税法案では副官の役割を果たしたペンシルベニア州選出のパット・トゥーミー上院議員が、経済成長を加速させるための強壮剤を加えていた。

このハッチ減税法案では、所得税率の引き下げだけでなく、下院の法案にあるほとんどの特長を活かしていたので――ある意味では、下院の法案よりも優れたものとなっていた。

しかし、ラッファーが胸やけを起こすような条項が、ひとつ入っていた。それは、法人税減税を一年延期して、二〇一八年ではなく、二〇一九年からにするという条項だった。予算を切り詰めるためとの理由だった。上院は、十年間にわたる減税に関しては、一・五兆ドルの上限を設定する厳格な予算決議に直面していた。ハッチ委員長としては、二〇一九年に延期しなければ、二〇パーセントに減税することが不可能となっていた。

この政策を支持する人たちの主張では、資本支出の費用計上の条項（一年で一〇〇パーセントの減価償却ができる制度が、二〇一八年一月一日に施行され、五年間は有効とされる）によって、法人税減税の一年延期分を穴埋めできるとしていた。以下は、この問題についてのポール・ライアン下院議長の発言だ。

「法人税減税が段階的な導入となっても、経済成長に対する効果は十分に確保されます……。経済成長は加速することになるし、導入が始まれば、企業による工場、設備、機器、雇用への投資が促進されることになるからです」

ラッファーは、約三〇名の共和党上院議員が出席した会合で、この論理が完全に間違いであることを指摘した。減税を遅延させれば、経済に悪影響があるだけでなく、二〇一八年の中間選挙で共和党に打撃となるとしたのだ。

「減税法案が提出されて、成立するのであれば」と説明していった。

「現行法での法人税最高税率と現行の減価償却制度とは、もはや関係がない問題となる。その代わりに、次の質問に対する答えを迫られることになるが、どちらを選択するかだ。

（Ａ）一〇〇パーセント償却と法人税率三五パーセント。

（Ｂ）一〇〇パーセント償却と法人税率二〇パーセント。

もし、Ｂを選択するならば――それが正しい選択だろうが――二年後の二〇一九年まで行動が延期されることになる。もし、議会が法案を成立させると同時に、法人減税は延期にするということになれば、企業は、このＡとＢの選択に直面することになる」

そして、ラッファーは上院議員に尋ねた。

「あなたなら、どちらを選択しますか？」

さらにラッファーは、上院議員に対して経済の歴史に関する貴重な講義も行った。

一九八一年にレーガン大統領の減税法案が成立したとき、大統領は私にお祝いの電話をかけてきた。会話が始まると、私が思ったほど喜んでいないことに、大統領は気づいた。大統領は――私もだが――この法案を成立させたことで、非常に興奮していた。ただ、私は、減税が段階的に実行されることを懸念していた。私は、大統領に尋ねてみた。

「もし、お店が一週間後に大幅値下げセールをすると分かっていたら、あなたなら、その前にどのくらい買いますか？」

大統領は、直ちに問題点を理解した。

歴史が教えるところでは、減税延期が発表されれば、将来の税率引き下げが完全に実施されるまで経済活動が手控えられることになる。ラッファーは、一九八一年の所得減税の延期を経験している。完全な実施は、一九八三年まで先送りされた。この件についてのラッファーの見解は、減税を速やかに実行していれば、一九八二年の不況は深刻にならなかったというものだ。実施先送りという失敗により、レーガン政権の景気拡大は、約一八カ月遅れることになったと指摘した。あのときの失敗を繰り返してはならない、と訴えたのだ。

最終的には、ラッファーは賛同を得ることができた。特に、二〇一八年十一月に改選となる議員を含めて、出席したすべての上院議員が減税の先送りを支持することをやめた。これで、一件落着となった。

上院の共和党では、法人税率を二一パーセントとすることで――下院が提出した二〇パーセントよりも一パーセント高かったが――合意が成立した。二〇一八年一月一日に速やかに施行されることが決まった。

中小企業を忘れるな

こうした議論のなかでも、私たちが決して忘れなかったことがある。多くの中小企業にも減税が必要だと、トランプが考えていたことだ。上院と下院での法案審議が進行するなかで明らかになったことは、大企業に関しては相当な規模の減税が行われることになったが、中小企業に関しては小規模なものに留まっていたことだ。

これは、公平ではない。そのように考えた上院議員としては、ウィスコンシン州選出のロン・ジョンソン議員がいた。上院での最後の採決が行われようとしていた十二月上旬に、ジョンソン議員はメディアに向かって、法案には「反対票を投じる」と発言した。衝撃的なニュースが、議会を駆け巡ることになった。

「中小企業への支援策がない税制改革法案を通そうというなら、私の賛成票を期待しないでほしい」と表明したのだ。

マコネル上院議員本人とスタッフから、ジョンソン議員を味方に引き戻す方法についての相談を受けることになった。二〇一〇年のことだったが、ジョンソン議員が初めてウィスコンシン州から上院議員選挙に出馬したときに、私たちが手伝った経験があったからだ。確実なことが、ひとつだけあった。ロン・ジョンソン議員の賛成票がなければ、法案は成立しないということだ。

他にもスティーブ・デインズ議員とボブ・コーカー議員の二名の議員が、土壇場で反対に回っていた。この議員たちを訪ねた翌日に、ジョンソン議員を訪ねることになった。オフィスに行ってみると、上院議員としては数少ない中小企業オーナーであるジョンソン議員は、まるでウィスコンシン州のアナグマのように怒っていた。上院で可決されようとしている税制改革法案は、虚偽広告だとの不満を爆発させていた。「何百万社もの中小企業のための減税がないではないか」という抗議だった。

ジョンソン議員は、これまでのさまざまな調査結果を説明してくれたが、まさにそのとおりと言うほかなかった。この税制改革法案は、中小企業にとってはパン屑《くず》ほどの利益しかもたらさない。これでは、まるでおとり商法ではないか、ということだった。

私たちは、ジョンソン議員に法案の改善を約束した。ジョンソン議員は二つのことを望んでいた。現行の税法では約四〇パーセントとなっている所得税の最高税率を、三七パーセントに下げることだ。この課税階層の対象者の三分の二は中小企業経営者なので、もっともな主張だった。さらに、中小企業の連邦税について、所得の二〇パーセントの控除も求めていた。この考え方には、私たちも賛成だった。そうすれば、現行法での最高税率を約四〇パーセントから引き下げることができ、事業を成功させている大部分の中小企業経営者にとっての実効税率が約三〇パーセントになるからだ。

ホワイトハウスからも、完全な支持が得られた。私たちがトランプ大統領に思い出してもらったことは、中小企業向けの税率引き下げが必要だということを、当初からつねづね語っていたのはトランプ本人だったということだ。そして、このジョンソン議員による法案修正によって、その約束が果たされることになるということを説明した。大企業と中小企業は、おおよそ公平となった。企業の配当やキャピタルゲインに二重課税されていることを前提にすれば、すべての企業収益に対しては、おおよそ三〇パーセントの税率に留めておく必要があった。

もう一度、ジョンソン議員に説明に行った。議員は上機嫌だった。トランプ減税が、少なくともこの十五年間における最大級の中小企業減税になったからだ。

リベラル派は税率が三七パーセントとされることに対して、感情的な金切り声を上げて反対した。これは億万長者のための減税なのだ！　と絶叫した。しかし、アメリカの中小企業は、オーナーの個人所得税の申告で納税していて、法人税の仕組みでは納税していないことを忘れているようだった。中小企業にとっては、最高税率の三九・六パーセントは世界最高レベルだった。だからこそ、中小企業にとっては負担だったという根本的な事実を理解していないようだった。こうした中小企業の成長と発展なくして、新たな雇用創出が、どこから生まれるというのだろうか？　元下院院内総務のディック・アーミーの言葉を、私たちは好んで引用する。

「リベラル派は雇用を愛しているが、経営者のことは憎悪している。しかし、雇用と経営者というのは別々のものであるはずはない」

ただ、会計、金融、通信などの専門的なサービスを提供している中小企業が、税率の引き下げ対象から除外されたのは、残念なことだった。米国内陸地方の賃金労働者よりも、ヘッジファンドのほうが低い税率が適用されているとの見解があるが、私たちも同意する。だからこそ、税率の引き下げの対象を、雇用主でもある中小企業に広げたいと考えていた。いかなる業種の会社であっても、雇用を通じて、従業員、求職者、経済全般に貢献しているからだ。

中小企業を経営するオーナーの人たちとは、よく話をすることがある。そうした人たちが言っていたことは、トランプ減税が議会で成立したら、減税のおかげで得られた資金は、事業の成長のために投資したいとのことだった。そうすることで、中堅から、やがては大企業になりたいと願っているのだ。

減税法案が成立した直後には、まさにそうした動きが起きていたのだった。

トランプ大統領のおかげで、次世代のホームデポ社、コストコ社、フェデックス社が、いずれ誕生することになるだろう。

隠されたキャピタルゲイン増税を阻止する

私たちは別の山火事の火消しも手伝うことになったが、それは減税法案を全焼させてしまう恐れがあるものだった。それがどのように発生したのかは――議事堂のなかにあるソーセージ工場の仕事について語るようなもので（ドイツの政治家ビスマルクに「法律の立法はソーセージづくりに似ている」との言葉がある。）――誰にも分からなかった。おそらく委員会のスタッフの誰かが、上院の法案のなかに、長期保有資産に対するキャピタルゲイン税の増税を、こっそりと忍び込ませていたのだ。法案に目を通したところ、そのことが発見されたので、警鐘を鳴らすことにした。しかし、ほとんどの議員が法案に埋め込まれた、この罠に気づかなかったことには驚かされた。

この条項は、キャピタルゲイン税の内容を引っ繰り返すものだった。株主に対して、新規に買った株よりも先に、長く保有している株から売ることとしていたからだ。一般的には、長期保有の株ほど課税対象となるキャピタルゲインは大きくなる。これは先入先出法（ＦＩＦＯ）といわれる会計方式だった。

事例で考えてみよう。アップル社の株を、一九九八年に株価一〇〇ドルで一〇〇株買ったとしよう。そして、二〇〇八年に株価三〇〇ドルで一〇〇株を買い増したとする。そして、株価五〇〇ドルで一〇〇株を売却したとすると、最初に取得していた株を「売却した」ことになり、取得価格と売却価格の差額となる四〇〇ドルのキャピタルゲインが課税対象となる。だが、現行法であれば、三〇〇ドルで取得した株を売って、キャピタルゲインとしては二〇〇ドルだけを実現したことにできる。先入先出方式への会計方法の変更は、ある状況においては合理的かもしれない……それは、株の値上がり益がインフレ調整されている場合だけだ。長期保有の株式売却の場合、課税対象の「利益」の半分ほどは価格の上昇によるものだ。だが、それは実質価値の上昇ではなく、インフレによるものなのだ。

この巧妙な罠は、株式や資産の売却の多くの場合に、実際のキャピタルゲイン課税が倍増以上になることを意味していた。

つまり、この上院がつくり出したルールは、数多くの国民を対象に、実体のない利益に対して法外な課税を行うことを定めていたのだ。これは、明らかに不公平なことだった。私たちは議会指導部に対して、この法案は、その趣旨とは反対に長期投資の意欲を失わせる効果があることを説明した。

上院の法案では投資信託、上場投資信託（ＥＴＦ）、機関投資家のファンドへの例外規定があった。そこでは、現行法の適用による課税が継続されるように定められていた。

つまりは、こういうことだ。庶民のジョーさんやジルさんが、自分で株の売買をするときには、高いキャピタルゲイン税を払わされることになる。しかし、大手の投資ファンドには寛大なルールが保障されていて、低い税率が適用されている。フィデリティ社やバンガード社には朗報だろう。では、庶民であるジョーさんやジルさんは、どうなるのか？　先出先入法を強制されることで、小口投資家は大手のファンドマネージャーから――手数料を払った上で――株を購入するように仕向けられる。もちろん、そのようなことになれば、トランプ大統領が支持基盤とする庶民のために、公正な社会を実現するというポピュリズムの公約が裏切られることを意味する。だからこそ、この条項には警鐘を鳴らす必要があったのだ。

公正さの問題とは別に、キャピタルゲインに対して高率の課税をすることは、株式の購入や投資のほか、小さな起業を抑制することにもつながる。つまり、この条項はキャピタルゲイン税によるロックイン効果を強化するのだ。利益への課税が強化されれば、株を売ってまで、高い税金を払う動機がなくなるからだ。

こうした制度は、ボーイング社やマイクロソフト社のような歴史ある大企業にとっては有利に働く。ただ、次世代のアップル社、グーグル社、ウーバー社になりうる、小規模だが急成長する会社に向かうべき資金を枯渇させることになるのだ。

しかし、下院歳入委員会のケビン・ブレイディ委員長は、何とか勝利を収めることができた！　私たちはブレイディ委員長に連絡を取り、ポール・ライアン下院議長とも行動を共にして、こうした本来の意図に反したキャピタルゲイン増税の罠が仕掛けられている法案が、下院で承認されることはないと、上院に注意を促したのだ。この巧妙に仕掛けられた罠を見破ることができたのは、幸運かつ賢明なことだった。こうして、この問題のある条項は法案から削除されることになった。

素晴らしい五〇議席

上院の共和党は五二議席だけだ。トランプ大統領が勝利するためには、五〇票プラス一票が必要となっていた。この数週間というもの、一票または二票が足りなくなるかもしれないために、ほとんど眠れぬ夜を過ごしていた。〝オバマケアの廃止と代替〟に挫折したときも同じだった。最後の採決で、脳腫瘍の治療中だったジョン・マケイン議員は、オバマケア廃止法案に反対票を投じることを選んだ。オバマケアには数多くの欠陥があったが、延命されることになってしまった。

大統領が自ら提唱したこと――減税法案――を廃案にするのは、良心にかけてできなかった。あまりにも大きな賭けとなっていた。この法案成立には、ありふれた政治問題を超える重大さが生まれていた。

上院で五〇票プラス一票を獲得することに失敗すれば、政治的に深刻な打撃が生まれるからだ。ほとんどの共和党議員は、〝オバマケアの廃止と代替〟に失敗したことで、夏季休会中には、保守派の有権者からさらし者同然の扱いになっていた。そうしたわけで、共和党が提出した法案――大型の減税法案――での失敗は、もはや許されない状況になっていた。この歴史的な大規模減税法案を議会が廃案にしてしまうならば、二〇一八年十一月の中間選挙では、上院でも下院でも大敗は必至だった。

私たち三人が――何度も繰り返して――主張してきたことは、公約してきた減税法案の議会での成立に失敗したら、トランプが当選して以来の経済の強い勢いや、企業や消費者マインドの高まりが反転してしまうということだった。この時期に、共和党が中心に取り組んでいたことは、有権者が雇用と経済成長によい見通しを感じられるようにすることだった。楽観的な見通しは広がっていた。

減税法案が成立すれば、株式市場が大きく上昇して、有権者に幸福をもたらすことができる。しかし、減税法案が行き詰まれば、弱気相場に反転して売りが加速し、損失が生まれてしまう。そうしたことを、私たちはことあるごとに議員たちに思い起こしてもらおうとした。市場に混乱が起きる――そして景気後退となる――気配が生まれると、揺れていた共和党議員たちは減税法案への決意を固めることになった。

最後に、減税法案はクリスマス前に成立させるべきだと、私たちは主張した。二〇一八年になっても成立しないとのことになれば、廃案になる可能性も出てくるからだ。共和党はアラバマ州の上院補欠選挙（二〇一七年十二月中旬に投開票）で敗れて、ロイ・ムーア元判事が落選していた。二〇一八年には、上院での共和党は過半数を一票上回るだけとなってしまうのだ。

トランプ減税を成立させようとしていた窓が、まもなく、バタンと閉ざされようとしていた。私たちは映画『インディ・ジョーンズ』でのハリソン・フォード役のように、転がり落ちる巨大な岩石を避けながら前に進んでいるような心境だった。急がなくては！

こうして十二月には、あと残り三週間というなかで、減税法案の通過に集中する取り組みが行われることになった。とてつもない挑戦ではあったが、決して不可能なことではなかった。

最後の段階では、マコネルの政策責任者のブレンダン・ダンと緊密に協力することになった。ダンは、トランプ大統領の歴史的な減税法案の成立に向けて、よもや前日に共和党議員の賛成票がぐらついたりしないようにするための票読みの責任者だった。

十二月の初めが、最も暗い日々だった。マコネル院内総務が、トランプ減税法案の状況を教えてくれていた。

「こちらの陣営で、重大な問題が起きている」と伝えてきた。

「現在、票数が足りない」

マコネル院内総務が、上院での団結をぐらつかせている議員の名前を教えてくれた。私たちがなすべき仕事は明らかだった。そのリストにあった名前は、ジョン・マケイン議員、ボブ・コーカー議員、ロン・ジョンソン議員、スティーブ・デインズ議員、ジェフ・フレイク議員、スーザン・コリンズ議員だった。

各議員とも、それぞれ法案に賛成できない理由があった。減税の規模が大きすぎるとの意見もあれば、小さすぎるとの意見もあった。クドロー、ムーア、ラッファーの三人は、クリスマスを前にして、それぞれの上院議員に面会していった。議員によっては何度も会うことになった。

十二月十八日に、クドローは飛行機でワシントンDCに向かった。そして、丸一日をかけて、ムーアと一緒に議員のオフィスを、順番に訪問していった。土壇場での懸命な説得工作であったし、ときには懐柔も必要となった。だが、もし必要ならば腕をへし折ってでも、という覚悟では臨んでいた。

クドローは、前日に歯科手術を受けていて安静にする必要があったが、この難局のために立ち上がっていた。その日の朝に、ハート上院議員会館の前でムーアが落ち合ったときには、まるでジョー・フレージャー（著名プロ・ボクサー）から左フックを食《く》らったかのような状態だった。まるでスイカのように、あごがピンク色に腫れあがり、うめきながら話しているという状態だった。これで一日持ちこたえられるだろうかと私たちは心配だった……米国連邦上院議員との一対一での面会の予定が、びっしりと組まれていたからだ。しかし、素晴らしい自己犠牲の精神の発揮だった！　この瞬間にも、今後十年間のアメリカ経済の方向が決まることがひしひしと感じられていた。あまりにも大きな命運がかかっていたことは間違いなかった。

クドローとムーアは、いまだに態度を決めかねている上院議員たちに面会していった（数日前には、ラッファーも同じように議員を回っていた。否決票を引っ繰り返すために、経済学の見地からの説得を続けていた）。クドローとムーアは、まさに九回裏に登板したリリーフ投手そのものだった。ただ、強引な売り込みをしたわけではなかった。態度が揺れている上院議員に対して、トランプ減税の特長を丁寧に説明して歩いたのだ。

どの上院議員も、トランプ減税法案に賛成票を投じたいと――少なくとも私たちには、そう感じられた――考えていた。トランプ減税法案を廃案にするための否決票を投じることで、歴史に名前を刻みたい議員など一人もいなかった。

そうはいっても、全員を賛成票に変えるのは困難な仕事だった。

メディアも、それに同調する人たちも、数限りない左翼の特定利益団体も、減税法案を一斉に攻撃していたからだ。採決前の時点では、法案に対する有権者の支持は四人に一人もなかった。一流メディアが垂れ流していたフェイクニュースのせいで、数多くの国民が、この法案では増税になると思い込んでいたからだった。

幸いにも、私たちは、この税制改革プランの特長に十分に精通していた。客観的な事実そのものは、私たちに有利だった。有権者の約九〇パーセントに当たる中間所得階層の人たちにとって、連邦所得税が増税ではなく減税になるという事実を、私たちは理解していた。

議員たちに説明したときの口説き文句は、こうだった。

減税の効果によって──賃金が上がり、手取り額が増えれば──メディアも、チャック・シューマー議員も、ナンシー・ペロシ議員も嘘《うそ》つきだったということを、誰もが理解する結果になります。給与明細を確認したら、簡単に分かるようになりますからと。

以上が、私たちの算段だった。

最も懸念された上院議員は、ボブ・コーカー議員と、スーザン・コリンズ議員だった。この二人の賛成票が固められれば、トランプ減税法案を成立させられることが分かっていた。

どちらの議員とも、信念を持って法案に反対していた。そのこと自体は尊敬に値することだった。両議員とも、赤字になる影響を心配していた。コリンズ議員は地元のメイン州でのメディケイド支払いへの影響を懸念していた。コーカー議員は、今後十年間での減税のコストを──予想される税収の約四五兆ドルのうち──一・五兆ドル以下とすべきだと主張していた。そして、約束が守られるとの保証を要求していた。ダイナミックな経済成長が生まれるという私たちの見通しに対しても懐疑的だった。

そこで、法案が成立すれば経済成長が加速するので、財政赤字の恐れは大幅に緩和されると説明した。何度も繰り返して伝えたのは、経済成長率が一パーセント高くなれば、税収は三兆ドル増えるということだった。議会予算局も、この相関関係を裏付けていた。取り組むべきことは、債務の対GDP比率の〝分母を大きくする〟（そして、分子を小さくする）ことだった。そのようにならなければ、財政の見通しが悪化することはあっても、よくなることはないからだ。解決策は、それしかないのだ。

共和党議員のなかには、左派の言説である〝成長の限界〟──実質経済成長率は二パーセント以上

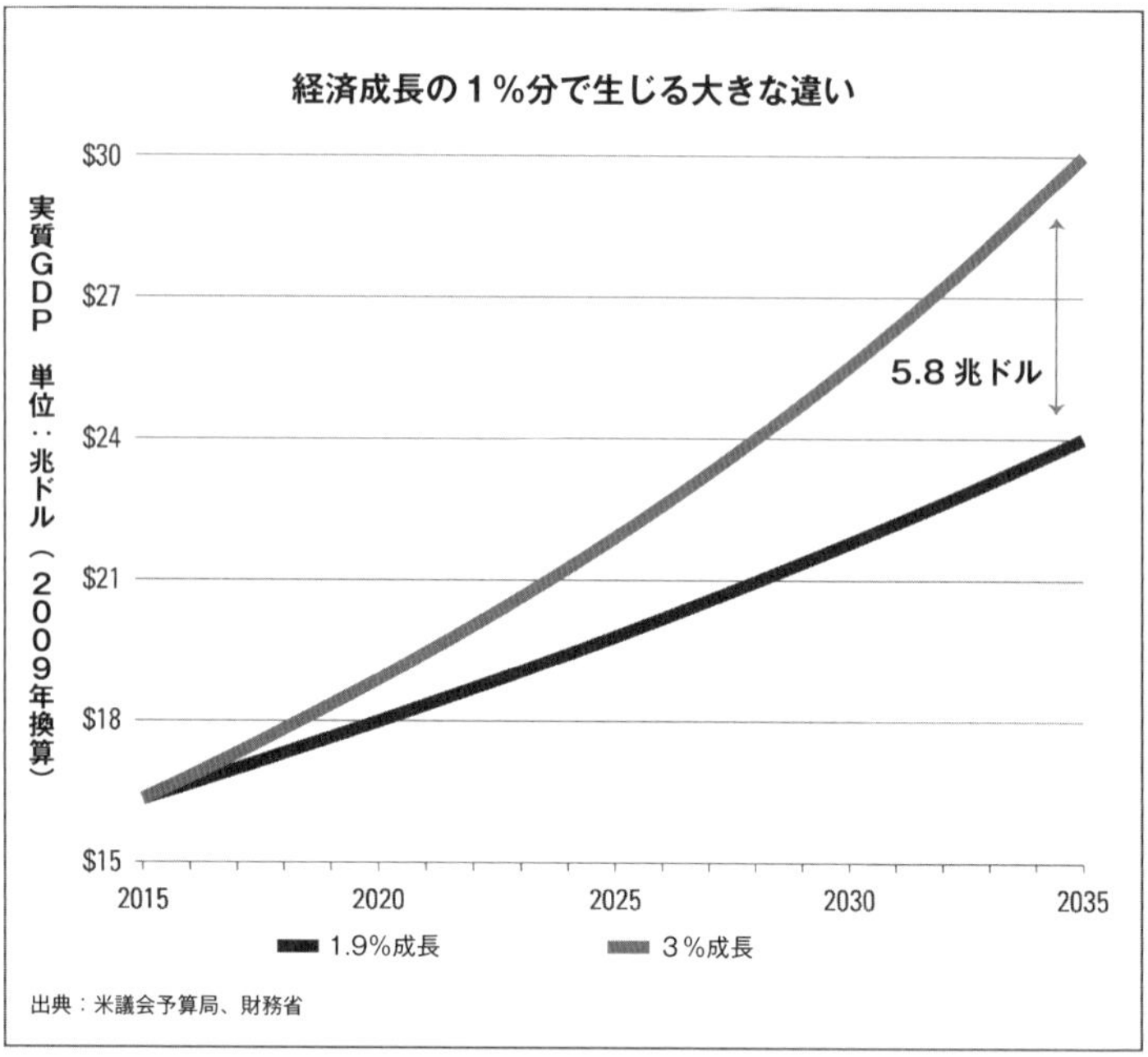

にはならない——という話を信じ込んでいる人たちもいた。上院議員殿、ここはアメリカですから。そんな悲観論は無用ですよ。

こうした鍵を握っていた上院議員に対しては、単純に政治的な問題としても考えてもらい、雇用と景気をよくするという公約のおかげで、トランプと共和党が選挙に勝利したことを思い出してもらった。有権者の大半は、減税すれば景気がよくなるという考え方をしていたトランプに賛成したのだ。だから、この経済成長をもたらす減税法案の成立に失敗すれば、ほとんどの共和党議員にとっては、議席が危うくなることを意味していた。

「議会予算局が認めてくれない」などという下手な言い訳を、保守派の有権者は認めてくれたりはしないだろう。

面会の最後には、コーカー議員も、コリンズ議員も、深く椅子に座り直して一息ついてから、つぶやくように語ってくれた。

「分かりました。大統領の減税法案には、賛成票を投じます」

私たちにとっては、本当に魔法のように思われた瞬間だった。

十二月十八日には、態度を決めかねていた、この二人の上院議員が、翌日のトランプ減税法案の採決で賛成することを公式に発表した。これまでの職業人生を振り返っても、これ以上に幸福を感じた日はなかった。レーガン政権以来では最大規模となる、経済成長を目指す減税法案を成立させることができたのだ。これで、きっと国の運命が変わることになる。

トランプ大統領は、歴史を変えたのだ。

後記

この減税法案が成立してから数カ月後、ムーアは、フロリダ州パームビーチにある冬の別荘マール・ア・ラーゴで、トランプ大統領と会っていた。

そのとき、トランプはディナーの最中だった。ムーアは、その夜の招待客のひとりとして招かれていた。ムーアは、トランプとファースト・レディのメラニア夫人のテーブルに、ゆっくりと近づいていった。シークレット・サービスの脇を通り抜けた。そして、トランプが会話をしていないタイミングを見計らって、軽く肩を叩《たた》いた。気づいて振り返ったトランプは、そのまま椅子から立ち上がった。

そして、喜びでいっぱいの調子で、しゃべり始めた。

「スティーブ、今までで、最大の減税になったんだよな？ どんな効果があったか、信じられるか？ たくさんの雇用だぞ！ たくさんのボーナスだぞ！」

大統領が話していたのは、この新たな減税法案のおかげで、雇用が五〇〇万人増えて――そのほとんどは、低所得層や中所得層だった――すでにボーナスや給料まで上がっていたことだった。数週間前には、失業率も三十年ぶりの低水準になっていた。

ムーアは返事をした。

「大統領閣下、二年前にマンハッタンのあなたのオフィスのボードに、法案の構想を描きましたよね。でも、あのときの内容よりも、ずっとうまくいっていますよ」

トランプは満面の笑顔を見せながら、大きく頷《うなず》いた。

「本当に、そうだよな」

第７章　規制緩和の最高指導者

「規制のために私は生まれてきた……だから、規制を実行するときには幸福を実感する」
――オバマ政権の労働安全衛生局（ＯＳＨＡ）規制官　マーサ・ケント(1)

二〇一六年五月、トランプは経済ビジネス政策会議の初回となる会合を開催した。高収益企業を率いる高名なＣＥＯたちが集まり、非常に印象的な会合となった。例えば、銀行、製造、テクノロジー、小売、建設、エネルギーなどの各業界の企業経営者だった。トランプ・タワーで開催され、場所はドナルド・トランプの執務室から数階下のフロアにある大会議室だった。ラッファーとムーアは、この会議にエコノミストとして招待され、参加していた。

この会議の主催者のひとりは、コンチネンタル・リソーシズ社の創業者で、億万長者のハロルド・ハム社長だった。ハム社長はアメリカン・ドリームの体現者だ。オクラホマ州の片田舎で生まれ、水道設備もろくにないような家で八人の兄弟と共に育った。一七歳で実家を離れ、石油ガス業界の底辺の仕事に就いたが、そのなかで素早く、そして手堅く、石油掘削事業を起こすことになった。そして、ノースダコタ州の油井《ゆせい》で、新技術の水平掘削法や水圧破砕法を、最初に実用化した試掘業者となることで成功を収めた。バッケン・シェール地区の中心にある生産量に恵まれた油井を数多く所有して、埋蔵量が無限とも思われるシェールオイルとシェールガスを掘削することで財を成していた。

トランプは、ハロルド・ハムの立身出世の物語が好きだった。人物としての二人のタイプは、まったく異なっていた。片や、話好きで温厚なニューヨークの不動産開発業者だが、もう一方は、無口な田舎者のオクラホマ人で、趣味もゴルフではなく、テキサス南部の辺境でのウズラ狩りだったからだ。ハムは、トランプ関連のＰＡＣ（政治資金管理団体）に大口献金の小切手を書いた最初の人物となった。波乱万丈の選挙戦を共にするなかで、すぐにトランプの大切な同志となっていた。

私たち二人は、トランプ陣営の経済チームのメンバーとして、この会議に参加していた。だが、そこに集まった人たちとは納税申告書のゼロの数が何桁か違っていて、私たちの存在は、最も富裕でない部類の人間だったことを付言しておきたい。この会議で、トランプは誇らしげに語った。

「経済の問題で、勝ちたい。この八年間で、オバマ政権が何も考えていないことや、ビジネスを理解していないことが、よく分かったからだ」

そして、トランプは宣言した。

「これまでの歴史のなかで、ビジネス志向として最も素晴らしい大統領になりたい」

参加していたビジネスマンたちには、あたかもパヴァロッティ（二十世紀を代表するオペラ歌手）のアリアを聴くかのように感じられた。

こうした挨拶の言葉を五分ほど述べたあとで、トランプは二五人ほどのＣＥＯたちに語りかけた。

「みなさんの話を聞かせてください。企業が成長し、発展し、雇用を生むためのお手伝いをしたいと考えています」

トランプは約一時間半もかけて、椅子に腰かけて熱心に話を聞き、社長たちに質問していった。私たちが当初に、こうした流れになるのではと感じていたのは、トランプは、こんにちはと挨拶して顔を出すが失礼のないように立ち去り、選挙陣営のスタッフが――つまり、私たちが――代わりに話を聞いて、相談相手になるというところだった。しかし、トランプは自分がそうしたいと思うときには、よい聞き役にもなれるのだということが、よく分かった。

全員に問いかけた内容は、ただ一点に絞られていた。連邦政府には、何ができるのかということだった。私たちは、ほとんどが減税のことを言ってくるだろうと思っていた。そうした人もいたが、多くは違った。銀行家、建設業者、テクノロジー企業、エネルギー業者、石炭産業、製造業者、病院経営者、メディア界の大物たちがいちばん心配していたのは、簡単に言えば、政府は自分たちの仕事に干渉しないでほしいということだった。ある石炭業界の社長は、こう言った。

「規制やお役所仕事のおかげで、私たちは首を絞められているのも同然です。アメリカを再び偉大な国にしたいというのならば、規制当局に口輪を付けて、黙らせてください」

ドッド・フランク法による銀行規制から、環境保護庁によるクリーンパワープランの規制、労働安全衛生局（ＯＳＨＡ）、食品医薬品局（ＦＤＡ）、労働省までが実行する規制の、どれもこれもが企業の成長と利益を阻害しているとの不満が述べられた。問題は規制そのものだけではなく、オバマ政権の規制推進派が企業活動全般に対して――特に、石油産業に対して――敵対的な姿勢を取っていることだった。企業に対して、しばしば相互に矛盾する規制を押しつけるだけでなく、まるで企業叩《たた》きを意図しているかのようにも見えていたのだ。

こうした状況は、トランプが経済政策の戦略プランを構想するに当たって、大きな影響を与えることになった。私たちがトランプに説明していたのは、規制による負担は、経済的には第二の所得税に等しいインパクトがあるということだった。マーカタス・センターの友人たちの推計によると、規制の負担による経済的損失は年間二兆ドル弱の生産高にも相当する。これは、毎年の連邦所得税の税収額を少し上回るぐらいの規模だった。オバマ政権では、こうしたコストが膨張していった。会議に参加していたあるCEOは、「オバマ政権の規制当局からは、まるで敵軍の兵士でもあるかのような扱いを受けた」と証言していた。

国内での雇用創出に大きく貢献している経営者たちから直接に話を聞いたことで、トランプは額《ひたい》をハンマーで殴られたような衝撃を感じていた。

トランプが選挙戦のなかで、印象的なメッセージを新たに発信し始めたのは、この出来事から間もなくのことだった。

「規制当局が新たな規制を一つつくるごとに、従来の規制を二つ廃止する。私の政権になれば、規制の数も、コストも減らす」と公約したのだ。

懐疑的な反応をする人たちは、今度はもっともらしく、こう言うかもしれない。猫が首に鈴を付けられるのを嫌うのと同じように、富裕層の経営者が規制を嫌悪《けんお》するのは確かだろう。だが、企業の責任ある行動を信じることができないからこそ、健康、安全、環境面での規制が必要になっているのだ。

数多くのケースでは、それは自明の事実として示されているのだと。

トランプとは数多くの会話を重ねてきたが、ときには真面目な、決然とした表情で語ることもあった。

「これまでにない最高にきれいな空気と、最高にきれいで安全な水を提供できるようにしたい。素晴らしい水を飲めるようにしたい」

こうしたことに関して、私たちにはまったく異議はない。

課題となるのは、期待される公共の利益に対して、不釣り合いなコストがかかりすぎる規制を減らすことだ。この地球と公共の場での健康と安全を、より安いコストで守れるようにしたいと考えている。私たちはエコノミストの立場から、規制の便益というのは、そのコストを上回るべきであると考えている。しかし、何百もの事例を見れば、必ずしもそうなってはいないことは明らかだった。

石炭産業を壊滅させる

私たち三人は、長年の間、規制のコストを測定する仕事にも携わってきた。だから、経済学的な理論やモデルによって導き出される結論が、どのようなものであるかは分かっているつもりだ。規制の負担は、雇用や所得を減らすばかりでなく、アメリカの国際競争力も損なう結果になる。トランプの遊説に随行して、荒廃した地方まで出かけていったときに、そうした現実が起きていることが理解できた。住民の生活は傷つき、破壊されていた。そこで直接に目《ま》の当たりにしたのは、規制国家というものが、町やコミュニティを丸ごと粉砕してしまう現実があるということだった。

あまりにも痛ましかった事例は、かつては石炭産業があった地方を訪問したときのことだった。幾つか挙げるとすれば、ウェストバージニア州、オハイオ州、バージニア州、ペンシルベニア州の炭鉱の町だ。ウェストバージニア州チャールストンへの訪問は印象に残るものとなった。小さな炭鉱の町のコミュニティは全滅し、荒涼とした風景が広がっていた。炭鉱業が全盛だったころには、二世や三世の炭鉱労働者、トラック運転手、建設作業員たちが、過酷な長時間労働をしながらも、それにふさわしい賃金を稼いでいた。しかし、現在では、ほとんどの炭鉱が閉鎖され、失業者があふれている。メタンフェタミンやオピオイドの中毒になっている人も大勢いて、山沿いの小さな家屋の玄関の前で、なすこともなく佇《たたず》んでいた。労働というものは、人間としての尊厳や充足感――すなわち存在意義――をもたらすものだ。だが、無職とか解雇という状況のなかで、みじめさや虚無感というものが広がっていた。自殺率は急増し、学校、遊び場、ショッピングモールは閉鎖されていた。家屋の半分（多くはトレーラーハウスだった）は廃棄されていた。こうした町の風景は、まさに途上国の姿そのものだった。小説『怒りの葡萄《ぶどう》』（米作家ジョン・スタインベックの代表作）にある絶望的な風景を思い起こさせた。そこでは笑顔を見せる者はいなかった。主だった商店としては、酒屋とか質屋ぐらいしか見当たらなかった。全財産であるはずの住宅も、価格の下落に見舞われていた。残された道としては、職が見つかる場所に引っ越すしかないのだが、そうするためのお金にも事欠いているありさまだった。

これまで私たちは、自由市場の理念の下での創造的破壊を信じてきた。時代の変遷のなかで、景気も、産業も循環して、高い生活水準や発展がもたらされるものだと考えてきた。古い産業は――馬車の生産者から、ダイヤル式固定電話、ＤＶＤプレーヤー、タイプライターに至るまで――安くて、性能がよく、時間を節約する機器に置き換えられていく。これが、進歩というものだ。

しかし、私たちが目撃したのは、創造的破壊とはまったく別のものだった。

それは、政府による計画的な破壊だった。確かに、安価な天然ガスの生産拡大は、ライバル業種の石炭産業に大きな打撃を与えてはいた。しかし、石炭産業のほうも、安価で環境を汚染しないものに、長い時間をかけて転換してきていた。天然ガスと同じ競争の舞台に立てるようになってきていた（リベラル派が示した思いやりに欠ける反応には、失笑せざるをえなかった。瀕死《ひんし》の石炭産業には、市場経済の力で退場を促すべきだというのだ。それなのに、風力や太陽光――市場価格では、石炭と比べても三倍から四倍は高価になっていた――などのグリーンエネルギー業界には、年間に数百億ドルもの補助金を投入していたのだ）。

オバマ政権は、地球を救うと称する壮大な計画のために、グリーンエネルギー産業と結託して、石炭産業を壊滅させるための十字軍の戦いを遂行していた。しかし、石炭産業は、少なくとも数十万人の雇用を生み、全米の電力の三分の一を供給していた。それなのに、何のためらいもなく背中にナイフを突き立てるようなまねをしたのだった。

こうしたコミュニティは、もはや死滅するのを待つばかりとなっていた。かねてから疑問に思っていることがある。大学教授、ジャーナリスト、グリーンピースやシエラクラブ（著名な環境保護団体）に献金するような大金持ちの人々は、もし、自分の職業、家族、コミュニティ、老後の貯蓄が破壊されることになったとしても、やはり地球温暖化との闘いに傾倒する意思があるのだろうかということだ。地球温暖化に警鐘を鳴らす人たちは、環境問題の大義を掲げる祭壇の前には、自分たち以外の仕事が、どれだけ生贄《いけにえ》として捧《ささ》げられても構わないという態度なのだ。そうした人たちは、ビバリーヒルズやハーバードスクエアの住まいから、強圧的な規制政策がもたらす悲劇の現場まで出かけていく機会でもあれば、考え方を改めたりするのだろうか？　石炭産業を壊滅させたことで、何十万世帯もの人たちの貯蓄も、魂も――必要もないのに――押し潰されてしまっていた。

こうしたなかで、トランプは労働者と共に立ち上がることを決意し、アメリカの石炭産業を再建することを公約していた。

これに対して、ヒラリーが公約したのは、石炭産業との戦いで生まれた犠牲者のために、政府の生活保護、職業再訓練のための基金、教育補助金を用意することだった。大口献金者が出席した集会では、アメリカの石炭産業を完全に壊滅させることを公約して、万雷の喝采を受けていた。何という〝人道主義者〟なのだろうか！

以上の話は、規制国家による高圧的で、破壊的な影響を端的に示している。規制という名の専制支配の犠牲者となったのは、最低所得者層の人たちだったのだ。荒廃するコミュニティのなかで生活しながら、解雇通知を受け取り、物価の上昇にも直面していた。そうした状況は、地方であっても、デトロイト市、ボルチモア市、ニューアーク市の危険地帯であるインナーシティであっても同じことだった。規制の重荷は、公平に負担されたりはしていなかった。アメリカ国民のなかの最貧困層を直撃する、極めて逆進性の高い税金となっていた。労働者階層の有権者は、重い負担が家計に上乗せされていることに気づき始めていた。トランプには、そうしたことがよく分かっていた。しかし、ヒラリーとリベラル派たちは、規制当局者というものが、まるで友達でもあるかのように振る舞い続けていた。

規制を発動せよ

トランプの規制との戦いで、議会の最前線で主導的役割を果たし、ドッド・フランク法の廃止のための責任者となったのは、テキサス州選出のジェブ・ヘンサーリング議員だった。私たちは長年、ヘンサーリング議員とは一緒に仕事をしてきた。イリノイ州選出のデニー・ハスタート議員が下院議長を退任したときには、その後任となるように支援したこともある。これまで私たちが会ったなかでも、優れた才能と鋭い見識を持つ傑出した議員だった。長年、テキサス州選出のフィル・グラム上院議員――優れた経済学者出身だった――の側近として仕えた経歴があったので、経済学への理解があった（需要曲線が右肩下がりであることや、課税が需要を減少させることを理解している。ときどき、こうした人が議員に当選することがある）。

二〇一七年の秋に、ヘンサーリング議員は自らが起草した金融規制法案についての支援を求めて、私たちに面会を求めてきた。

私たちはヘンサーリング議員に、トランプの当選以来、経済と株式市場が急速に回復した理由について、どのように考えているかを聞いてみた。返答は、辛辣《しんらつ》なものだった。

「その答えは簡単だ。二〇一六年十一月七日を境にして、攻撃が終息したからだ」

互いに笑い合ったが、その言葉には真実があった。

オバマ政権の規制を実行する特殊部隊は、八年間にわたり、ビジネスに対する脅迫と攻撃を仕掛けてきたからだ。当局による規制の量産と、それを実施する攻勢には、まるでブルックリン・マフィアを思わせるものがあった。規制に襲われる恐怖感が、製造業者、製薬会社、エネルギー企業、化学製品企業、テクノロジー企業、保険会社、銀行、小企業に広がった結果として、企業の成長が阻害されていたのだ。路上で金品が強奪される人がいるのを目撃したら、その通りを歩くのは避けるものだろう。マフィアは、最低でも一〇パーセントから一五パーセントぐらいは巻き上げるのだが、ビジネスを廃業させたりはしなかった。友人のウォール・ストリート・ジャーナル紙の論説委員キンバリー・ストラッセルが揶揄《やゆ》した言葉どおりの〝脅迫ゲーム〟が、法律や規制と同じように成長を破壊する原因になっていたのだ。『オズの魔法使い』では、〝西の国の悪い魔女〟が確実に死んだことが確認できなければ、マンチキン（小人たち）が現れて歌やダンスをしたりしないのだ。数多くの企業にとっては、トランプの当選とオバマ政権の規制官僚の追放は、「鐘を鳴らせ、悪い魔女は死んだ」（映画『オズの魔法使い』の挿入歌）ということを意味していた。

まず、ありのままの数字を見てみよう。オバマ政権の最後に、行政府は二一〇万人の市民を雇用していたが——規制官僚や、無駄な仕事をつくり出す人員が大部分だったので——〝助けになりたい〟という種類の人たちでないことは確かだった。二〇〇七年と比較して、常勤のスタッフが二三万五〇〇〇人（一三パーセント）も増員されていた。行政府での人員拡大が、同時に、連邦政府の規制による負担の増大を招いたのは間違いない。

規制の総数を全体として見れば、連邦政府のお役所仕事に企業がどのくらい巻き込まれているかを測定できる。不完全であるが、非常に有益な指標になる。官報のページ数を確認すれば、規制が生まれるペースが着実に上昇してきたことが分かるだろう。ありがたいことに、まだ史上最悪の規制当局を――ジミー・カーター政権のときだが――超えてはいない。しかし、オバマ政権になったときに、規制のスイッチは完全にオンになった。ジョージ・W・ブッシュ政権も、規制との戦いは十分ではなかった。二〇〇七年のブッシュ政権でのエネルギー法案は、燃費基準から電球、エアコン、冷蔵庫に至るまで、あらゆるものを規制対象としたからだ。

さらに、主要な規制のなかには、一億ドル以上の経済的な損失を生むものもあった。面倒な規制だというだけでなく、雇用や景気に重大な打撃を与えていたのだ。なかでも最大級だったのは、前述したオバマ政権によるクリーンパワープランだった。石炭産業を壊滅させ、電気料金を高騰させることになった。

二〇一七年に、保守派の草の根の政府監視団体フリーダムワークスのジェイソン・パイが行った調査には、大きな反響があった。バラク・オバマ政権では五〇〇種以上の新しい規制が生まれたことで、各一億ドル以上相当の経済損失が生じていたのだ！(2)　こうした規制の影響をすべて合計すると、全体としては、アメリカ経済に対して五〇〇億ドルから一〇〇〇億ドルもの経済損失を与えていたことになる。パイが明らかにしたのは、莫大《ばくだい》なコストを伴うこうした規制を、どれだけ議会が――合衆国憲法に基づく立法機関だが――承認したのかということだった。完全にゼロだったという結果が判明した。トランプは、行政府規制調査法（ＲＥＩＮＳ法）と呼ばれる改革を進めている。一億ドル以上のコストを伴う規制については、施行する前に議会の議決による承認を必要とすることを定めたのだ。

二対一

トランプが大統領に就任してから最初に実行した公約は、新たな規制が一つ生まれるたびに、既存の規制を二つ廃止するというものだった。就任から数週間後には、大統領令第一三七七一号に署名している。

この大統領令が規定したのは、二〇一七会計年度において、全体での規制コストの拡大を認めないとの内容だった。二〇一八年にも延長された。

成果が生まれたことで、規制緩和への取り組みは期待以上の成功になった。これまでの実績では、新規の一件につき従来の二件の廃止ではなくて、実際の比率は〝一件につき二二件の廃止〟にまでなっていた(3)。同じ報告書では、こうした取り組みのおかげで、政府支出が八一・五億ドル節約されたとのことだ。そこには、消費者や企業でも数十億ドルが節約されたことは含まれていない。

また、トランプ政権は、オバマ政権の規制当局が将来の実施のために〝準備中〟としていた一五七九個の規制措置を廃止したり、延期したり、整理したりした。ゴミ箱に放り込んでしまったのだ。

最近では、トランプはさらに目標を上げている。新規の規制一件に対して三件を廃止したいと発表をしたのだ。友人のミック・マルバニー行政管理予算局（ＯＭＢ）局長は、「これを実行するだけでも、企業、消費者、労働者は一〇〇億ドル弱を節約することができる」と、私たちに教えてくれた。以下では、トランプが政府の干渉を排除させることに成功した、幾つかの重要な分野について触れておきたい。

地方銀行を壊滅させる

連邦政府の仕事は、意図せざる結果をもたらす法則があることを前提にしている。法律や法令は、政治家が期待したのとは正反対の効果を生むことがあるのだ。

まず、証拠物件Aとして挙げることができるのは、ドッド・フランク法だ。この規制は、二〇〇八年から二〇〇九年にかけて発生したような金融危機のリスクを減らすことを目的としていた。確かに、あのような金融危機による痛手を負うことは、もう二度とは経験したくない。しかし、二三〇〇ページにもなるドッド・フランク法の内容は、その全部でないにしても大部分は廃止する必要があるということを、私たちはトランプにアドバイスしていた。

この金融規制法は、二〇〇九年にオバマが署名して成立させたのだが、そこには深刻な皮肉があった。法案作成の中心となった二人の議員は——マサチューセッツ州選出のバーニー・フランク議員とコネチカット州選出のクリス・ドッド議員だが——そもそも火をつけた犯人の側だったのではないかということだ。

オバマ政権と議会の民主党議員は、同じような大惨事の再発を防ぐために、大銀行を対象とした対策であることを表明していた。しかし、法案が施行された結果、大銀行はさらに肥大化し、全米の小規模な地方銀行は絶滅していくことになった。しかし、こうした小規模銀行は、二〇〇八年の金融危機の発生には何の関係もなく、ましてや、金融制度全体に対して〝システミック・リスク〟をもたらすこともなかった。

〝大きすぎて《トゥービッグ》・潰せない《トゥーフェイル》〟と言われた大銀行が、以前よりも、さらに規模を大きくしていた。現在では上位五行の大銀行が、全米の銀行全体の総資産の四四パーセントを占めている。こうした大銀行への統合は、（納税者の税金による支援を受けながらも）全米の小規模な金融機関を犠牲にして、経済全体に対しても、さらに大きなリスクをもたらしている。

他方、全米における銀行の総数は、急速に減少している。映画『素晴らしき哉《かな》、人生！』のなかでジミー・スチュワートが経営していた住宅貸付組合の時代は終わりを告げたのだ。

ドッド・フランク法によって〝大きすぎて、潰せない〟という大銀行の寡占集団をつくり上げて、強化すべき理由があるだろうか？ 小さな地方銀行には、厳格な規制の負担に耐えるほどの規模がないが、この法律を廃止すれば、そうした重荷から解放されることになるはずなのだ。

一九七〇年代の後半に、ラッファーは自動車産業における規制の負担についての研究論文を発表していたが、そのなかで、すでにそうした内容がよくまとめられていた。驚くべきことに、当時から状況は変わっていないのだ。

規制というものは、消費者が払う価格と、生産者が受け取る価格の関係を歪《ゆが》ませる。規制がもたらす歪みのために、共通の固定費が生じることになるが、それは税金を払っているのと同じことだ。結果的には、会社の収益規模の大小によって影響は異なる。生産規模の違いによって、影響の大きさが決定されるのだ(4)。

こうしたコストを理解するための事例を挙げよう。二〇一三年に、全米六大銀行では、規制遵守のためのコストとして合計で七〇二億ドルを費やしている。そして、ウォール街で働く五人のうち一人が、二万ページ以上にわたる銀行規制法規に違反していないかを確認する仕事に従事している。地方銀行にとって、コンプライアンス担当者のコスト負担が過大となっていることは想像に難《かた》くない。この八年間で新たに生まれた規制が重荷となって、地方銀行の数が減少したのは明らかだった。

大銀行であれば、新たな規制というお役所仕事に対応するために、専門家やコンプライアンス担当者を大量に雇用するための資金的な余裕がある。しかし、小規模な地方銀行の多くは、増えていく規制に対応するだけの経営資源は十分にはない。案の定、この法律が施行されたことで、大銀行は、これまで以上に大規模化したのに対して、小規模な銀行は廃業していくことになった。ハーバード大学の研究によると、「ドッド・フランク法の成立によって、総資産で地方銀行が占めるシェアは急激に——二二パーセント以上も——縮小した」とのことだ(5)。小規模な銀行は、コミュニティにおいて個人や中小企業の貸付を担う存在だったが、ドッド・フランク法の直撃を受けることになった。中小企業の多くからは、起業や事業拡大を妨げる信用収縮が生まれている——雇用も減少させる——との不満が述べられている。全米の小さな町で貸し渋りが起きた原因には、こうした地方銀行の壊滅があった。

ドッド・フランク法は――政府しか考え出すことができない――古典的な『キャッチ22』の状況（同名の小説にちなみ、ジレンマに陥った状況のこと）にあった。一九七〇年代には地域再投資法（CRA）によって、議会は銀行業務での〝赤線引き〟（融資を差し止める地域指定のこと）を大幅に減らすとの方針だった。マイノリティの居住人口が多い地域に対しては、特定の郵便番号をもとにして、銀行が融資の承認を回避するという慣行があった。そこで議会は、こうした低所得層が住む地域社会に対する融資を、銀行に強制することにした。地域再投資法融資と呼ばれて、銀行の融資差別の慣行をなくすことを目的とした。マイノリティの申込者からの融資を承認するために、審査基準を引き下げる場合も出てきた。地域再投資法は、銀行の融資部門に明らかに新たな文化をもたらすことになった。〝ノルマ〟達成のために、審査基準を緩めて、貸付を実行するようになったからだ。

しかし、二〇〇七年から二〇〇八年にかけて住宅ローン業界が破綻したときには、ドッド議員やフランク議員のほかリベラル派の活動家たちは、〝略奪型の融資〟を行っているとして銀行を非難した。多くの場合はマイノリティだったが、住宅を購入してもいずれ返済不能になるような低所得者層にも、融資を実行していた。確かに、誤解を招きかねない、奇怪な〝バルーン方式ローン〟もあった。最初は低金利だが、そのあとで金利が上昇して、購入当初には予期していなかった高額の負担が生じる仕組みになっていた。多くの住宅ローンが債務不履行となったが、よくない貸し手にも原因があった。

しかし、貸し手のほうは、気にしてはいなかった。ファニーメイ（連邦抵当金庫）や、フレディマック（連邦住宅金融抵当公庫）が一〇〇パーセントの返済保証をしてくれていたからだ(6)。

こうして、銀行の融資担当者はジレンマに陥ることになった。もし、マイノリティの夫婦が融資を申し込んできたにもかかわらず、それを断った場合には、銀行は差別だとして非難されるだけでなく、重いペナルティを科されることになる。しかし、地域再投資法に基づいて融資を承認すれば、今度は、銀行は略奪的融資を行ったとして非難されることになるからだ。住宅不況後の数年間で、振り子は逆に振れてしまった。現在の銀行では、条件のよい借り手に対する融資も困難になりつつある。まるで動物がすべて脱走し終わったあとで、納屋《なや》の扉に厳重に施錠をするようなものだ。

この原稿を書いている時点で、トランプは、ドッド・フランク法における融資条件の廃止を求めている。トランプとヘンサーリング議員によって、改善に成功した部分もあった。それ以外では、再度の救済措置の実施を防ぐために、連邦政府はファニーメイとフレディマックの解体に集中する必要がある。この二社は、金融危機発生の震源となり、アメリカ史上では最大規模の政府救済の対象となっていた。新たに代わる法律では、ファニーメイとフレディマックの融資保証を各大都市圏での住宅価格の中央値までに制限した。低所得者と初回の住宅購入者のために、債務不履行の場合には（よい融資慣行を守るためにも）貸し手が最初の二〇パーセントの責任を負担することとした。最も重要なこととしては、連邦政府が債務保証する貸付では、最低一〇パーセントの頭金が必要とされることになった。

破綻した融資に対する監査では、債務不履行の約九〇パーセントが、頭金五パーセント以下の場合だったことが判明していた。自己資金なしでの住宅購入者は、住宅価値の下落幅が頭金を上回れば、月々の返済を続けるよりもローン破産するほうが合理的な選択となるからだった――実際に数百万人が、そのような行動を取っていた。

このような簡単な対策によって、ドッド・フランク法の規制と比べても一〇倍は金融危機を防げるようになる。しかし、トランプ政権の住宅当局に、よく注意を払っておくべきことが起きている。連邦政府が、再び三パーセントや四パーセントの頭金での貸付に対して、税金を使って一〇〇パーセントの保証を付けようとしているからだ。政府の役人は、住宅危機から何の教訓も得てはいないのだ。

実際に加入できる健康保険

現在のところ、健康保険の問題に関してのトランプの主要な規制改革は、オバマケアの未加入者を対象とした強制加入義務の罰則を廃止することだった。推定一〇〇〇万人の国民が――大半が若年労働者だが――健康保険に加入していないことを理由に、年間で最高一〇〇〇ドルの税金を払う必要から解放されるのだ。こうした税金の直撃を受けていた人たちの平均所得は、年収四万ドル以下だった。だから、これはオバマ政権における最も逆進性が高い税金だった。オバマケアは、こうした世帯に対する負担になるべきではなく、むしろ、こうした世帯を支援するものであるべきだったと、私たちは考えている。

トランプが規制改革に当たって優先したのは、国民の保険費用の負担を軽くすることだった。そのために、保険の購入と販売における州の垣根をなくした。ある州では、四人家族のための保険は――面倒な規制が主な原因だが――近隣の州と比べて二倍の価格となっていた。トランプは、短期の健康保険を、オバマケアとは別に購入できるようにした。低所得層でも、健康保険に加入できるようにしたのだ。

インターネットに干渉するな

ほかにも、消費者のための重要な法律が定められて、〝ネット中立性〟と呼ばれるオバマ時代のインターネット規制が廃止されることになった。この問題は、連邦公報の歴史のなかでは、おそらく最も激しい論争を巻き起こした。二〇一七年の終わりに、この規制がついに廃止されたとき、連邦通信委員会（ＦＣＣ）のアジット・パイ委員長には数多くの殺害の脅迫があり、全米の人たちに怒りが広がった。この規制では、ブロードバンドを公共料金として扱うとしていた。インターネット・プロバイダー（ベライゾン、コムキャストなど）は有料による優先使用を廃止されて、コンテンツ供給業者（フェイスブック、グーグル、ネットフリックスなど）による帯域幅の使用には課金できないとされていた。また、インターネットやケーブルのサービスでは、特定のコンテンツ供給業者を優先的に取り扱ってはならないとされた。

しかし、たとえ動機がよいものだったとしても、この規制はインターネットユーザーの利益にはならなかった。それどころか、政府のほうが市場よりも、効率性を判定できるかのような論拠にもなっていた。

新たな規則では、インターネット・プロバイダーはコンテンツ事業者の帯域幅の使用に課金できるようになる。この結果、インターネットの通信渋滞を解消するために、さらに良質で、高速で、安いインターネット環境を整備するための投資資金が生み出されることになった。この規制緩和のおかげで、ベライゾンとＡＴ＆Ｔは、さらに多くの人たちにブロードバンド接続を提供するための数十億ドルの投資計画を発表した。

私たちの理解は、トランプも同じ考えなのだが、政府の干渉と関係なく発展している業界があるとすれば、それはインターネット業界だということだ。イノベーションと低価格競争による普及によって、約二十年間でインターネットとブロードバンド接続は、ほとんどすべての家庭、学校、会社に行き渡ることになった。その主たる理由は、インターネット業界が税金と規制から自由であったことだ。

画期的な政策

トランプは、アメリカ国内の豊富な資源を開発することに関しては、常に積極的に取り組む姿勢を見せていた。そして、木材、エネルギー、石炭、鉱物資源の利用に対する規制には、不満を表明していた。この問題では、私たちはトランプに完全に賛成している。雇用を創出し、国内総生産を増大させ、政府の税収を増やし、重要かつ戦略的な資源での国外依存度を減らすことを、私たちは選挙戦のさなかにメモを見せながら説明をしていた。トランプは、こうした考え方が好きだった。「アメリカ・ファーストにする」というテーマにふさわしく、経済的に荒廃した地域での成長を取り戻すためでもあった。

アメリカ国民の多くは、アメリカが豊富なエネルギー資源に恵まれていることは理解しているが、戦略的な鉱物資源でも世界一であることは、あまり知らない。だが、オバマ政権の規制官のせいで、こうした資源は地下に眠ったままになっている。レアアース鉱物では、外国に依存するようになっている。

国家安全保障と経済発展の問題としては、戦略的な鉱物資源を中国やロシアに深く依存することは、絶対に避けるべきことだ。こうした資源を外国に依存しているのは、地質学的に障害があるからではない。完全に政治の問題だった。

教訓になる歴史を紹介しよう。一九九〇年まで、アメリカは世界第一位の鉱物資源産出国だった。しかし、アメリカ地質調査所によると、二〇一六年までには少なくとも二〇種類の重要な戦略鉱物資源（〝レアアース〟を含まない）のほか、主要な鉱物資源では、ほぼ一〇〇パーセントを輸入に依存している。軍事兵器システムから、携帯電話、太陽光パネル、最新鋭のハイテク製品に至るまで、すべてに必要となる戦略鉱物資源を完全に輸入に依存していた。

この数年間で、連邦政府はバカげたアンチ資源政策を実行してきた。そのため、オーストラリアやカナダでは採掘許可が二、三年で取得できるのに対して、アメリカでは七年から十年かかっていた。西部開拓時代には、金、銅、石炭などの資源採掘のために活発だった測量や探鉱活動は、こうした政策の下で抑制されていた。

二〇一七年十二月に、トランプ政権は「重要鉱物資源の安定供給を確保するための連邦政府の政策戦略」という方針を発表した。これは長年、懸案とされてきたテーマだった。目標は〝アメリカが再び採掘できる国に〟なることだ。国土の利用制限を解除して、採掘許可の取得プロセスを簡素化するものだった。

〝化学のビタミン〟と称される一五種類の鉱物資源の採掘が、直ちに開始できることになった。こうした鉱物には、磁力、極温下での安定性、耐腐食性などの特性があるため、現代の製造業では不可欠の資源になっている。特に希土類元素鉱物《レアアース》は、軍事用と民生用の両方で、高性能永久磁石、GPS誘導システム、衛星画像と暗視装置、携帯電話、iPad、薄型ディスプレイ、サングラスなどのハイテク製品の生産に不可欠なものだ。

ケイトー研究所の科学センター副研究員で、優秀な地球科学者として鉱物資源の世界的権威であるネッド・マムラにも、私たちは協力してもらった。

「現在の鉱物資源の問題は、一九七〇年代に石油と天然ガス供給をOPEC《オペック》諸国に依存していた状況と類似する脆弱性《ぜいじゃく》があることだ」とマムラは指摘していた。

そして、連邦政府による調査統計を示してくれた。マムラは、こう主張している。

「この地球上で、アメリカほど地下資源の宝庫に恵まれた国はない。現時点での採掘技術を用いても、数百年分にも相当する供給可能な資源が眠っている」

どのくらいの経済的価値になるのだろうか？　全米鉱業協会によると、資源の価値は六兆ドル以上にも上ると推計される。適切な資源政策が実行されるならば、毎年五〇〇億ドル規模でのGDPの押し上げ効果が生まれる。トランプは、戦略的鉱産資源の産出のために、採掘に関するエネルギー政策を積極化させて、国産の石油、ガス、石炭供給を大幅に増産したいと考えているのだ。

環境保護活動家は、こうしたトランプの資源政策に対して否定的な反応を示している。訴訟や法的手段を通じて——経済成長に貢献する資源政策に対して——妨害工作を仕掛けてきているのだ。これまでも、アラスカや洋上での採掘の積極化には反対運動が行われていた。

軍事的脅威を増大させている中国や、ウラジーミル・プーチンのロシアに、二十一世紀における〝石油〟になりうる戦略資源の確保で、優越的な地位を占めさせてしまってもよいのだろうか？

中国の指導者が、「中東には石油がある。しかし、中国にはレアアース資源がある」と、常に誇らしげに語っていることは、よく知られている。しかし、そうした考え方は誤っている。

トランプがアメリカ・ファーストの資源政策を進めている結果、企業の採掘活動は、数十年ぶりに活発化している。最終的には、トランプの規制緩和政策のなかでも最大の効果をもたらすことになるだろう。経済効果としても、数兆ドル規模になると推定される。

企業への攻撃は終わった

トランプの経済政策が成功した秘訣《ひけつ》は——数々の規制を撤廃したこと自体よりも、さらに大事なこととして——トランプ政権が全米の企業に向けて送ったメッセージそのものだ。連邦政府の仕事は、企業の喉元を掻《か》き切ることではないのだ、と伝えたのだ。大統領選挙で当選が決まった、まさにその翌日から、ビジネスに前向きになれる新時代が生まれている。

全米自営業者連盟（ＮＦＩＢ）（全米最大の中小企業・自営業の業界団体）では、中小企業に関して蓄積された膨大な調査データをもとに、〝楽観〟という指標を定量化している。二〇一七年の調査によると、年平均で見た中小企業楽観指数は、レーガンの減税政策が初めて実行された一九八三年以来では最高記録となった。二〇一八年には、中小企業による企業収益が、史上最高を記録している。

このようにアメリカ経済に対する楽観的な見通しが強まっている直接の理由は、トランプの規制緩和政策の強化にあることは間違いない。中小企業（従業員五〇人程度）が最も恩恵を受けている。その理由は、これまで中小企業や新興企業は、中堅企業や大企業と比べたときに、従業員一人当たりの規制コストを過重に負担していたからだ。

もちろん、明るい見通しが強まりつつある理由が、完全に規制緩和だけによるものだと言うつもりはない。結局のところ、トランプ大統領は、中小企業に恩恵をもたらす大規模減税法案にも署名することになったからだ。このことは、本当に大きな効果を生むことになった。

解体用の鉄球

以上のすべての規制の転換は、予定どおりに実行されたものだった。そのことを示す最後の事実を明らかにしておきたい。二〇一七年十月のタイム誌の特集記事では、トランプが進路を妨害するものを解体用の鉄球で破壊していく様子を描いた風刺画が掲載されていた。タイトルは、「解体作業団・トランプ政権の閣僚が政府を破壊する」となっていた(7)。記事の内容は、ベン・カーソン住宅都市開発長官、ベッツィ・デボス教育長官、スコット・プルイット環境保護庁長官に言及していた。「トランプがツイッター発信に忙殺されている間に、この三人の閣僚は、アメリカ政府の解体を始めている」と警告していた。

スティーブ・バノン大統領顧問の言葉も、引用されていた。

「こうした閣僚メンバーを見れば、それぞれの理由があって任命されていることが分かる。その目的とは、解体作業だ」

まさに、そのとおりだ。私たちは政権移行期にも仕事を手伝った。そのときにも、トランプには、閣僚や規制官庁のための人材を数多く推薦した。そうした人材に共通していた姿勢とは、連邦政府のコストを安くし、企業に対する干渉をやめさせ、企業と消費者のために働きたいということだった。

同じ週に、ニューヨーク・タイムズ紙の社説は、トランプ・チームが連邦政府の規制を〝かつてない〟ペースで撤廃していると非難した。この社説では、オバマ政権が規制の壁を高く築き上げた業績が評価されていた(8)。この種のメディアの記事は、感情そのままの叫び声としか言いようのないものだった。プルイット環境保護庁長官は、空気と水の安全を確保するための規制を改悪したとして、激しい非難を浴びせられていた。

こうした記事が街角のニューススタンドに並んだのと、まさに同じタイミングで、株式市場では、ダウ平均が二万四〇〇〇ドルを超える史上最高値をつけていた。また、雇用統計を見れば、失業率は一段と低下していたし、住宅販売戸数も過去十年間では最高水準を記録していた。

アンチ・トランプのリベラル派の人たちは、こうした個々の具体的事実を結びつけて考えることさえできないぐらい、イデオロギーに凝り固まっているのだろうか？　トランプの規制緩和政策は、猛スピードで政府の規制を解体してきたし――現在も、それを続けている。トランプは経済政策で成果をあげていないから評価できないという人もいる。しかし、その同じ人たちが、トランプが政府規制を材木切断機にかけるように、どんどん削減しているとして不満をぶつけているのだった。

結局のところ、メディアも、左翼の扇動家も、トランプのことを本当に理解できてはいない。アメリカは、規制の重荷から解放されることによって、雇用と繁栄を取り戻すことができたのだ。この両者には、密接な関係がある。税金の問題と同じで、規制を行う権力というのは、経済を破壊することになるのだ。

ドナルド・トランプ・ジュニアは、私たちが選挙戦を通じて非常に親しい関係で仕事をしてきた人物のひとりだが、その彼が、このタイム誌の記事に示した反応は、見事なものだった。

「この記事の内容は、私の父が、大統領として取り組んでいる仕事に対しての褒め言葉なのだと思う」

と、ツイッターに掲載したのだ。

第8章　サウジ・アメリカ

「このエネルギー問題を解決できるなどと言う人は、何も分かっていないか——本当のことを語ってはいない」

——二〇一二年　バラク・オバマ大統領(1)

「アメリカ合衆国の長期的な繁栄と安全保障を、やがては枯渇してしまう資源（石油）に託すことはできない」

——二〇一一年　バラク・オバマ大統領(2)

アメリカでシェール革命が出現したときに、バラク・オバマ大統領ほど驚きのあまり呆然《ぼうぜん》とした人物はいない。また、ドナルド・トランプほど感動で心を震わせた人物もいない。

アメリカ国内でのエネルギー生産が復活する。そうした、まさかとも思われる途方もない話に、トランプはいつも期待を寄せていた。とにかく、そういう話が好きなのだ。特にエネルギー政策をめぐる問題で、トランプとバラク・オバマのスタンスは完全かつ根本的に異なっていた。両者の世界観の違いが、まったく正反対の立場となって表れていた。

オバマ政権のエネルギー政策は、ジミー・カーター政権の再来だった。つまり、化石燃料はやがて枯渇することになるし、人類は地球環境を破壊している。だから、アメリカの経済と労働者がいかなる犠牲を払うことになるとしても、直ちに〝グリーン〟エネルギーに転換しなければならない、というのだ。オバマは気候変動論を熱烈に支持する大統領であり、近い将来には地球の氷冠が融《と》け出して、地表が水面下に没することになると本気で信じ込んでいた。そうならないためには、過去の一世紀にわたり化石燃料を燃やしてきたことの罪を償い、直ちに脱石油を実行する必要があると考えていた。

トランプの立場は、レーガンに近かった。アメリカの豊富な天然資源を活用したいと考えていた。そして、アメリカのシェール革命が重大で画期的な出来事であることを直観的に理解していた。石炭産業が大きく復活を遂げる可能性にも期待していた。こうした話は、「アメリカを再び偉大な国に」というスローガンや、やればできるというレーガン流の楽観思考にも通じるものがあった。数多くの中流階層の人たちの賃金の上昇につながることも理解していた。また、アメリカ国内で石油を大幅に増産すれば、サウジアラビアを追い抜いて、石油輸出国機構（ＯＰＥＣ《オペック》）も完全に圧倒することになるのも分かっていた。

また、このシェール革命は、オバマほかの地球温暖化を警告する左派の人たちのせいで壊滅した地域で、疲弊《ひへい》した経済を生き返らせることになるとも考えていた。だからこそ、気候変動のテーマ――パリ気候協定――には軽蔑の眼差しを向けていたのだ。

私たちの立場は、この問題に関しては、最初からトランプに完全に賛成だった。全面的で新しいアメリカ本位のエネルギー政策の実行が急務となっていたからだ。

三パーセントから四パーセントの経済成長を実現するためには、資源の掘削や採掘を推進すべきだった。そのことを、トランプ選挙陣営での最初の経済政策会議の会合で、私たちはトランプに提言していた。アメリカ国内にある無尽蔵とも思われる莫大《ばくだい》なエネルギー資源を開発することが、重要な方策になるはずだった。

十年前に、このシェール革命が始まったときに、エネルギー業界の構図は一夜にして完全に覆《くつがえ》ることになった。その当時から、私たちはこのシェール革命を熱烈に支持していた。トランプに強調していたのは、在任中の五年以内に、アメリカ合衆国は世界を代表するエネルギー輸出国になれるということだ。

私たちはトランプに、そのための政策プログラムを提案した。これを実行すれば、アメリカほかの西洋諸国はＯＰＥＣに対する石油依存から五十年ぶりに解放されて、もはや、サウジの首長たちに毎年、何百億ドルも送金する必要がなくなるのだ。

しかし、いかにもトランプらしい反応だったが、石油が自給できるようになると聞いたぐらいでは、完全に満足したりはしなかった。ほとんど叫ぶかのように「アメリカをエネルギーで圧倒的な国にしよう」と言ったのだ。この言葉は、それからの選挙戦では、重要テーマとして繰り返されることになった。就任から二年が経過して、トランプはこの目標に向かって邁進《まいしん》している。

これまで、なぜ、オバマがアメリカの連邦政府所有地での資源開発や掘削を禁止してきたのか、トランプには、その理由がまったく理解できなかった。トランプには――私たちも同じだが――考えるまでもないことと思われた。

「貴重な資源に恵まれているならば」と、トランプは話を進めた。

「大いに利用すべきではないか。アメリカ人の殺害を図るテロリストを支援するような、海外のどこかの国に資金を送る必要などないではないか」

連邦政府には、開発業者からの土地リース料やロイヤルティ（利権料）収入が入ることも、トランプがこの構想を素晴らしいと感じたところだった。この歳入を、他の三つの重要政策――連邦政府の借入金の削減、減税による税収減の穴埋め、インフラ投資計画――のための財源に充《あ》てることを、私たちは提案した。

選挙陣営の政策責任者を務めていたスティーブ・ミラーも、この考えには全面的に賛成していた。水圧破砕法と水平掘削法という技術が、アメリカのエネルギー供給の新たなフロンティアを開くであろうことを理解していた。

また、ミラーはジェフ・セッションズ上院議員の側近として、予算委員会の仕事に関わった経験があったので、石油・天然ガス開発で財源ができれば、財政問題のかなりの部分が解消される確かな根拠があることも理解していた。連邦政府はといえば、兆ドル単位の財政赤字をつくりながらも、すべての歳入を使い果たしていた。

二〇一六年六月、選挙戦専用機の機内で、トランプを交えた会議が終わったあとでのことだった。

「みなさんに、お知らせしたいことがあります」と、ミラーが声をかけてきた。

「トランプは、エネルギーの国内生産というテーマを全面的に取り上げたいと考えています」

エネルギー問題での重要演説を予定しているので、政策戦略のメモを準備してほしいとの話だった。新しいエネルギー革命に向けての政策内容の作成のほか、トランプの〝掘って、掘って、掘り続ける戦略〟の経済的、財政的効果を算定してほしいとの依頼だった。

それほど難しい仕事ではなかった。ムーアは著書『資源を燃やす自由――エネルギー政策に対する狂気の戦いを暴露する』を執筆したばかりだったからだ。この本の共著者のキャサリーン・ハートネット・ホワイトは――トランプ選対本部と政権移行チームでは、エネルギー政策の顧問を務めた――アメリカのエネルギー政策では最高水準の専門家だった。この本は、二十一世紀は北米によるエネルギー覇権の時代になることを前提としていた。経済的にも、地政学的にも、今後の数十年間はアメリカの優位が続くとしたのだ。トランプの政策チームのほとんどのメンバーは、化石燃料の国内生産を驚異的に拡大させるチャンスが到来していることをよく分かっていた。

そこで、トランプは、天然資源という宝箱を開けて、こうした目標を達成するためには、どのような政策を進めていけばよいのかを知りたいと考えたのだった。

エネルギー優位政策のためのメモ

数日後に、私たちはミラーに、「トランプがエネルギー問題をチャンスにする方法」と題したメモを渡した。私たちが提案したのは、アメリカ・ファースト政策のエネルギー戦略の柱として、以下のテーマを演説で強調すべきだということだった。

1. 連邦政府所有地には、最大五〇兆ドル相当の石油と天然ガスの資源があると推定される。地下に眠るこの五〇兆ドルの宝箱は、環境問題を生じさせない土地や水域にあるので、採掘や掘削による開発が可能だ。

2. 土地リース料やロイヤルティ（利権料）による収入のほか、税収が生まれる。国際価格の状況にもよるが、連邦政府の歳入は三兆ドルから一〇兆ドル増加することになる。

3. シェールガスは素晴らしい燃料だ。豊富で、安価で、信頼性があり、アメリカ国産で、クリーンな燃焼をする。天然ガスを使用すれば、二酸化炭素排出を削減できる。こうしたことは、オバマ政権時代のエネルギー省でさえも認めていたことだ。

4. 石炭がクリーンだというのは、本当の話だ。アメリカ合衆国の石炭を燃料とする発電所では、炭素排出は五〇パーセント以上が削減されている。四十年前と比べると、九〇パーセント削減されたケースもある。

5. アメリカの化石燃料が枯渇することはない。他国と比べても豊富な――五〇〇年分に相当する――石炭に恵まれている。アメリカは、石炭におけるサウジアラビアだ。また、二〇〇年分の石油と天然ガスにも恵まれている。

6. 掘削を許可することで、アメリカは五年以内に、半世紀ぶりに石油の自給を達成する（トランプが掘削政策を推進すれば、さらに早く実現できる）。

7. 中国とインドは、石炭火力発電所を数百カ所で建設している。炭素排出量を削減する意思は見られない。パリ協定というのは、アメリカの労働者にとっては不公平な詐欺話だ。

8. 有権者は〝地球温暖化〟問題よりも、雇用や家計に関心がある。トランプは、雇用の減少をもたらす気候変動問題の条約には、決して調印すべきではない。

9. アメリカ本位のエネルギー政策は、何百万人もの組合労働者の仕事――溶接工、トラック運転手、配管工、建設労働者、エンジニアなど――での賃金の上昇をもたらすことになる。

10. アメリカ本位のエネルギー政策は、年間の経済成長率を約一パーセント――毎年、アメリカのＧＤＰが約一八〇〇億ドル増加することに相当する――上乗せする効果があると推計される。

11. 左派が「地下に埋めておけ《キープ・イット・イン・ザ・グラウンド》」という運動を推進するのは、経済的に見れば自殺行為となる。景気に悪影響があるだけでなく、外国の石油への依存度を深めて、安全保障を損なうことになる。四十年前のサウジアラビアが、「地下に埋めておけ」との政策決定をしていたらどうなっていたかを想像したらよい。

以上のポイントは、現在では当然のことのように思われるかもしれない。しかし、二〇一六年初めの時点では、エネルギー業界に起きていた、この新しい現実は広くは知られていなかったし、受け入れられてもいなかった――現在でも、まだそういう人たちはいるかもしれない。トランプに対して私たちが強調したのは、三パーセントから四パーセントの経済成長を実現するためには、この問題は三脚椅子の三本目の足なのだということだった。

1. 減税
2. 規制の廃止
3. エネルギーの国内生産

トランプは選挙戦を通じて、アメリカ・ファーストのエネルギー政策を明確に訴えた。トランプ自身も、このテーマを語ることが好きだった。トランプの支持者にも——特に中西部の伝統的な〝青い州〟（民主党支持が優勢の州）でも——この政策は好評だった。選挙戦を通じて、良識《コモンセンス》をめぐる争点となり、〝レーガン・デモクラット〟をトランプ支持に引き入れて、中西部の〝青い壁〟を破ることにつながったのだ。

ハロルド・ハムとノースダコタの奇跡

トランプ陣営アドバイザーとして、トランプ本人に最初に、シェール革命がもたらす経済的影響の重大さを気づかせたのは、私たちだった。ただ、本当のことを言えば、ハロルド・ハムの存在が大きかった。水圧破砕技術によるシェール革命が起きたことで、石油・天然ガスの国内生産には、限りない可能性が生まれていた。ハムは、そのことをトランプに気づかせた人物だった。このテーマを発信したのがハムだとすれば、さしずめ私たちは反響装置の役割だった。

シェール革命における最大の功労者は、おそらくハムだろう。だから、トランプがこのような劇的な変化をもたらす話を聞く相手としては、ハムはふさわしかった。ハムは、コンチネンタル・エネルギー社のCEOをしていたが、控えめな性格のオクラホマ人で、口ぶりは穏やかで、柔らかい物腰の人物だった。だが、アメリカ経済の進路を転換させて、消費者の利益にも絶大な貢献をしたことでは、アメリカ経済界の伝説的人物であるジョン・D・ロックフェラー（スタンダード・オイル社の創業者で、ロックフェラー財団の創設者）やビル・ゲイツ（マイクロソフト社の創業者）にも匹敵する功績があった。

ハムと、スタノリンド・オイル・ガス社で水圧破砕技術を開発したフロイド・ファリスの二人は、二〇〇八年から二〇〇九年にかけての金融危機で、どん底に陥っていたアメリカ経済を救出した主役だった。二〇〇九年から二〇一五年にかけて景気回復ができたのは、まさに、この二人のおかげだった。その貢献度は、バラク・オバマや、ナンシー・ペロシのほか、ワシントンにいるどのような政治家や著名な経済学者よりも、はるかに大きいものだった。当時、景気刺激策として実際に効果を生んだのは、連邦政府が借金で調達した八三〇〇億ドルの財政支出ではなかった。まさしくシェール革命のおかげだった。

ハムが確信していたのは、巨大なバッケン・シェール岩層の内部の石油鉱床には、政府専門家の推定と比較して約五倍の掘削可能なエネルギー資源埋蔵量があることだった。ハムの推計では、このバッケンでのエネルギー資源埋蔵量は二四〇億バレル――これによりノースダコタ州は、石油・天然ガスの三大生産州のひとつになる――はあるとしていた。この推計がほぼ正しいと分かると、バッケンの石油開発だけで、アメリカの石油埋蔵量は、一夜にして倍増することになった。さらには、テキサス州のパーミアン盆地、オハイオ州、ペンシルベニア州、ニューヨーク州にまたがるマーセラス・シェールを合わせれば、埋蔵量は三倍にもなる。二〇一二年に初めて会ったときにハムが言っていたのは、「バッケンの石油埋蔵量は、アラスカ州プルドーベイの約二倍はある」ということだった。ただ与え続けてくれる大地の恩恵だった。広大なバッケン岩層は、モンタナ州からノースダコタ州まで数百マイルにわたり広がっている。この石油埋蔵地域は、デラウェア州の面積よりも広い。驚くべきことに、アメリカ人の多くは自国の裏庭でこれほどの天然資源の宝物に恵まれていたことに、まったく気づいていなかった。オバマ政権の八年の間では、まるでこうした資源が絶対に発見されてはならないかのように規制当局が対応していた。

バッケンの埋蔵資源は〝水平掘削法〟という革新的な技術によって、瞬時に採掘可能なものに変わった。この画期的な成果によって、深さ二マイルまでの掘削が可能になっただけでなく、水平方向にも何万フィートも掘削できるようになった。ハロルド・ハムは、一九九〇年代の掘削技術のイノベーションでのパイオニアだった。この技術が生まれたことで、油井《ゆせい》の生産能力は向上し、使用可能年数も延びた。二十一世紀の初めには、この掘削技術が、オクラホマ州、ノースダコタ州、テキサス州、ペンシルベニア州、オハイオ州で試験運用されるようになっていた。

地質学者は石油が埋蔵されている事実には気づいていたが、その埋蔵量に関しては非常に過小評価していた。また、採算に合う掘削方法が見つかっていなかったので、〝技術的に掘削可能〟ではないと考えられていた。しかし現在、アメリカが誇る発明の才によって、巨大な埋蔵量が期待されている石油・天然ガスの開発方法が実用化されることになった。おかげで、年々、安価に入手できるようになっている。

ハムは、エネルギー資源は枯渇するというピーク・オイル論の概念や、広く受け入れられているマルサス主義的な考え方が間違っていることを、ほとんど独力で証明してしまった。

「一八六〇年代の半ばに、ペンシルベニアの油井から石油が噴き出したとき以来、専門家は、石油が枯渇すると主張し続けている」と、ハムは笑い飛ばした。

ハムがトランプに伝えたのは、底抜けの楽観論だった。つまり、国家として正しいエネルギー政策を実行すれば、アメリカ合衆国は〝十年以内にエネルギー自給体制を完全に達成〟できるということだ。オバマ政権のホワイトハウスでは、こうした話に誰も耳を傾けることはなかったし――聞く意思もなかった。

それだけでなく、ハロルド・ハムはエネルギー国産の将来性に、極めて明るいビジョンを描いていた。連邦政府所有の土地や水域での石油・天然ガスの掘削を政府が許可するだけでも、「ロイヤルティとして、連邦政府には一〇兆ドル以上の収入が生まれる」と見積もっていた。この一〇兆ドルがあれば、国家債務のおよそ半分が返済できることになる。私たちとしては、財政的影響はもう少し小さいと見ている。しかし、現実にはハムの推計より五〇パーセント少なかったとしても、やはり莫大な収入が生まれるのは事実で、エネルギー産業の復活がアメリカに大きなチャンスをもたらすことは明らかだった。

ハムの話を聞いたときのトランプの反応は、「どうして全米中でそれをやらないのだ？」というものだった。ハムは、トランプにこう答えた。

「オバマ政権のエネルギー政策では、国内の石油・天然ガス産業を押さえつけるためにあらゆる対策が講じられていました」

トランプと直接会って将来の可能性を語り合う以前に、ハムはオバマの支援を求めようとしたこともあった。うまくはいかなかったが。二〇一〇年にホワイトハウスの夕食会に招かれたときに、ハムは、オバマ大統領と短い時間だが話をしたことがあった。

「石油・天然ガス業界の革命についての話をしました。アメリカがOPECを超える世界最大の産油国になるという話をしました。生産が増え始めていることに気づいてもらい、何かできることを考えてもらいたいと思ったからです」

オバマは、どんな反応を示しただろうか？

「オバマは、こう言ったのです。『今後の何年間かは、石油と天然ガスが重要なのかもしれない。だが、環境によい代替エネルギー《グリーン》に移行していかないといけないんだ』」

ハムは、こう返答した。

「あなたがそう信じるのはさておいて、どうして、石油と天然ガスの開発を止めようとするのですか？」

ハムが爽快な人物だと思うのは――大手の石油・天然ガス企業の経営者とは違い――自分たちの業界が、全米の家庭と産業のためにエネルギー供給している事実に対して、まったく弁解がましい態度を取らないことだ。

シェブロン社や、ブリティッシュ・ペトロリアム社といった大手石油企業の公式発表を聞くと、あたかも恥ずべき活動でもしていると感じられることがある。〝よき企業市民《グッド・コーポレイト・シティズン》〟として認知してもらうために、業界に対する反対運動を行う環境保護団体にも資金援助したりしているのだ。

二〇一五年のインベスターズ・ビジネス・デイリー紙でのムーアの論説記事は、ハムがノーベル平和賞の受賞にふさわしい人物だということに触れていた。

「ハムの功績により、マルサス的な世界観に基づく資源の枯渇や、資源価格の上昇という問題は、一夜にして解決されてしまった。安価で豊富なエネルギーは枯渇するどころか、今、発見されつつある」

「化石燃料や水圧破砕技術で、環境破壊が起きるとの主張があるかもしれない」と記事は続いた。

「しかし、そんな考え方は間違っている。この十年間でシェール産業が非常に進歩を遂げた結果、大気への炭素排出量が削減されているからだ」(3)

オバマ政権のホワイトハウスは、ハムに冷淡な反応を示したかもしれない。しかし、トランプの方では、まだ大統領選候補者だったときから、そして、大統領に就任してからも、これから大型のエネルギー景気が始まるというハムの考えに全面的に賛成しているのだ。

シェールエネルギーは世界を変える

二〇〇五年に、ナショナル・ジオグラフィック誌は、「安い石油の終わり」と題する、注目すべき特集記事を掲載した。この雑誌は、世界で最も権威がある科学雑誌のひとつとされている。ただし、この記事が注目に値する理由は、その内容が完全に間違っていたからだった。最初から最後まで、間違いだらけだった。その当時の――現在も同じだが――通念となっていた見方を反映していた。

この記事がバカげた内容だったのは、今となってみれば明らかなことだ。だが、エネルギー業界に〝緑の革命〟――二十世紀の後半に、アメリカ合衆国だけでなく世界中で、農業技術の革新により農業生産量が劇的に拡大した――に匹敵する大変化が起きる前夜に、この記事は書かれていた。確かにシェール産業の出現は予期されておらず、あまりにも突然のことだった。二〇〇八年から二〇〇九年の時点では、化石燃料の国内生産が伸びて、国内総生産が数千億ドル規模で拡大することになるとは、専門家でも予測していなかったことだ。

ハムに代表される掘削業者が実現させたシェール革命を理解することなくして、二〇〇八年以降のアメリカ経済に起きた変化を理解することはできない。アメリカでは史上最大級の石油・天然ガス景気が生まれているのだ。アメリカの石油・天然ガスの生産は、二〇〇七年から二〇一四年にかけて約七五パーセントも増加している。

ただ、神は突然に、アメリカに新しい埋蔵資源を与えたのではない。石油と天然ガスは何十万年も前から――それ以上かもしれないが――すでに存在していたものだからだ。エネルギー産業の目覚ましい復活は、アメリカの技術開発能力、起業家精神、国内生産の拡大のための業界の取り組みによるものだ。人類の叡智《えいち》によって、エネルギー資源を無限に獲得するための暗号解読に成功したのだ。

この掘削技術の革命は、アメリカ経済を救うことになった。二〇〇八年の初めから二〇一三年の終わりまでの時期に、労働市場全体では九七万人の雇用が縮小していたが、石油・天然ガスの掘削業界では一〇万人以上の雇用が創出されていた。つまり、二〇〇八年から二〇〇九年の大不況からの〝回復〟が始まってから、少なくとも四年間は多くの業界が打撃を受けていたのに対して、石油・天然ガス業界では雇用が増えていたのだ。

石油・天然ガスの生産と供給は、二〇一一年だけでもGDPを一・二兆ドル増加させた。これは、アメリカのGDPの七・八パーセントに相当した。石油・天然ガス生産業者が生み出した支出、賃金、配当金などを合わせると、アメリカ経済全体に対しては四七〇〇億ドル以上(4)の貢献が生まれていた。これは、二〇〇九年の連邦政府による景気刺激対策予算（七八七〇億ドル）の半分以上の規模だ。しかも、この景気刺激効果のためには、議会での立法を必要とせず、大幅な財政赤字を生み出すこともないのだ。エネルギー投資支出の約三分の一の予算――約二六六〇億ドル――は、新エネルギーの開発計画を進め、精製などの関連設備の生産能力を強化することに向けられた。

マンハッタン研究所のエネルギー・アナリストのマーク・ミルズは、このように語っている。

「石油産業に関連する幅広い事業では、直接または間接的に約一〇〇〇万人が雇用されている」(5)

シェール革命以前には、エネルギー産業での雇用は三十年間も縮小を続けてきた。だが、現在のエネルギー産業は、国内最大規模の雇用を創出する業界のひとつに成長している。

世の中には二種類のタイプの人間がいる。このエネルギー開発の転換が、国家にとって重要だと理解できる人と、理解できない人だ。ドナルド・トランプが、常に理解のある人物だったのは幸いなことだった。

しかし、ワシントンにいる多くの人たちは、このことを長い間、理解できなかった。シェール革命がすでに始まっていたというのに、ワシントンDCでは、連邦政府がグリーンエネルギーに予算をつぎ込んでいた。ヨーロッパの多くの国でも同じ状況だった。しかし、過去十年間におけるエネルギー生産の増加の大部分は、比較的、補助金を受けていない石油・天然ガス業界によるものだった。グリーンエネルギー業界からの貢献は、ほとんどなかった。それなのに、ジョージ・W・ブッシュ政権とバラク・オバマ政権では、一五〇〇億ドルもの税金がグリーンエネルギー業界につぎ込まれていたのだ。補助金を受けていない業界のほうが発展したのは素晴らしいことだ。補助金を受けた業界のほうでは、ソリンドラ社（二〇一一年に破綻した太陽光パネル・メーカー）、フィスカー・オートモーティブ社（二〇一三年に破綻したハイブリッド車メーカー）などの倒産が相次いでいた。

革新派《プログレッシブ》の人たちからは、石油などの化石燃料産業も補助金を受けているではないかとの主張がある。そうかもしれないが、まっとうな主張だとは思われない。なぜなら、エネルギー研究所の調査によれば、単位当たりの補助金額を比較すると、石油、天然ガス、石炭の一ドルに対して、風力と太陽光では一〇〇ドル以上の補助金が入っているということだからだ。単純に見ても、合理的な比較が成り立たないのは明らかだ。小口現金の引き出しからドル紙幣を抜き取るだけの人と、バーナード・マドフ（二〇〇八年に起きた史上最大級の巨額詐欺事件の犯人）を比較するようなものだからだ。

アメリカの国産エネルギー

掘削技術の革命によって、急速な雇用の拡大とコミュニティの発展が同時にもたらされた。オハイオ州ヤングスタウンでは製鉄所が再建された。ウェストバージニア州ウィーリングも水圧破砕技術のおかげで見違えるように活性化した。これまで、製鉄所、炭鉱、工場が閉鎖したことで、町全体が死んでしまっていたが、今では、町の中心にＢＭＷ販売店が見られるようになっている。ペンシルベニア州やノースダコタ州の農場主たちは、掘削現場の土地の賃貸料収入のおかげで金持ちになっていた。また、マーセラス・シェールによって、ピッツバーグも石油と鉄鋼の街に戻った。マーセラスでの天然ガス生産を支える中心都市になったのだ。バッファローのような都市も復興していた。ペンシルベニア州の小さな町に住みながらマーセラス・シェールで働いている労働者世帯が、そうしたニューヨーク州北部の大都市にまで出かけてきて、消費をするようになったからだ。

特にトランプの当選以降で顕著になっているが、近年、アメリカの製造業が復活を始めている。この回復を支える大きな力になっているのが、シェール革命によるエネルギー価格の低下だ。二〇一四年にエネルギー関連団体のエナジー・イン・デプスが、安価な石油価格がアメリカ経済に与えた効果を調査報告している(6)。その内容によると、大規模な生産工場が新規に一〇〇カ所以上で建設されて、八〇〇億ドルの設備投資と五〇万人の雇用が生まれたとのことだ。

現在のアメリカでは、競合相手となる他の主要工業国と比較すると、最も低価格で電気料金が供給されている。ヨーロッパ諸国との格差は非常に大きい。特に産業用の電気料金では、ヨーロッパのどの国と比べても二分の一から五分の一になっている。

シェールガスの掘削技術によって、天然ガス価格は、二〇〇八年に一〇〇〇立方フィート当たり約一二ドルだったのが、二〇一五年には四ドル前後にまで下がっている。低価格の天然ガスは、電力供給の資源としては第二位のシェアを占めている（石炭よりも、やや少ない。太陽光発電は、わずか一パーセントだ）。アメリカ合衆国は二〇一五年までに、十年以上をかけて他国よりも炭素排出量を削減させてきたのだ。

こうしたなかでも、トランプ政権が特に強い関心を持ったのは、水平掘削技術で石油・天然ガス生産が急拡大すれば、石油の外国依存度が抜本的に低下することだった。八年前と比べると、月当たりでの石油輸入量は約二〇パーセント減少している(7)。二〇一九年には、純輸入量がゼロになる公算だ。エネルギー自給という目標は実現困難と思われていたが、近未来に達成できるところまで来ているのだ。これは、特に難しい計算を要する問題ではない。つまり、アメリカが一バレルの石油を掘削すれば、その一バレル分はＯＰＥＣ諸国、ロシア、中国などの敵対的な国家から輸入する必要がなくなるということだ。

アメリカ合衆国が化石燃料を使い果たせば、やがて石油が枯渇することになるというバラク・オバマたちが公言していた考え方は、完全に間違いだった。ノースダコタ州、テキサス州、オクラホマ州、ワイオミング州、ウェストバージニア州、ペンシルベニア州、オハイオ州に広がる巨大なシェールオイル・ガス鉱床が存在するおかげで、アメリカでは石油・天然ガスは枯渇するどころか、新たに発見されている。

あまりにも皮肉なことは、バラク・オバマと規制当局が非常に軽蔑していたはずの業界――石油・天然ガス業界――がオバマ政権を救っていたという事実だ。今さらながら、オバマのおかげで実現したのだという意見が出てくるかもしれない。掘削ブームが起きたことがオバマの功績だと考える人がいるかもしれないが、オバマは全力で阻止する側にいたというのが事実だ。

アメリカでの化石燃料ルネッサンスがもたらした予期せぬ経済効果としては、電気料金とガソリン価格が安くなったことに触れておくべきだろう。シェール革命以前の石油価格は一バレル一〇〇ドル近くで、さらなる上昇が予測されていた。しかし、この三年間での石油価格は、世界的な需給での変動はあるが平均一バレル約六〇ドルになっている。シェール革命がなければ、ガソリン価格も一ガロン当たり最低でも一ドルは高くなっていただろう。経験則では、天然ガス価格が一セント下落すると、アメリカの消費者は年間一〇億ドルの出費を節約できるとされている。

したがって、シェール掘削技術のおかげで、アメリカの家計全体では年間約一〇〇〇億ドルの出費が節約されたことになる。これこそが、本当に持続的かつ効果がある景気刺激策となっている。なぜなら、この資金は返済される必要がないかたちで、経済活動全体に投入されているからだ。標準的な世帯でのエネルギー関連支出は年間六〇〇〇ドルだ(8)。この費用が四〇パーセント削減されると、各世帯では二四〇〇ドル近くの出費が節約されることになる。

しかし、トランプを敵視する民主党は、トランプ政権が新たな掘削政策を推進することに対して抵抗を続けている。民主党が掲げているのは〝所得の不平等〟を是正することだ。エネルギー価格が安くなれば、富裕層と貧困層の間の所得格差を縮小させる効果がある。しかし、このことを民主党が理解できないのは皮肉なことだ。国勢調査局によると、家計におけるエネルギー関連支出のシェアは、貧困層では富裕層の二倍にもなっている。すなわち、規制的な政策――生産量の制限、環境保護庁（EPA）の厳格な排出規制、環境保護条約など――というのは、富裕層よりも貧困層に対して、より大きな打撃を与えることを意味している。化石燃料の国内生産を規制するいかなる政策も、低所得層には逆進性の高い税金として負担されることになるのだ。

ウォール・ストリート・ジャーナル紙で、ある研究が引用されていた。天然ガスの価格が安くなった効果としては、「低所得家庭向けエネルギー支援プログラム」による給付金額と比較しても、貧困世帯ではその二倍から三倍の金額の出費が節約される結果になったことが判明している(9)。さらに言えば、シェールガスとシェールオイルは、納税者には何の負担も生じさせることはない。

エネルギーは、あらゆる生産活動と消費活動の基礎となるものだ。だから、石油価格が安くなれば、あらゆる価格――アイスキャンディから、コンピューター、飛行機のチケットまで――が安くなることになる。低価格のエネルギーが国内生産されたおかげで――特にシェールガスだが――全米にわたり製造業が復活することになったのだ。

トランプのエネルギー独立宣言

トランプと（ハムを中心にして）私たちが、アメリカのエネルギー革命についての話をしながら、シェール産業の素晴らしい成長について説明するときには、いつもこのようなことを言っていた。

「もし、このシェール革命を実現させて、拡大させることを願う人物が……エヘン……ホワイトハウスの大統領執務室にいて連邦政府を統治していたとするならば、いったいどれだけすごいことになるのかを考えてみてください」

トランプは頷《うなず》いたものだ――言われるまでもなく、そんなことは分かっているとでもいうふうに。

このシェール現象は、単なる打ち上げ花火や一時の流行の技術として消えてしまうようなものではない。むしろ、その正反対だ。私たちが素晴らしいことだとして説明していたのは、このシェール・ブームが揺籃期《ようらんき》にあることだった。

これまでの石油・天然ガスのブームでは、掘削の九〇パーセント以上が私有地で行われていた。わずか六パーセントが公有地で行われていたにすぎなかった。トランプが全面的な掘削戦略を実行すれば、アメリカ国内での生産は倍増すると推定された。また、技術の進歩のおかげで、石油価格が下落した場合でも事業としての利益が確保できるようになっていた。当初の水圧破砕技術では、一バレル当たり一〇〇ドルの石油価格が必要だった。しかし、現在では一バレル六〇ドルでも利益を出せるようになっている。いずれ、一バレル四〇ドルから五〇ドルでも成り立つようになるだろう。

アメリカが、技術水準で圧倒的な優位を維持することは重要なことだ。医療分野のイノベーションでも、あらゆる特効薬、ワクチン、医療機器が、アメリカで発明されてきた。テクノロジー業界でも、新しい大型デジタル時代に対応するコンピューター技術の画期的な進歩は、インキュベーター（孵卵《ふらん》器《き》）としてのシリコンバレーで発明された。エネルギー業界のイノベーションでも、事情は同じことだ。アメリカの掘削技術は、世界の他の国々と比べても十年から十五年は先を進んでいる。

かねてから指摘してきた点が、もうひとつある。自由経済を信じる者として、非常に素晴らしいと実感しているのだが、シェール産業の成長の可能性が、政府の補助金とはまったく無関係であることだ。オバマ政権のエネルギー省関係者のなかには、水圧破砕技術の発明を――有害な技術だとバカにしていたはずなのに――まるで自分の手柄のようにしている人たちもいる。しかし、すべて民間部門だけで実現したことだった。

大統領選挙が終わってからすぐに、政権移行チームからの依頼があった。エネルギーの国内生産を大幅に増やし、アメリカのエネルギー優位を確立するというトランプの政策目標を実現するために、新政権が進むべき道筋を示すメモを作成してほしいとのことだった。数名の専門家とも協力して、政策メモを作成した。そのうちの一人は、ハロルド・ハムだった。そのほかは、エネルギー調査研究所のエネルギー問題担当の優秀なチームだった。ジャック・コールマンの協力も非常に貴重なものとなった。コールマンは、アメリカの豊富なエネルギー資源の問題では最有力者のひとりだ。レーガン時代のホワイトハウスではエネルギー問題の責任者を務めて、議会でも二十年以上前から仕事をしてきていた。また、私たちの「繁栄を解き放つための委員会」にもエネルギー専門家として在籍していた。

このメモのタイトルは、「アメリカがエネルギー自給を達成するためには」とした。このメモに書かれた多くのアイデアは、トランプ政権の政策として実行されることになった。現在、まだ取り組み中になっている内容もあるが、とても栄誉なことだと感じている。以下は、私たちが、トランプ・チームにアドバイスした内容だ。

> エネルギー国内生産のプラス面は——経済面と安全保障面の観点では——計り知れないものがある。エネルギー自給を達成した上で、さらに世界に輸出することを目標にしている。このような成果本位での国家エネルギー政策は、これまでにはなかったものだ。
>
> ……他国で取り組まれているように、国内での石油・天然ガス開発を推進すべきだ。経済学と

しては、簡単な設問だ。アメリカ国内での石油・天然ガス産業への投資活動を活発にすることで、経済活動の基盤を広げ、新たに数十万人の高賃金の雇用を創出することを取るべきか？ それとも、他国のために、設備投資や石油輸入のための資金を送金して、その国の雇用創出を助けて経済発展に貢献することを取るべきか？ 外国から石油を買って、輸入すること自体が悪いわけではない。しかし、自国での生産が阻害されていることが理由で、そうならざるをえないならば、重大な問題なのだ。

では、アメリカが将来、エネルギー資源に恵まれて繁栄するためには、どのようなステップが必要となるのか？

1. 引き続き、アメリカの石油・天然ガスの輸出に対する障害を取り除くこと。二〇一五年に、連邦議会はオバマ政権に法律による規制を中止するよう迫った。現存する規制による障害も、直ちに廃止されるべきである。
2. 連邦政府所有地での掘削を許可すること。過去七年間での掘削事業の九〇パーセント以上は、私有地で行われた。連邦政府所有地にも、莫大な規模での掘削可能な石油埋蔵量がある。
3. キーストーンXL計画ほかの多くのプロジェクトを許可して、全米にわたるパイプラインのネットワークを構築すること。
4. アメリカ合衆国での製油所の建設を許可すること。エネルギー情報局は、このように述べている。「最後に大型の石油精製設備のコンビナートが操業を開始したのは、一九七七年にルイジアナ州ゲーリービルでのことだった」(10)。新規の大型精製設備が稼働してから約四十年が経過している。しかし、一九七〇年代半ばと比べてアメリカの人口はほぼ倍増し、エネルギー生産も倍増している。こうなった主な理由は、環境規制法のために、アメリカ合衆国では製油所の建設が途方もなくコスト高になってしまったからだ。

5. 環境保護庁(ＥＰＡ)を統制して、環境に配慮した上でのエネルギー資源の利用を可能にする。これまでに環境保護庁は、石炭産業を廃業させ、石油・天然ガス産業を壊滅させる政策を進めてきた。しかし、環境保護規制は、費用対効果が適正であると示される必要がある。つまり、規制を遵守するために費やす経済コストは、環境面での便益に基づかなければ――正直に測定される必要があるが――正当化されない。オバマ政権によるアンチ化石燃料の規制は、この基準にはほとんど適合しない。まずは、石炭産業を壊滅させたクリーンパワープランの規制から廃止すべきだ。

6. 原子力発電所の建設に関して障害となる規制を取り除くこと。小型原子力発電所によるエネルギー生産を可能にすること。

7. ……エネルギー産業に対する、あらゆる形態を取っている補助金を廃止すること。左派は、石油・天然ガス企業への補助金が税金で負担されていることを不満としている。現在の水準のものは廃止するべきだろう。ただし、太陽光発電や水力発電でも、補助金、融資、融資保証などにより膨大なコストが生まれている。

……以上の政策を実行することができれば、アメリカが――サウジアラビアや、ロシアや、ＯＰＥＣではなく――将来、世界のエネルギー生産の中心になることだろう(11)。

私たちが提案したこの戦略は、オバマ政権のほか、民主党議員の大半や、あらゆる環境保護ロビー団体が依拠してきた価値観から、完全に離脱することを意味していた。こうした人たちは、現在のラッダイト運動家（イギリス産業革命期の機械打ち壊し運動）だ。人為的な〝気候変動〟を心配するあまりに、アメリカ国内の資源を〝地下に埋めておく〟べきだと考えているからだ。このような理由で、オバマ政権は二〇一六年一月に、石炭産業に対する連邦政府所有地のリースを停止していた。そして、それまでの前任の四人の大統領と比べても――水圧破砕技術の進歩により、リース需要は急増していたが――連邦政府所有地の土地リースには、ほとんど許可を出さなかった。エネルギー開発のための土地利用許可に要する期間も、ジョージ・Ｗ・ブッシュ政権の二期目では二〇五日だったが、オバマ政権では二四二日にまで延びていた(12)。

アメリカ合衆国には、最低でも新規に一〇〇万人の雇用が生まれると、私たちは推計していた。ノースダコタ州の住民の事例が、このことを裏付けている。ノースダコタ州は、エネルギー産業のおかげで活況となり、失業率は全米中で最も低くなっている。現在、マクドナルドの店員でさえ時給一五ドルを稼いでいるし、契約金が払われる場合さえある。全米にわたる掘削と採掘の推進政策による生産高の拡大は、ＧＤＰの一パーセント分の増加にも相当する規模になっている。

エネルギー政策の大統領

トランプ政権の発足以来、トランプ大統領と、エネルギー省長官のリック・ペリーと、環境保護庁長官のスコット・プルイットは、アメリカがエネルギー優位を確立するために障害となるものを取り除いていった。オバマ政権による大量の規制を廃止したのだ。トランプは、最初にエネルギー政策で走り始めることになった。二〇一七年の初めに、トランプは、アメリカの新しいルネッサンスを呼びかけた。再生可能エネルギーではなく、国内に無尽蔵に眠る石油、天然ガス、石炭の開発を訴えたのだ。

二〇一七年六月には、トランプは全米に放送された演説で、「エネルギー生産におけるアメリカの世界的優位」を提唱した。これまでの数十年間、アメリカは外国のエネルギー資源に依存してきたが、現在では、石油、天然ガス、石炭などの合計でエネルギー資源の純輸出国になりつつあることが説明された。この演説だけでなく、その後に新政権で展開された政策のなかで、トランプは、私たちが一年前に渡したメモで強調しておいた数多くの戦略を、実行に移し始めていた。トランプは演説で、エネルギーの国内生産と石油・天然ガスの輸出拡大が、アメリカ経済を強化して世界に対する影響力を増すだけでなく、世界の市場の安定化にもつながることを、正確に語っていた。エネルギー省長官のペリーも、同じ内容を繰り返し説明していた。

トランプは、マルサス的な考え方は持っていないことを公言していた。つまり、やがて石油や天然ガスが枯渇するという話など、信じられないとしていた。むしろ、トランプは「わが国は、非常に豊富なエネルギー資源に恵まれている……」(13)と信じていたが――このことは、アメリカ合衆国にとっては、莫大な戦略的、経済的な利益となるはずなのだ。また、トランプは、一九七〇年代から行われていた石油・天然ガスの輸出規制の完全廃止にも、全面的に賛成していた（アメリカでの石油生産が急成長していたにもかかわらず、バラク・オバマ大統領が、この数十年にわたる輸出規制を解除する法案にしぶしぶ署名したのは、エネルギー問題をめぐる議会共和党との政治取引の結果だった）。トランプが取り組んでいたのは、こうしたバカげた規制を完全に廃止することだった。

トランプ政権は、これまでエネルギー生産を制限して、コスト高を招いていた数々の政策や規制を覆した。例えば、前述したとおり、オバマ政権は石炭産業に対して連邦政府所有地の新規リースを停止していたので、実質的には、河川の近くでの炭鉱操業が禁止されていた。

内務省も、水圧破砕技術を事実上、禁止していたオバマ時代の規制の廃止や緩和を開始した。特に重要だったのは、ホワイトハウスが、いわゆるクリーンパワープランを中止したことだ。このオバマ政権の規制は、電力生産に伴う温室効果ガスについて、およそ不可能な削減量の基準を課していたので、石炭生産を壊滅させる結果となっていた。

トランプがエネルギー政策で収めた大きな勝利としては、約五十年ぶりに、石油が豊富な北極圏国立野生保護地区での掘削禁止を解除したことが挙げられる。これにより、数十億バレルの国産エネルギーの増産が可能になった。

最後になるが、トランプは大統領令を出して、電力会社に対して、石炭火力発電と原子力発電の電力供給における強靱性と信頼性を考慮に入れるようにも求めている。

パリ協定を忘れよ

トランプが、アメリカの化石燃料産業を大きく活性化させたことによって、アメリカ合衆国は、非現実的で持続可能性に乏しいパリ協定から離脱することになった。トランプが就任一年目の春に、この宣言を発表したときは、本当に嬉《うれ》しかった。他の共和党大統領候補者であったならば、左派の熱狂をものともせずに、こうした宣言を発表するだけの不屈の姿勢や、信念を貫く勇気を期待することはできなかったことだろう。トランプの決意に対して、メディアは全面的に敵対姿勢を示した。あるCNNのレポーターは、数年以内には海水面が劇的に上昇して、アメリカの一部が完全に水面下に水没することになると報道していた。ヨーロッパと中国の指導者は、トランプとアメリカに対して「世界を指導する役割を放棄するものだ」として非難した。偽善的なヨーロッパとアジアの指導者は、アメリカが参加するかどうかに関係なく、クリーンエネルギーに全力で取り組むことを公約していた。

しかし、もちろんこの問題は、いかなる観点からしても、明らかなウソ話でしかなかった。ヨーロッパ諸国は、二〇〇一年の気候変動に関する京都議定書――アメリカが、この国際条約に反対したのは正しい選択だった――に賛成していた。ヨーロッパ諸国は、化石燃料を放棄することで温室効果ガス排出を劇的に削減し、グリーンエネルギーに大幅に移行することを公約していた。その結果は、どうなったのか？　〝グリーン〟エネルギー革命は大失敗に終わった。こうした会議で設定された目標を達成した国など皆無だったからだ。特にドイツなどの国々は、偽善的とも言える〝きれいな《クリーン》〟（しかし、あまりにも高価格の）エネルギー源から脱却し始めていた。したがって、前回の条約を破っておきながらも、さらに新たな条約に厳粛に参加するなどという話など、どうして信じられるというのだろうか？

　さらに驚くべき事実は、アメリカが――この条約での温室効果ガス削減目標には参加していなかったにもかかわらず――パリ条約の参加国以上に、炭素排出量を削減してしまっていたことだ。シェール革命によって、温室効果ガスの〝削減〟が実現したことが理由だった。アメリカの電力供給の原料が石炭から天然ガスに転換したことは、空気がきれいになることを意味していた。石炭使用でのクリーン対策が進歩したことも、アメリカの排出量削減に貢献していた。

　つまり、環境保護活動家が水圧破砕技術や水平掘削技術に反対してきたことは、まったくの間違いだった。こうした技術によって、温室効果ガスが劇的に削減されたからだ。将来の気候変動の可能性は、むしろ低下していることになる。

　トランプ政権には洪水のような非難が浴びせられていたが、アメリカは環境保護問題における世界の悪役ではなかった。むしろ、環境問題を先導する世界のリーダーにふさわしい立場になっている。

　地球温暖化・産業複合体からは、さらに不可解な主張が生まれている。中国とインドが――現在、環境汚染の二大国になっているのだが――化石燃料から離れて、風力発電と太陽光発電に移行しようとしているというのだ。

　バカな話だ。二〇一六年十一月のウォール・ストリート・ジャーナル紙は、中国とインドが、化石燃料の使用を「倍増させている」として、次のように報じている。

「中国政府は、環境汚染を改善すると公約している。しかし、二〇二〇年までには石炭による発電能力を二〇パーセント増強する予定だとのことだ。依然として、石炭を重要なエネルギー資源として位置づけている。月曜日に発表された電力に関する新五カ年計画でも、国家エネルギー管理局は、石炭火力発電を昨年の約九〇〇ギガワットから、二〇二〇年には一一〇〇ギガワットにまで増強するとしている」(14)

エネルギー業界のニュースレターでは、二〇一七年三月に、「日本、インド、中国　二〇二〇年代まで石炭への転換を継続　CO_2による大気汚染をさらに招く」との見出しで注目を引く記事が報じられた。ウォール・ストリート・ジャーナル紙は、中国の石炭火力発電量の増加分だけでも、カナダ全体での年間エネルギー使用量を超えていることを指摘している。最近、北京や上海を訪れたことがあるだろうか？　工場排気の黒い煙で大気は汚染され、町にはスモッグの雲が垂れ込めている(15)。

石炭に熱心なのは、中国だけではない。二〇一五年にパリ協定が最終合意されたのと同じタイミングで、ニュース記事は「新規の石炭火力発電所　世界の約二二〇〇カ所で計画」と報じた(16)。

著名な科学雑誌『米国科学アカデミー紀要（ＰＮＡＳ）』の研究によると、今、世界の各国で「石炭の復権」が起きているとのことだ。中国やインドなどの数カ国に限られているわけではないのだ。世界中の途上国で、石炭がエネルギー資源として選ばれていることを明らかにしている。この報告書は、「石炭の復権が、最近十年間で加速している」ことを指摘していた(17)。

この『米国科学アカデミー紀要』の研究では、石炭が人気となっている理由を、このように結論づけている。

「世界の多くの地域では、石油、天然ガス、原子力、代替可能エネルギーと比べても、石炭が、最も安価な選択肢となるからだ」

つまり、左派の富裕な環境保護活動家というのは、貧困層に対しては安価なエネルギーを利用する機会を奪い、逆に、高価格なエネルギーの使用を強いていることになるのだ。

パリ協定というのは、コストが高くつく、実効性の伴わない夢想でしかない。いつもと同じように、アメリカは費用の負担を止めることにした。リベラル派がしていたのは、排出削減量の目標値を下げるために、他国への賄賂として莫大な裏金を手配するようなことだった。そのような国々が、地球を救うための方法を教えてくれるとでも言うのだろうか？　それは、まるで『ピーナッツ』の登場人物のピッグペン（埃の嵐と共に現れる不潔な男の子のキャラクター）から、身だしなみの授業を受けるようなものだ。

そろそろ、私たちは他の国が何を語るかよりも、どのような行動を取るかに注目してもよいころだ。中国は、環境汚染を改善することには関心がない。ただひとつの目標に向かって邁進している。つまり、世界における産業面での優越的な地位を確立するために、最も安価で、信頼性が高いエネルギーを利用したいのだ。中国とヨーロッパ諸国が期待していることは、アメリカが、今よりも高価格のエネルギー資源に転換することなのだ。そうなれば、製造業、輸送業、製鉄業、ハイテク製品の分野で、アメリカに対する競争力を取り戻すことができるからだ。ヨーロッパ諸国は、アメリカが開発した低価格の石炭と天然ガスとの競争には、もはや勝てないとの現実に直面している。だからこそ、アメリカには、そうした資源を利用させたくないと考えているのだ。

国連には、クリーンエネルギーの推進を目的とした大規模な国際官僚機構が存在している。しかし、そのようなものをアメリカは必要としていないというトランプの主張は、まったく正しい。他の国々は、地球環境を汚染する犯人はアメリカなのだと決めつけて偽善的な攻撃を続けてきたが、実は、アメリカはこの十年間で炭素排出量の削減に成功している。アメリカは、クリーンで燃焼効率が高いシェールガスでは二〇〇〇年分、石油では二五〇〇年分、石炭では五〇〇〇年分の資源に恵まれている。しかし、パリ協定は、こうした資源の利用を妨げるものだった。スコット・プルイット環境保護庁長官が指摘するとおり、この数十年間で五〇パーセント以上の排出削減が達成されている。クリーンな石炭も実現している。だから、石炭産業を壊滅させるようなことをせずに、ガス化などの技術革新によって、さらにクリーン化を進めていくべきだろう。

　オバマ政権でのクリーンパワープランによる規制とパリ協定は、雇用を脅《おびや》かした。例えば、環境保護庁の規制は、アメリカの発電所での二酸化炭素（CO_2）排出を三〇パーセント削減するように定めていた。電力会社にとっては莫大なコスト負担となった。エネルギー調査会社のエネルギー・ベンチャー・アナリシス社によると、アメリカの住宅、商業、産業におけるエネルギー消費の年間コストは、二〇二〇年には、現在よりも一七三〇億ドル高くなる――三七パーセントの増加となる――と予測していた。世帯当たりでのガス・電力料金の支払いも三五パーセント増加して、年間では六八〇ドルも高くなるとのことだ[18]。ガス価格の上昇は、貧困層を直撃することになるのだ。

　トランプがパリ協定から離脱することを決断すると、数カ月にわたってメディアや環境保護団体からの非難が続いた。将来の再生可能エネルギーの技術で、世界をリードする地位を中国に明け渡すことになるというのだ。現実に、常に中国は、ただひとつの目標に向かって邁進している。それは、アメリカの地位に取って代わる、世界の経済超大国となることだ。こうした目標からすれば、中国にとっては、エネルギー価格が上昇することも、あまりに非効率な電力生産方式に移行することも、まったく好ましいことではなかった。

こうしてみると、化石燃料の使用を止めるという選択が、本当に地球環境のための政策になると思われるだろうか?

そのようなことが、地球を救うための方法になるのだろうか? ――そんなことはない。

エネルギー生産で環境を汚染している中国やメキシコのような国に、アメリカの雇用を移転させてしまうだけなのだ。パリ協定を擁護しているリベラル派の主張は、まるでプレッツェルのようにねじれている。一方では、地球環境を破滅から救わなければならないと主張している。しかし、他方では、過大な負担には耐えられないとして、協定での排出量目標は〝自主的な〟ものにすぎないと主張しているのだ。私たちからトランプにアドバイスしたのは、「パリ協定は詐欺だ」ということだ。この協定が意味するところは、アメリカが目標を遵守したとしても、世界の他の国々は目標を遵守しない――結局、アメリカがすべてを負担することになる――という構図だからだ。

トランプが正しいことは、すでに証明されている。二〇一八年にドイツ政府は、環境目標を達成していないことを認めた。オーストラリア、ブラジル、日本なども同じだった。つまり、ウソと偽善だらけの約束なのだ。

私たちが共に仕事をしていたトランプのアドバイザーのなかには、真剣に気候変動を懸念して、深刻な環境破壊の危機を回避するための政策を期待している人たちも多かった。だが、私たちのほか、スティーブ・ミラーや、エネルギー長官のペリーが指摘していたことは、たとえ、終末論的な予言を信じたとしても、国連の協定によって地球が救われるなどと考えるのは、まったく現実的ではないということだった。また、連邦政府の現状を見れば、予算の収支を合わせることもできなければ、郵便を確実に配達することもできなければ、犯罪者を街頭から追い払うこともできてはいない。そうだとするならば、世界の気候変動に取り組む能力などあろうはずもないということになる。

気候変動に対応するための有効な方法としては、経済成長と、技術革新しかない。今から五十年もたてば、もっと技術が進歩して、豊かな時代に生きている孫たちの世代が、環境問題など解決してしまっていることだろう。

パリ協定からの離脱によって、トランプのエネルギー政策の方針は明らかになった。アメリカ国民は、クリーンな環境を求めている。きれいな空気と水を守り、健全な社会をつくりたいと願っている。過去の五十年間で、排出量削減が実現したのは素晴らしい成果だ。環境規制は経済の足枷《あしかせ》になるべきではない。現在、最優先されるべきことは、経済成長、雇用の創出、労働者の所得向上だ。この目標を実現するために最大の貢献をすることができるのは、国内のエネルギー産業なのだ。以上で、終わりとする。

有権者がグリーンエネルギー・ロビーを打倒する

選挙戦の早い時期でのことだった。トランプがエネルギー問題専門家——エネルギー関連会社や電力会社のＣＥＯも出席していた――を集めた会議に、私たちも同席していた。トランプは、ある著名なＣＥＯに質問した。これからの二〇兆ドル規模の経済での電力供給を考えたときに、どのようなエネルギー資源の構成が適当なのかと聞いたのだ。

この社長の答えでは、「大まかに言うなら天然ガスで三〇パーセント、石炭で三〇パーセント、原子力で三〇パーセント、再生可能エネルギーで一〇パーセントぐらいだろう」とのことだった。

トランプは少し考えて、こう言った。

「だいたい正しい考えなのだろうと思う。再生可能エネルギーで一〇パーセントというところ以外は」

トランプの考えとしては、風力や太陽光発電は補助金漬けで、非効率極まりないということだった。アメリカの将来のエネルギー源としては、ごく小さな隙間産業としてのみ存在できる程度だろうと理解していた。そうした分析には、たまたま私たちも同じ見方をしていた。トランプに何度も説明していたのは、あまりにも巨額で持続不可能な規模となっている政府の補助金なしに、〝グリーン〟エネルギーは、もはや低価格の石炭や天然ガスとの競合ができなくなっているということだ。

私たちはトランプに、このように説明した。〝グリーン〟エネルギーという底なし沼に、国家のエネルギー戦略として数千億ドル以上もの税金をつぎ込むようなまねをするのは、まったくバカげている。もちろん、トランプにとっては、そのようなことをするのは考えられないことだった。まるでｉＰｈｏｎｅ発売日の前日に、ダイヤル式固定電話の会社の株を買うようなものではないか。価格が安い莫大なシェールオイルと天然ガスが目の前に出現している。それなのにヒラリー・クリントンも、バーニー・サンダースも、シエラクラブも、そして国連も〝グリーン〟エネルギーのことばかりを話題にしたがっていた。

ここで、重大なことを理解しておく必要がある。太陽光発電や風力発電産業の多くは――自らも認めているとおり――巨額の税金や企業助成による資金援助なしには、現時点でも自力で存続できないという事実だ。こうした財政支援としては、税金控除、研究開発費の抜け道、再生可能エネルギーのための規制、融資保証、消費者への報奨金などを通じて、多くの場合は隠れたかたちで何重にも補助金が投入されている。太陽光エネルギー産業協会のエグゼクティブ・ディレクターのローヌ・レッシユは、このように議会で証言した。

「現実の問題としては、もし投資税額控除が廃止されれば、一〇万人の失業者が生まれることになります。これは控えめな数字です。太陽光発電企業の九〇パーセントは廃業することになるからです」

二〇一六年の選挙結果が集計された結果として、最大の敗者となったロビー団体があったとすれば、それは〝グリーン〟エネルギー業界だった。大統領選挙の翌日に、シエラクラブは寄付者宛てに非常事態を知らせるEメールを送信していた。「このようなことが起きるとは信じられないことです」と嘆いていた。この環境保護団体のエグゼクティブ・ディレクターは、選挙結果は「国家とこの地球にとって深く憂慮せざるをえない」ことだと知らせていた。確かに、そうなのだろう。化石燃料を憎悪《ぞうお》して、気候変動問題を騒ぎ立てる人たちにとっては、これから四年間か、おそらく八年間は悪い時代になるということなのだろう。

グリーンピースのエグゼクティブ・ディレクターのアニー・レオナルドの感想は、さらに終末論的だ。

「まさかこうしたことを書くことになるとは思っていなかった。ドナルド・トランプが大統領に選ばれるというのは破滅的なことだ……。はっきり言って、ドナルド・トランプの気候変動否定論にはめまいがする思いだ。トランプは環境保護庁を廃止して、パリ協定も離脱して、クリーンエネルギー研究の補助金も中止したいのだ。そして〝掘って、掘って〟（二〇〇八年大統領選での共和党の掘削を推進するスローガン。副大統領候補サラ・ペイリンによって有名になった言葉）という政策を進めたいのだ」(19)

そうだ。トランプがやりたいことは、そのとおりだ。だが、それが本当に気違いじみていて、地球に脅威となる政策だったとするならば、どうしてトランプが勝つことができたのか？

アメリカの有権者は、トランプのエネルギー政策での提言に賛成していた。だからこそ投票所に出かけていって、左派の政策のなかでもとりわけ過激な環境保護運動に対して、拒絶の意思表示をしたのだ。投票日の夜に最大の敗者となったのは、アメリカのビッグ・グリーン運動の人たちだった。この人たちの考え方は経済発展の否定であり、たとえアメリカ人の大量失業が生まれたとしても、地球を絶滅から救うためには、アメリカ合衆国を脱工業化させる必要があると本気で信じ込んでいた。ところで、左派の主張には自己矛盾しているところがある。本当に絶滅の危機に直面している状況だと信じているならば、安全な原子力発電――温室効果ガスの排出量はゼロである――に反対するのではなく、推進するべきだからだ。

有権者は、こうした偽善の匂いを感じていたので、気候変動問題を推進するロビー勢力には不満を表明したのだ。それは正しい行動だった。

こうした団体は、アメリカの産業と労働者の利益に対して公然と反対しているのだ。実際に、シエラクラブは石炭火力発電産業との戦いにおいて、二〇一六年に〝勝利〟宣言をしていた。アメリカを代表する幾つかの石炭生産企業を倒産に追い込んでいた。シエラクラブの広報担当者のレナ・モフィットは、アメリカの石炭使用量を削減した貢献については語っている。しかし、シエラクラブのキャンペーンのために、何万人もの鉱山労働者、トラック運転手、建設労働者、その他の賃金労働者が失業する結果になったことには、まったく言及してはいないのだ。何という人道主義者なのだろうか！

こうした人たちは、クリーンに燃焼するはずの天然ガスも嫌悪していた。モフィットは、このように断言している。

シエラクラブは「クリーンエネルギーでの供給が一〇〇パーセントになる時代に移行するために……この国の石炭産業と石炭火力発電を壊滅させたのと同じ専門家に、天然ガス産業に対しても、同じような取り組みをしてもらうことにする」[20]

石油・天然ガス産業や石炭産業で、直接あるいは間接に雇用されているアメリカ人は一〇〇〇万人いると推定される。それなのに左派の〝環境《グリーン》〟団体では、こうした労働者をひとり残らず失業させるという話が、寄付者に対して公然と、そして得意げに語られているのだ。しかし、オハイオ州、ペンシルベニア州、ウィスコンシン州、インディアナ州、ミシガン州などで出会った有権者にとっては、気候変動問題の狂信者のせいで失業させられているという話に興奮を感じることなどできなかった。そうしたことが、連邦政府によって引き起こされていることを理解しているからだ。政府が気候対策をするなどという誇大妄想のために、自分たちの生活は破壊され、経済的苦境は見捨てられることになったと考えていたのだ。

気候変動の問題は、いろいろな意味で、ドナルド・トランプが中西部の工業地帯の〝青い壁〟を破ることに成功した重要な争点のひとつだった。キーストーンＸＬパイプライン計画は、建設、溶接、配管、電気関係の高賃金での雇用を一万人規模で創出するものだった。この建設計画に民主党が反対したのは、あまりに思慮に欠けることだった。組合労働者の利益を代表してきたはずの政党が、これまでの支持者とその家族に完全に背を向けたことを意味したからだ。

トランプの選挙戦では、結局のところ数多くの有権者が、アメリカを貧しい国にしてしまいかねない過激な環境政策を拒絶する意思表示をした。私たちは、あまり驚きを感じたりはしなかった。それなのに、どうして左派はこの結果にそれほど驚いたのだろうか？

私たちがトランプにいつも話していたのは、少なくとも過去五年間のほとんどの世論調査では、気候変動の問題はアメリカの有権者の関心事項に、ほとんど挙がっていなかったことだ。雇用と景気が、常に一位と二位になっていた。気候変動の順位は、たいていほとんど一番下だった。二〇一五年のＦＯＸニュースの世論調査では、気候変動が「現在のアメリカが直面する最も重要な問題」であると考えた人は、アメリカ国民のうちでも、わずか三パーセントだと判明していた。このことは、地球温暖化がアメリカにとっての重大な脅威だと主張していたバラク・オバマ、ヒラリー・クリントン、バーニー・サンダース、トム・スタイヤー（大手ヘッジファンド出身の富豪、環境保護運動家）に対して、九七パーセントのアメリカ国民が賛成していないことを意味していた。

それでも、ヒラリー・クリントンはウェストバージニア州の人たちに向けて、炭鉱労働者を全員失業させる政策について演説していた。それなのに、労働組合が強く、伝統的には確実に民主党優位だったはずの州で、どうして敗北することになったのかとヒラリーは不思議に思うのだった。

石炭の大復活

この本のテーマのひとつでもあるが、ドナルド・トランプには、批判してくる側のほうが間違っていることを証明してしまう才能がある。もちろん選挙戦の勝利そのものが最大の事例だ。ここでは、石炭産業の復活についても考えてみよう。

選挙戦のさなかに、私たちは、オバマやヒラリー・クリントンに近い立場のリベラル派のエネルギー問題専門家と討論を行ったことがある。こうした人たちは、全米にわたり石炭産業を復興させて、かつて石炭で栄えた地方都市での雇用を復活させたいとするトランプの提言を軽蔑していた。つまり、批判している人たちは、ドナルド・トランプが石炭産業を復活させることなど絶対に不可能だと確信していた。

トランプは、ウェストバージニア州やペンシルベニア州のほか、経済的に荒廃したアパラチア地方（米国東部の高地で、アパラチア山脈の東麓地方）に遊説に出かけては、石炭産業の雇用を取り戻すことを公約していた。そのことによって、ウソつきとか、ペテン師とか呼ばれていた。二〇一六年には、シエラクラブが寄付者に向けて、「石炭は死んだ」という勝利宣言を出していた。選挙が終わってから数週間後にも、ニューヨーク・タイムズ紙では「石炭産業は戻ってこない」という記事が掲載されて、そうした印象を強めていた。この記事を書いた記者は、「石炭産業を救うという（トランプの）公約は、破られることになる」

と予想していた(21)。

トランプは、オバマ政権がアンチ石炭政策を進めるために出した大統領令を撤回した。そのときに、オバマ政権でホワイトハウスの政策顧問を務め、現在はコロンビア大学グローバル・エネルギー政策センターのジェイソン・ボードフ所長は、このように発言した。

「クリーンパワープランの廃止によって、石炭産業の衰退を緩やかにすることはできる。しかし、復活させることは不可能だ」(22)

しかし、石炭産業も鉱業も復活することができた。トランプ当選後の一年で、これまで長年にわたり減少してきた鉱業労働者の雇用が五万人も増加している。これとは対照的に、ヒラリー・クリントンは左翼の環境保護派の億万長者の友人たちを前にして、鉱業労働者を完全に失業させると公約していたのだった。

ヒラリーは化石燃料に対する戦いという、オバマが始めた仕事を完成させたいと考えていた。アメリカン・アクション・フォーラムの二〇一五年度報告書によると、オバマ政権の下では、石炭火力発電所では約四万人の雇用が失われ、二〇一五年までに鉱業労働者の雇用も一万人以上が失われていた(23)。

トランプの石炭産業の推進政策にもかかわらず、選挙後も、アメリカのエネルギー生産における石炭の役割は、依然として低下しつつある。エネルギー情報局（ＥＩＡ）による月次のエネルギー使用量の調査によると、二〇一七年には約一二億メガワット時の電力が石炭から供給されていたが――この年に、石炭による発電量は過去十年間で最低となっていた(24)。一方で、エネルギー情報局は、発電のエネルギー源としては、天然ガスが第一位を占め続けると予測している(25)。二〇一六年には、発電エネルギー源としては、初めて天然ガスが石炭を上回ることになった。直近一二カ月の累計値でも、はるかに上回っている。

それだけではない。商務省経済分析局からの二〇一七年七月二十一日付のレポートでは、このように記されている。

「鉱業生産は二一・六パーセント増加した……。第1四半期の成長の要因は、主に石油と天然ガスの採掘と、鉱業に対する支援政策によるものだ。これは二〇一四年の第4四半期以降では、最大の増加となる」(26)

トランプの当選以降に、掘削業と鉱業では五万人の雇用が創出された。その多くは石油・天然ガス産業によるものだが、一部は、石炭産業によるものだ。石炭産業の生産高は、二〇一七年には一二パーセント増加している。

リベラル派は、石炭産業では増産が行われているが、労働者数では減少していることを指摘している。雇用を創出するような主要な産業ではないとの反論をしているのだ。確かに、その指摘はまったく正しい。しかし、それが生産性と呼ばれるものなのだ。エネルギー研究所の調査によると、風力発電や太陽光発電は、石炭または石油による電力生産と比べると、発電量一キロワット当たりで三〇倍以上の人時(一人一時間の仕事量)が必要となることを指摘している。こうした化石燃料産業での生産性の向上を認めないとの考え方は、農業の世界であれば、トラクターなどの近代的な農業機械を使うなと言うに等しいことになる。

また、石炭産業の雇用は、実際の石炭採掘に関連する仕事だけではない。石炭産業は、製鉄業、トラック業界、製造業の雇用とも関連している。低価格で効率的なエネルギーが供給されれば、アメリカのあらゆる産業の生産性が向上し、世界の市場でのアメリカの労働者の競争力が高まることにもつながる。生産性の向上は、アメリカ国内での雇用を破壊するものではなく、高賃金の雇用を生み出すことになるのだ。

石炭の使用量を増やしている国は、アメリカだけではない。ニューヨーク・タイムズ紙によれば、とりわけ「中国企業は、国内と海外で七〇〇以上の石炭発電所を計画したり、建設したりしている。そうした国々のなかには、石炭を完全に使用していない国や、ほとんど使用しない国もある……」とのことだ。インドも数百カ所以上を建設中となっている。

二十一世紀以降も、石炭産業は生き残れるだろうか？　そのようなことは、誰にも分からない。しかし、連邦政府が石炭産業を復活させたことで、鉱業労働者、製造業、消費者に大きな利益がもたらされたことを、トランプは実証した。現在、数多くの国が石炭と天然ガスに回帰しているのは、非常に簡単な理由からだ。価格と信頼性だ。どちらの観点でも、化石燃料は、風力発電や太陽光発電と比べて非常に効率的なのだ。

エネルギー業界で、次にどのような大きな変化が起きるかは分からない。政府の官僚には絶対に分からないということだけは確実だ――このことは、オバマ政権がシェール革命の出現に驚くほかなかったことでも証明されている。

エネルギーにおける次の大きなテーマは、おそらく、安全で、安価で、〝グリーンな〟（炭素排出がない）発電源となる小型原子力発電になるだろう。太陽光発電は、少なくとも日照が多いところであれば、最終的には経済的に実用化できる代替エネルギーになることだろう。風力タービンに関しては、断続性の対策が必要になるので、電力貯蔵技術が飛躍的に進歩するまでは、現在ではエネルギー源としての十分な信頼性が確保できるまでには至らないようだ。今後のエネルギー戦略として最もよい方法としては、トランプが取り組んでいるとおり、将来のエネルギー問題を官僚にではなく、市場に委ねることである。

光を灯し続ける

二〇一八年における二つの記事の見出しが、トランプのアメリカ本位のエネルギー政策の成功を讃《たた》えている。

一番目は、二〇一八年一月十八日に、ウォール・ストリート・ジャーナル紙の一面に掲載された。

「アメリカの石油生産がサウジアラビアを上回る見通し　首位をロシアと争う：シェール業界の成長によるアメリカの生産拡大は、ＯＰＥＣによる石油価格引き上げの動きを阻む可能性がある」(27)

記事によれば、

アメリカの石油生産は、今年、サウジアラビアの生産量を上回ることが予想される。数十年にわたりアメリカの中東政策が依拠してきた世界的な秩序が転換しようとしている。

国際エネルギー機関（ＩＥＡ）による金曜日の発表によると、アメリカの原油生産量は、二〇一八年には日産一〇〇〇万バレル以上になり、一九七〇年の最高値を上回る見込みだ。

二番目の記事は、二〇一八年四月にロイターで報道された。この見出しは最高だ。「トランプの反撃：アメリカの石油がヨーロッパにあふれ、ＯＰＥＣとロシアに打撃を与える」(28)

記事の冒頭は、以下のとおり。

これまでＯＰＥＣは石油市場の安定を図ってきたが、その取り組みが成果を生むことになった。アメリカの生産業者は、ヨーロッパを記録的な量の原油であふれさせて、収益をあげている。……「アメリカの石油は、至るところで売り込まれています」と、地中海の精製業者のトレーダーは語っている。このトレーダーの原油購入先は、従来はロシア産やカスピ海産だったが、最近はアメリカ産に変更している。今年のアメリカの石油生産は日産一〇七〇万バレルに達すると予想されるが、これは首位のサウジアラビアやロシアの生産量に匹敵する。

これが私たちと初めて会ったときから、トランプが構想していたエネルギー・ルネッサンスなのだ。トランプは、シェール革命がまだ始まりの段階にあることを最初から理解していた。そして、今後数十年にわたって、経済的にも、地政学的にも壮大なスケールでの変化がもたらされることになるのだ。

どうして、このことがアメリカ経済の将来にとって重要なのだろうか？　エネルギー問題は、国家経済にとっての生命線だからだ。豊富なエネルギーを低価格で入手することができれば、経済は繁栄する。米国エネルギー情報局、アメリカ地質調査所、民間シンクタンクのランド研究所によると、アラスカ州、カリフォルニア州、コロラド州、テキサス州、ユタ州ほかの多くの州や、大陸棚の地下には莫大な資源が眠っている。一・五兆バレル以上の石油と、約三〇〇〇兆立方フィートの天然ガスが採掘可能とされている。これはアメリカの年間消費量の五〇倍以上に相当している。

　このことは、はっきりしておきたい。ヨセミテ（カリフォルニア州にある国立公園）やイエローストーン（ワイオミング州ほかにある国立公園）や、かつてオバマ大統領が冗談を言ったように、ワシントン記念塔のそばのナショナル・モール（ワシントンDCの中心部にある国立公園）で掘削をしようという話をしているわけではない。それほど難しい問題がない場所での掘削が可能になっているのだ。

　エネルギー専門家のジャック・コールマンの推計によると、連邦政府所有地での掘削生産が行われた場合には、石油・天然ガスのロイヤルティとして、掘削業者からは国庫に一・五兆ドルが入ることになる。また、エネルギーの生産企業と労働者からは、一・七兆ドルの連邦所得税も入ることになる。土地リース収入は約四〇〇億ドルとなり、合計の収入は二十五年で三兆ドル以上、五十年で一〇兆ドル以上になる。この推計は、二〇一五年のエネルギー調査研究所の専門家による調査結果とも近い数字だ。連邦政府所有地での石油・天然ガス開発により、今後の三十七年で四兆ドルの連邦政府の収入が生まれるとしている。もちろん高賃金の雇用の創出などにより、実体経済のなかで巨大な富が生まれることになる。

この掘削推進の政策は、トランプ政権の下で今、始まったばかりだ。オバマ政権はアンチ化石燃料に固執していたので、掘削許可だけでなく、新たなパイプラインなどの有益なエネルギーインフラの建設も妨げられていた。連邦政府所有地での掘削生産から生まれる何兆ドルもの収入をもとにすれば、例えば、炭素回収技術といったイノベーションが生まれて、大気中の二酸化炭素を削減する方法が見つかるようなこともあるだろう。

以上のことが意味しているのは、アメリカ本位のエネルギー政策が、減税による減収分を埋め合わせ、アメリカ国内での高賃金の雇用と経済成長を拡大しながらも、環境保全の要請にも完全に合致できることを示している。

トランプがこのような言葉を、私たちに問いかけたことがあった。

「この政策に反対するような議論というものが、ありえるのだろうか?」

現在、明らかになっているのは、そのようなものはないということだ。

第９章　トランプ流・貿易交渉の達人

「長い間、アメリカ合衆国は（外国に）つけ込まれてきた。私は、こうした外国からの要求に不満を感じている。だから、私はこう言いたい。最後には、勝つ。勝つのだ。完全に勝つのだ」

――二〇一八年四月　ドナルド・トランプ(1)

トランプは貿易協定を非難して、外国に「完全にしてやられている」という不満を語ってきた。何度も繰り返して、「ＮＡＦＴＡ《ナフタ》（北米自由貿易協定）はアメリカ史上で最悪の貿易協定だ」と発言してきた。しかし、読者のみなさんは驚くかもしれないが、トランプ自身は自分のことを保護貿易主義者だと考えてはいないのだ。だから、保護貿易主義者だとの批判を受けたり、ハーバート・フーバー（一九三〇年に破滅的なスムート・ホーリー関税法に署名した大統領）の再来になるとのレッテルを貼られようものなら、トランプは色をなして憤慨した。

選挙戦のなかでも、デトロイト経済クラブでの経済政策での重要な演説は大きな転換点となった。その際にも、私たちにはトランプからの協力の依頼があった。二〇一六年七月のことで、トランプは、ついに共和党の指名候補を勝ち取っていた。多くのメディア関係者も共和党の人たちも、ヒラリーと大統領選を争うことに決まった政治経験のないアウトサイダーが、どのような政策を語るのかを知りたいと考えていた。このイベントは、メディアからも有権者からも大きな注目を集めることになったので、経済クラブは会場を通常の講堂よりも広いコンベンションセンターの大会議場に変更していた。

ニューヨークからデトロイトに向かう選挙戦専用機の機内で、クドローとムーアは、演説での経済政策についての内容を、一行ごとに正確にチェックしていた。この飛行機には、スティーブン・ムニューシン、スティーブ・ミラー、ジャレッド・クシュナー、そしてもちろんトランプも同乗していた。長時間の意見交換をした上で数多くの修正を行い、原稿がプロンプターに送られる準備ができたところで、トランプは、ふらりと歩み寄ってきて言った。

「この原稿の内容について、何か思うところがあるか？」

私たちは互いに気遣いながらも、顔を見合わせた。クドローが、最初に口火を切った。

「いい内容だと思いますよ、ドナルドさん。でも気になるのは、この演説のなかでは、国際貿易の利益については何も触れていないですね。あなたが貿易をよいものだと考えていることを、みんなに知らせたら、安心してくれるのではないですか。あなたも、保護貿易主義者だとは思われたくないのでしょう」

ムーアは縮み上がった。もしかしたら、トランプは私たちを窓の外に放り出してしまうのではないかと思ったからだ。

トランプは、ほんの少し考えた。それから、機内にいる誰もが聞こえるような大きな声で言った。

「君たちは正しい。私は孤立主義者でもないし、保護貿易主義者でもない。そのことを、はっきり言っておこう」

そして、トランプは付け加えた。

「私は実業家だ。だから、もちろん国際貿易が大事なことぐらいは分かっている」

そこで、スティーブ・ミラーに向かって言った。

「スティーブ、文章を付け加えよう。

自由貿易はよいことだ。しかし、公正な貿易でないといけない、としよう。

保護貿易主義者だとは、思われたくはないのだ」

そして、「自由《フリー》で公正《フェア》な貿易」の利益という言葉を声に出して言って、演説に付け加えた。この一文は、メディアに広く引用されることになった。それ以降は、トランプの決め台詞《ぜりふ》にもなった。

数日前に、ラッファーは経済政策の演説のことで、トランプと電話で話をしていた。ラッファーは、税制改革プランの構想を称賛したあとで、貿易問題のことでは釘《くぎ》を刺した。ラッファーは丁寧な言い方ではあったが、しかし、はっきりとトランプに注意を促したのだ。

「貿易での保護主義は、景気を破壊する四大要因のひとつです。ほかには、税金、インフレ、過剰な規制となります」

後に、ラッファーは大統領執務室でも、同じ話を繰り返したことがあった。ラッファーがトランプに警告したのは、関税を上げれば、減税の効果を台無しにしてしまうということだった。私たち三人が選対本部のチームに繰り返し言っていたのは、「関税というのは、税金なのだ」ということだった。

控えめな言い方をすれば、ドナルド・トランプは貿易問題に関しては、まだ検討中だった。私たちは、経済政策顧問としての自分たちの役割を、このように考えていた。貿易協定に関しては、これまでの大統領よりも強硬なスタンスだ。しかし、そうした選挙戦での公約を尊重しながらも、自由貿易推進の方向にできるだけ近づいてもらいたいと。選挙戦のさなかに、トランプを支持していることと、「自由貿易の原則を裏切っている」ということで、私たちは激しい非難を浴びていた。本当はまったく違うのだが。私たちは最初の日からずっと、あらゆる人に対して——最も大事なことであるが、トランプ本人にも——貿易についての考え方には賛成できないところもあるが、最善のアドバイスをしていきたい、と言ってきた。現在、クドローはホワイトハウスで、毎日、この仕事に取り組むことになった。これ以上に適任の人が、はたしてほかにいるだろうか?

トランプが、いつも私たちにそれとなく語っていたところでは、中国、カナダ、メキシコ、ヨーロッパ連合(EU)に対して関税で脅すのは、「アメリカ製品に対する関税を下げさせるための手段なのだ」ということだった。トランプの考え方は、こうだった。外国との貿易赤字が続いている事実は、アメリカの敗北の証明だ。だから、制裁関税で脅しをかけて、アメリカ産の鉄鋼、大豆、豚肉、ジーンズ、バーボンなどを外国に買わせるのだ。

ドナルド・トランプと多くの時間を共にしたことで、貿易についての考え方や、貿易交渉の目標とそのための戦略について、非常によく理解できるようになったと思う。よい面として私たちが感じていたのは、トランプが国同士で貿易をすることのメリットを理解し、断固として支持していたことである。しかし、それを実現するためには、アメリカの消費市場の大きな魅力が、相手国に市場を開放させるための交渉材料になると信じていた。トランプの貿易政策の中心にある考え方は、「アメリカの企業と労働者の利益のために交渉する」ということだった。トランプが語っていたことでは、最後に目指しているところは、世界の関税と関税障壁を下げて、アメリカでさらに多くの雇用を創出することだった。トランプは交渉の達人だ。一対一で、二国間の貿易協定を交渉するのがよいと考えていた。複雑な多国間での貿易協定では、アメリカの戦略的利益を常に確保することができないと考えていたからだ。ただし、こうした考え方が、少なくともここ数十年間での貿易交渉の趨勢《すうせい》に反していたことは確かだった。

トランプの貿易に対するこの型破りなやり方は、二つの危険をはらんでいた。第一に、アメリカと外国の間での〝貿易赤字〟を懸念しすぎていたし、往々にして、こだわり過ぎていたことだ。後ほど議論するが、貿易赤字というのは何ら問題ではないし、貿易の進歩を測る基準としては間違っているというのが、私たちの考えだ。第二に、全面的な貿易戦争のリスクは、貿易障壁を崩すよりも、むしろ高くして、今そこにある危機となる。トランプが、これまでに大統領として成し遂げてきた経済、雇用、株式市場での成果を、大きく損なうことになるのだ。トランプは、大きな勝算を賭けた一か八かのポーカーの勝負に出ている。しかし、もし失敗することになれば恐ろしい結果になりはしないかと、私たちは懸念もしている。

トランプと貿易と有権者たち

トランプの貿易政策を批判する人たちは、これまで三十年にわたりアメリカほか世界の各国政府を支配してきた、自由貿易が正しいという通念――いわゆる新世界秩序《ニュー・ワールド・オーダー》――が覆《くつがえ》されることに不満を感じている。そうしたトランプへの非難の内容は、NAFTA（北米自由貿易協定）などの多国間貿易協定、アジアでの貿易協定、中国や日本との二国間関係などでの利益を蔑《ないがし》ろにしているということだった。おそらく、そうした批判には正しいところもあるのだろう。しかし、こうした貿易協定が、アメリカのある特定の階層の人たちを犠牲にしてきたのも事実だ。自由貿易論者は、そうした現実から目を背けてきていた。いずれにしても、トランプの貿易についての主張は、特に中西部のラストベルトの数多くの有権者には、退屈どころか熱狂を呼び起こすことになった。エリート階級の人たちの説明では、貿易協定の受益者は有権者のみなさんなのです、ということになっていた。しかし、大勢の有権者は投票所まで足を運んで、こう言い返したのだ。

「失礼ですが、同意できかねます」

有権者の意思表示は、トランプの貿易協定に対する問題提起の方に賛成するということだった。

私たちは選挙戦のさなかに、じかにそうした反応を目の当《ま》たりにしてきた。アメリカの労働者は貿易協定によって「カモにされてきた」のだと、トランプが言い放てば聴衆は沸き返った。トランプは多くの貿易協定を破棄することを公約して、伝統的な保守層の心をつかんだ。中国のような悪い相手国に対しては制裁関税を課すことも約束した。選挙戦では貿易問題の一四項目のマニフェストのなかで、次のように公約した。

「アメリカ企業の発展を阻害する、もしくは、外国企業との不公正な貿易関係があると明らかにされたビジネスや貿易協定は、修正もしくは廃棄する」

右派の友人のなかには、貿易や移民の問題にトランプが〝素人同然〟のアプローチで取り組んでいることを嘲笑の的にして攻撃していた人たちもいた。しかし、まさにこのテーマこそが、トランプを大統領の座に押し上げることになったのだ。

トランプの貿易戦略は、このように進化の途上のものなので、確かに理解が難しいかもしれない。二種類の器のどちらか――自由貿易か、保護貿易主義か――に、ぴったりと収まるようなものではないのだ。トランプが今、追求しているのは、アメリカ・ファーストという新しい貿易政策だ。国際貿易は継続するが、アメリカ合衆国にとって有利な関係であることを前提にするというものだ。

貿易に関しては、トランプには有権者に対しての説得力があった。他方、二〇一六年には左派ポピュリストのバーニー・サンダースも、トランプと数多くの同じような主張をしていた。これと比べると、シンクタンクの専門家や上品なスーツを着て〝象牙の塔〟に籠《こ》もる経済学者たちは、自分たちの主張を伝えることに失敗していた。政治家や経済学者たちが前提としていたはずの自由貿易というコンセンサスは、有権者には浸透していなかったことが示される結果となった。

ブルーカラーの労働者が貿易を敵視するのは、どうしようもなく粗野で無知だからだと軽蔑する態度が、数多くのエリートたちのトランピズムへの反応だった。しかし、私たちが考えていたのは、もし有権者が自由貿易に反対するなら、それは私たち――自由貿易論者――の問題であっても、有権者のせいではないということだった。例えば、コーラの新商品を消費者が買わないからといって、コカ・コーラ社は、このように反応したりしないはずだ。「この新商品が従来のコーラよりもよいことが分からない消費者はおかしいのではないか?」自社の製品が売れないからといって消費者のせいにするような会社は、市場では長くは存続できない。貿易は将来に関わることであり、悪ではなく善を生み出す力になるのだと有権者に理解してもらうことを、私たちは目指している。

この章の目的は、自由貿易の正しさを主張するということではない。そのような講義を学びたいのであれば、アダム・スミスやミルトン・フリードマンの著作を読むことを薦める。そうではなくて、ここでの目的は、トランプの貿易についての考え方を簡潔に説明することにある。私たちの立場としては、賛成できる部分もあれば、強く反対する部分もある。しかし、主な目的としては批判的な文脈としてではなく――反対する点も説明するが――トランプのビジョンと戦略を説明することにある。

トランプの貿易ドクトリン

国際貿易についてのトランプの戦略を理解するためには、前述したように、まず、ベストセラーとなった『交渉の達人』（邦訳『トランプ自伝』筑摩書房刊）という本を読むべきだ。私たちが大統領について分かったことは――交渉相手が議会であっても、外国政府であっても――いつも最高の条件での契約成立を目指していることだ。凄腕《すごうで》の交渉人《ネゴシエーター》であることには、いつも感心させられる。

トランプの貿易交渉は強硬姿勢で開始された。公約していたとおり、TPP（環太平洋パートナーシップ協定）からアメリカ合衆国を離脱させた。NAFTA（北米自由貿易協定）の再交渉も宣言した。アメリカの雇用と知的財産権を守るために、メキシコとカナダが譲歩しないかぎり全面的に離脱すると警告したのだ。二〇一八年の年初には、トランプは幅広い輸入関税として、鉄鋼（二五パーセント）、アルミニウム（一〇パーセント）に課税する意向を表明し、二〇一八年五月には、輸入自動車に二五パーセントの関税をかけるとの脅しをかけた。

このような関税には、私たちは強く反対した。もし、そうした貿易制限が行われた場合には、市場はネガティブに反応するだろうと予測した。鉄鋼、アルミニウム、自動車業界の株価は上昇したが、他の業種の株価は明らかに下落していた。鉄鋼や自動車への関税が、製造業の雇用を守ることになるかは、極めて疑わしかった。利益を守られる鉄鋼業界とアルミニウム業界での労働者数は約一五万人だった。しかし、その約五〇倍もの労働者が、アメリカ製造業のなかで鉄鋼を使用する業種――自動車、トラック、バン、重機、石油・ガスの生産者など――で働いている。だから、生産に必要となる鉄鋼価格が上昇すれば、雇用にも悪影響が及ぶことになるのだ。

こうしたアメリカの製造業企業は、非常に競争環境が厳しいグローバル市場で戦っている。中国、日本、メキシコ、ヨーロッパの製造業者と比較して二五パーセントも高価な鉄鋼を使用することになれば、メイド・イン・アメリカの製品も高価格にならざるをえない。そうなれば、こうした製造業での労働者人口五〇〇〇万人のなかでも、雇用を危ぶまれる人たちが出てくることになる。さらには、アメリカの消費者が買う製品の多くは、現在、鉄やアルミニウムを素材としている。つまり、関税の二五パーセント分は、そのまま消費者がお店のレジで払う代金に上乗せされることになるのだ。逆進性が高い税金になることを意味している。

同じように、数多くの外国製の自動車が——メルセデス、トヨタ、ホンダ、ＢＭＷなど——アメリカの組み立て工場で生産され、二十一世紀の世界経済におけるグローバル・サプライ・チェーンで統合されている。だから、自動車関税を株式市場は好感しない。それが示唆されるだけでも、ダウ平均は数百ドルも下落することになるのだ。

今、私たちが回答しようとしていることは、なぜ、トランプは同盟国に対してまでも強硬な姿勢なのかということだ。ひとつの答えは、全世界の関心を引きつけようとしているということだ。貿易に関する法律を執行する保安官が、新たに街に現れているのだということを国際社会の指導者たちに知らせたいのだ。中国のような国は、アメリカの消費者市場に対して、ほぼ無制限にアクセスすることによって莫大《ばくだい》な利益をあげてきた。こうした国に対しては、自国の国内市場の開放を進めることが必要で、より互恵的であるべきだと警告しているのだ。トランプは貿易協定の現状には、大きな不満を三つ抱いている。そのうちの二つは、理由があることだ。だが、三番目は見当違いではないかと、私たちは考えている。

第一に、すべてというほどではないが、主要な貿易相手国の多くが——特に中国だが——貿易協定のルールを破り放題で、アメリカの特許や知的財産権（ＩＰ）を窃取《せっしゅ》している。長年、こうしたことが繰り返されているが、何の制裁も課されてはいない。

例えば、アメリカの製薬会社は、新規の処方薬の開発では世界の圧倒的なリーダーだ。そのために巨額の開発資金を投じている。二〇一四年のタフツ大学の研究によると、処方薬の開発コストは二六億ドルに上ると推定されている(2)。

しかし、外国企業が利益を受け取る結果になっているならば、こうした巨額の投資を株主から調達した資金で行うことは正当化できなくなる。アメリカ合衆国の法律では、生物学分野の特許は十二年間保護されるとされている。カナダでは同様の薬は、わずか八年間しか保護されない。メキシコでは、製薬会社が高いコストをかけて法的措置を取らないかぎり、何ら保護されない。

トランプ政権の貿易交渉当事者が貿易相手国に保証を求めていることは、こうした医薬品やワクチンが盗まれてはならないということだ。また、アメリカ企業に対して、人の命を救う医薬品を市場で販売するための正当な報酬が支払われるということだ。アメリカ合衆国で遵守されているのと同じ法的基準を、メキシコ、カナダ、中国にも守らせることができれば、さらに革新的な医療を発明する研究に莫大な資金を再投資できるようになる。

アメリカ製の処方薬に関して、他国が関税をかけたり、特許を盗んだり、価格統制をすれば、アメリカの消費者だけが研究開発費を負担することになり、国内では高価格を払わざるをえなくなる。これは、アメリカの消費者には不公正なことだ。こうした理由で、アメリカでの健康保険費用は他国と比べても高額になっているのだ。

トランプは、二〇一七年の米国通商代表部の調査を、よく指摘している。それによると、中国による知的財産権の窃盗は、毎年二二五〇億ドルから六〇〇〇億ドルの間と推定される。また、企業秘密の窃盗も中国が大きなシェアを占めていて、毎年一八〇〇億ドルから五四〇〇億ドルに上る。中国やその他の国による常習的な不公正な貿易慣行のために、何百万人ものアメリカの雇用が危険にさらされているのだ。

トランプの貿易問題についての方針では、こうした窃盗を容認することはできないとしている。これまでのアメリカ政府は、見当違いの恐怖心を持っていたがために、こうした侵害を容認してきてしまったのだとトランプは考えている。アメリカがこうした国に対して対抗手段を講じることは、自由貿易をぶち壊しにしかねないと考えてしまっていたのだ。この問題に関しては、これまでの政権には諦めがあった――アメリカには、もはやどうすることもできないと思い込んでいたのだ。

トランプの反応はといえば、バカげていると考えていた。アメリカはカモにされてきたのだ。新しい技術、医薬品、ワクチンの生産やイノベーションのためのあらゆるコストをアメリカが負担するべきではない。外国が罰されることなく、発明や特許をコピーすることも放置するべきではない。トランプの解決策とは、アメリカの技術を窃盗する国に対して、懲罰的な関税をかけることだったのだ。

トランプの国際貿易に対する二番目の不満も、正当なものだ。アメリカは他国からの輸入に対して関税を引き下げてきたが、他国はアメリカ製品に対して非常に重い貿易制限を課してきた。大統領経済諮問《しもん》委員会（ＣＥＡ）の指摘によると、アメリカ合衆国での現在の平均の関税率は約三・五パーセントだ。カナダでは四・一パーセントで、ＥＵでは五パーセントで、韓国では一三・九パーセント、中国では一〇パーセントで、インドでは一三パーセントで、メキシコでは七パーセントだ。外国では、アメリカのおよそ三倍もの関税をかけているのだ。これには非関税障壁――割当制限、国内調達ルール、国内所有ルール（中国では一般的だ）、付加価値税など――が含まれていない。アメリカ企業が外国市場に参入することに対して、実質的な妨害が行われているのだ。

「どうして、これが自由貿易だと言えるのだ？」

トランプは、何度も私たちに聞いたものだった。トランプの考えは、こうだった。

「これでは自由貿易ではない。まったく公正な貿易でもない。アメリカが貿易障壁を低くしても、ほかの国では、そうはしてくれないではないか」

トランプが何度も言っていたことを私たちは聞いていたが、他国との「自由貿易」の取り決めなど、どこにも見当たらないということだった。ほとんどすべてというわけではないが、多くの国には――特に中国と日本と、ある意味ではEUも――アメリカよりもはるかに高い貿易障壁があるからだ。貿易顧問のライトハイザー（米国通商代表部〔USTR〕代表）や、ピーター・ナヴァロ（通商担当大統領補佐官、元国家通商会議委員長）がよく使う言葉を借りれば、私たちが結んでいる貿易協定は〝互恵的〟なものにはなっていないのだ。

トランプの目標は、アメリカの農業、自動車、トラック、技術、農産物に対するこうした保護主義の壁を破ることにあった。報復関税を行うべき正当な理由としては、国家の安全保障を挙げていた。鉄鋼輸入に関しては、国内産業の「長期における生存能力」を脅《おびや》かしていると指摘した。二〇一八年四月には、「自動車や自動車部品のような基幹産業は、国力にとって重要だ」と発言している。こうした分野での輸入額は、二〇一七年には、カナダ、ドイツ、日本などの主要輸出国からの合計で約二〇〇〇億ドルに上っている。一九六二年の米国通商拡大法二三二条は、「輸入品が国家の安全保障を損なう恐れがあるかを決定する」権限を大統領に付与している。

トランプの貿易政策の考え方の根底には、次のような信念がある。中国、ロシア、日本、メキシコのような主要な貿易相手国は、アメリカが必要とする以上に、かなりの度合いでアメリカに依存しているということだ。貿易取引を通じては相互に利益を得るべきところだが、こうした国々は、一方的に利益を得ているだけなのだ。中国経済は、アメリカの消費者市場へのアクセスに深く依存している。逆に、アメリカ経済の中国からの輸入品への依存度は——確かに、アメリカの消費者は大きな利益を得てはいるが——それほどではない。トランプ政権が考えていることは、アメリカ企業や労働者の利益のために、世界におけるアメリカの優越的な地位を戦略的に有効活用すべきだということだ。関税の脅しや実行の可能性によって、相手国を交渉のテーブルにつかせ、譲歩させ、現在よりもよい取引にすることができるのだ。こうした戦略は、貿易の「武器化」だと批判する人たちもいる。しかし、アメリカ企業と労働者の利益を第一に守るために設計されていることなのだ。

二〇一八年の初めにトランプが「貿易戦争には、勝算がある」と物議を醸《かも》す発言をしたが、その意味するところは、こうしたことだったと私たちは考える。トランプの考えでは、貿易相手国からの報復があっても、アメリカよりも相手国の方が損害を被ることになるということなのだ。

トランプの大きな野望は、中国との合意にこぎつけてアメリカの輸出を増やし、知的財産権の窃盗を止めさせることだ。この数十年間、ブッシュ父子、クリントン、そしてオバマは、中国による常習的な不正や窃盗を含む貿易慣行を放置してきた。一九九〇年には、中国のＧＤＰはアメリカの五パーセントだった。現在では、六五パーセントに近づいている。中国は大国のひとつというだけでなく、アメリカの経済超大国としての地位を脅かそうとしているのだ。急速に軍事力を増強し、アジア全体に対して侵略的な帝国の建設を公然と進めている。中国は北朝鮮の核ミサイル開発計画も促進している。こうした行動が示しているのは、友好国ではなく敵対国であるということだ。

特に中国との貿易に関するトランプの考え方は、ホワイトハウスのエコノミストをしているピーター・ナヴァロの二〇一一年の著作『中国がもたらす死《デス・バイ・チャイナ》』から非常に大きな影響を受けている。この本では、過去数十年にわたるアメリカ政府の思慮に欠けた政策のせいで、中国を経済的にも、軍事的にも台頭させてきたことを論証している。

最近、中国が発表した「メイド・イン・チャイナ2025」計画は、テクノロジー、軍事兵器、人工知能、ロボット工学の分野で、世界を支配する大国として、アメリカ合衆国を追い抜くとの野心を鮮明にしている。中国は、次世代のグーグル、アップル、アマゾン、マイクロソフトを誕生させる国になろうとしているのだ。しかし、そのようなことにはならないだろうと、私たちは考えている。なぜなら、中国による急拡大する投資活動の大部分が、国家主導によるものだからだ。歴史を少しでも学べば、このような中央統制型の計画経済が、最終的には破綻するしかないことが分かるだろう。

トランプは、アメリカ経済の影響力を活かすことで、NAFTAにおけるカナダとメキシコとの協定内容を改善することには自信を示している。目標としては、すでに約二十五年が経過した条約の内容を更新して、新たにNAFTA2・0を取り決めることだ。二十年以上前に発効したNAFTAのおかげで、三国間の貿易取引は約六〇パーセントも増加することになったが——それは、よいことだった。新たな協定の内容として、トランプが知的財産権の保護強化を主張することは正しい。しかし、NAFTAを危険にさらすことは、世界を舞台にした大きな構想を妨げることになりかねない。アジアやヨーロッパに対する北米の経済的優位を確立するためには、NAFTAは決定的に重要となるからだ。例えば、今後の数年以内にも、北米は中東のような石油・天然ガス生産国になるはずだ。そして数十年にわたって、その地位を確立することになるだろう。アメリカ合衆国、カナダ、メキシコの経済面での統合は、経済と安全保障の共同体とすることで、他国からの脅威や攻撃に有効に対処できるようになるのだ。

貿易赤字は問題なのか?

トランプの貿易をめぐる方針についての第三の問題は、アメリカ合衆国の貿易赤字は、今後のアメリカ経済の発展にとって重大な問題であるのか、ということだ。

貿易赤字とは、アメリカが外国に売る製品の価値が、アメリカが外国から買う製品の価値よりも少ないときに生まれる。私たちが個人的な体験のなかで分かったことは、トランプは、中国、日本、韓国、EUとの貿易赤字は、経済成長にとっての重大な障害だと見ていることだ。こうした貿易相手国との間では、アメリカとの年間での貿易黒字額を削減するとの合意に達することができている。現在、最大の貿易赤字の相手国である中国との間では、年間で約五〇〇〇億ドルの赤字がある。ただし、私たちがトランプ政権メンバーによく指摘してきたことは、報告されている貿易赤字額のなかには、アメリカが優位の分野である金融、コンピューター、会計、コンサルタントなどのサービスが含まれていないことだ。

私たちの考えるところでは、トランプは貿易赤字を懸念しすぎているということになる。なぜなら、資本輸入での黒字で、ほとんど相殺《そうさい》されているからだ。アメリカとの間で貿易黒字となっている国は、アメリカでの投資をしたい国なのであり、そのために余剰のドルを必要としているのだ。だから、トランプ政権の貿易交渉の当事者たち（現在、大切な同志であるラリー・クドローが国家経済会議委員長に就任している）に伝えてきたことは、貿易赤字額そのものはアメリカの経済状態を示すものとしては、あまり有効な指標にはならないということだ。

二〇一八年の初めには、アメリカ経済の繁栄が貿易黒字ではなく、貿易赤字との間で、強い、正の相関関係にあるという研究結果を、トランプ政権メンバーのために作成した。今、ここに書いてある内容が正確に判読できましたか？（眼鏡を拭き直してみたり、コンピューターの画面を調整してみたりする必要はないですよ）

この調査結果は、トランプ大統領と貿易交渉の当事者たちを驚かせることになった。しかし、その根拠は確かだ。

・建国時代まで遡《さかのぼ》ろう。ラッファーは、植民地時代から南北戦争が終わるまでの時代に遡りデータを集めた。一七四七年から一八五四年まで――アメリカにおける百年以上の歴史において――ほとんど毎年のように、貿易赤字となっていた。正確には、アメリカは九十五年間は貿易赤字で、十三年間は貿易黒字だった。黒字だった年は、一七七五年と一七七六年（独立革命の年）、一八一一年と一八一三年（米英戦争があった）、一八四二年、一八四三年、一八四四年だ。外国からの資本輸入で、つまり実質的には貿易赤字で、アメリカは世界最大の経済大国に成長してきたのだ。この純資本輸入によって、アメリカは大きく成長することができた。労働者を高い賃金で雇用できるようになり、いまだかつてない雇用と富を創造する仕組みをつくり上げることができた。アメリカは貿易赤字の上に築かれたのだ。

・大恐慌のときには、悪名の高いスムート・ホーリー関税法が成立したあとで、国際貿易の規模は急速に縮小した。何千品目にも及ぶ輸入品に関税をかけたことが原因だ。この結果、一九三〇年代には貿易赤字も貿易黒字も減少して、経済も生活水準も縮小を続けた。大恐慌の教訓としては、経済の成長にとって問題となるのは貿易の規模だということだ。ある国が他の国に対して貿易黒字になっているかどうかではない、ということなのだ。

・ジョン・F・ケネディ大統領は就任してからまもなく、貿易関税を約三五パーセント引き下げた。一般的にケネディ時代とされる一九六三年の第1四半期から一九六六年の第1四半期までの一三回の四半期のうちで、経済成長が六パーセントを超えた四半期は六回で、八パーセントを超えた四半期は五回だった。三パーセントをやや下回った四半期が、わずか三回あっただけだった。これは驚異的なことだった。

・一九七〇年代は、アメリカ合衆国が継続的な——小規模であったが——貿易黒字を計上した最後の時代だ。ニクソン、フォード、カーター政権のときは、実質家計所得、株式市場、国富の蓄積で見たとき、アメリカにとっては大恐慌時代以来では最悪の十年だった。

・一九八〇年代には、アメリカ合衆国は減税、規制緩和、インフレ抑制（強いドルを安定させた）を行った。レーガンは自由貿易の推進派だった。アメリカ経済が急成長したことにより、アメリカには外国から巨額の資本が流入した。経済成長が速ければ、それだけ貿易赤字も拡大する結果になるということだ。

・クリントン大統領は一期目の任期でNAFTAに署名した。クリントン大統領は、当初からNAFTA推進の方針を明確にしていた。とはいえ、自由貿易派で経済成長志向だった他の大統領と比べても、経済での出足は低調だった。任期中の経済成長としては、六パーセントを超えた四半期は二回で、三パーセントを超えた四半期は九回だった。レーガンやケネディほどではないが、それでもクリントンは自由貿易派としては優れた大統領だったとされている。アメリカ経済が新たな次元に成長するときには、貿易赤字が拡大することになる。

・二〇〇八年から二〇〇九年の大不況が危機的状況に陥るなかで、失業率は五・八パーセントから九・八パーセントに上昇した。しかし、アメリカの貿易赤字は急速に縮小していた。二〇〇九年から二〇一四年になると、アメリカの輸入と貿易赤字は急速に拡大することになった。しかし、失業率は九・三パーセントから六・二パーセントに減少していた。

アメリカの貿易の歴史を簡単にまとめれば、以上のとおりとなる。アメリカの景気拡大期（ケネディ、レーガン、クリントン政権）には貿易赤字は拡大し、アメリカの景気後退期（ニクソン、カーター政権）には貿易赤字は縮小する。景気拡大期にはアメリカへの投資は魅力的になり、景気収縮期には投資の魅力が薄れるからだ。

それでは、どうして製造業での高賃金の仕事が海外に逃避してしまったのだろうか？　失業率と貿易赤字は、負の相関関係にあることが判明している。貿易赤字が大きいときに、失業率は低い傾向がある。そして、貿易赤字が小さいとき、または、貿易黒字に転じたときには、失業率は高くなる傾向がある。だから私たちは、トランプには冗談っぽくこんなことを言っていた。

「貿易赤字の削減をお望みなのでしたら、ある程度の期間を不景気にすれば達成できるはずですよ」

経済成長を推進する政策は好景気をもたらし、所得の向上も実現させるが、輸入品に対するアメリカの需要も高まるので、図らずも貿易赤字を拡大させることがあるということだ。

トランプの貿易政策での目標は、アメリカ国内で高賃金の仕事を守ることであり、雇用を創出することであり、世界市場でのアメリカの競争力を高めることだ。私たちがトランプにアドバイスしたのは、中国、日本、ロシアなどの台頭してくる国家に対してアメリカの優位を確保するには、アメリカ政府がこれまでの国内政策を変更することこそが、最善の対策になるということだ。そうすることが、アメリカの企業と生産者が世界の市場で革新的となり、かつ、競争力を保つことにつながるのだ。そのためには減税法案を成立させて、世界市場でさらに競争力のある法人税率にすることだ。また、雇用が海外に移転する原因となっている、規制のコストを削減することだ。アメリカでの石油、天然ガス、石炭の生産を拡大させて――貿易赤字を減少させることになる――エネルギーでのアメリカの優位を確立することだ。

トランプには、貿易に関してはロナルド・レーガン大統領のアドバイスを心に留めたほうがよいと勧めた。レーガンは他国が間違った貿易政策をしたとしても、アメリカがそれをまねする必要がないことを教えている。レーガンは、このようなアドバイスをしている。

「たとえ誰かが銃を撃ってボートの底に穴を開けたとしても、別の人まで同じように銃を撃ってボートに穴を開ける必要があるだろうか?」(3)

私たちの度重なるアドバイスを、トランプは直感的に理解していると思う。アメリカが自分で生み出した欠陥を修復して、競争力を高めることができれば、賃金を上昇させ、失業率を低下させることができるのだ（二〇一八年四月には、ほぼ五十年ぶりの低水準となった）。こうしたことはすべて実現した。

二〇一八年五月のスイスのＩＭＤ世界競争力センターのレポートによると、一〇〇カ国以上における二五六の統計を検証したところ、アメリカ合衆国が「国際競争力で世界のトップに躍り出た」ことが判明した(4)。現在、あらゆることが順調に進んでいるようだ。

トランプは貿易戦争の危険を冒すのか?

私たちが、よく聞かれることがある。トランプの貿易ドクトリンは、貿易戦争の危険を冒すことになるのだろうかと。私たちの答えは、いつも同じだ。そうならないことを願う。しかし、誰の利益にならないとしても起きることになるかもしれない。もし合意しているはずのルールを守らず、その態度を改めない貿易相手国があったとしたらだ。この問題での批判に対して、トランプは（もちろんツイッターでだが）このように反応している。

「私たちは、もうすでに何十年間も貿易戦争のなかにいたのだ。しかも敗北してきている」

明らかに貿易のルールを守ってこない国々があった。しかし、現在のアメリカ経済は世界の羨望《せんぼう》の的になってきたので、「敗北した」とまでは言えない状態になってきてはいる。

二〇一七年にアメリカ経済に勢いが生まれ始めたとき、エコノミストたちは、世界経済の強い成長を反映しているにすぎないと解説していた。トランプが貿易関税で脅しをかけたときには、世界の他国の経済はアメリカ経済を〝切り離す《デカップル》〟ことになるだろうと論じていた。現実を見ればアメリカ経済は好調だが、ヨーロッパの経済成長は〇・五パーセント以下だし、日本経済も停滞している。つまり、アメリカ経済のほうが他国の経済を〝切り離し《デカップル》〟ているように見える。これと反対のことが事実だというのは間違いだ。

現在の中国に対して非常に強硬な姿勢を取り、中国政府に譲歩を迫るよう圧力をかけることは、アメリカの経済と安全保障にとって極めて重要なことだと私たちは考えている。今後の十年から二十年で起きるかもしれない中国との〝熱い戦争〟の懸念と比べれば、目先で中国と緊張関係が生まれることのコストは、些細《ささい》な問題であるからだ。また、トランプはこれまで自分のあらゆる政策に反対してきたエリートたちにも、この貿易ドクトリンをごく常識的な考え方として受け入れさせてしまったようだ。

中国を行状が悪い国として孤立させる必要があるときに、カナダ、イギリス、ドイツ、日本などの同盟国との間で、貿易問題を争うことが有益であるかは疑問なことだ。トランプが中国と交渉する上での立場を、弱くしかねないことだからだ。

一九八〇年から二〇〇五年にかけての世界貿易の拡大により、世界の貧困問題が解決されてきている。歴史上まれに見る素晴らしい時代が始まっていることを否定することはできないだろう。想像を絶する貧困状態から一〇億人もの人々が救い出されている。これまで貧困国に対して行われた何兆ドルもの慈善基金や海外援助事業よりも、貿易のほうがはるかに多くのことを成し遂げたのだ。人間的な生活水準を回復させて、飢餓や不平等の克服にも貢献している。また、自由貿易政策をとり世界経済とつながっている国々は、世界貿易から遮断されている国々と比べると、一人当たりの所得で六倍もの格差が生まれている。保護主義の壁を築くことは、国民の豊かさを失うことを意味しているのだ。

トランプは、このことを理解していた。政権の経済政策チームのメンバーも理解していた。トランプ大統領による二〇一八年の大統領経済報告（年頭教書、予算教書と共に三大教書とされる）では、貿易の利益を認める素晴らしい言葉が盛り込まれていた。

アメリカ合衆国の海外貿易の拡大により、競争によって生まれる利益がもたらされている。つまり、生産性の向上、経済成長の伸び、イノベーションの進化、低価格、多様性だ。新たな市場が生まれることで、アメリカ企業は海外にも潜在顧客を獲得して、経営規模を拡大できるようになった。原価のコストを下げられるようにもなった。輸入による競争原理はイノベーションをもたらし、幅広い製品をつくり出して、低価格の商品とサービスを生み出すことにもつながっている。こうして消費者は——低所得者であるほど——恩恵を受けているのだ(5)。

大統領閣下、ほかの話もしてもよろしいですか。

結局のところ、トランプが考えていることは、戦略的な貿易ルールに基づいた新たな世界貿易体制をつくり出すことができれば、アメリカが世界貿易での最大の受益者となって、自国の安全と繁栄を確保できるということだ。農業従事者も、テクノロジー関連企業も、製薬会社も、製造業のブルーカラー労働者も、そうなることを心から願っているに違いない。

この本の最初に、私たちは楽観主義者である――トランプも同じだが――と語った。確かに、制裁関税という脅迫や、貿易協定の廃棄が行われたのは事実だ。ただ、トランプが最終的な目標としているのは本物の自由貿易なのだと、私たちは信じている。

あまり注目を集めることにはならなかったが、二〇一八年六月のG7会合《ジーセブン》でカナダに世界の主要な指導者が集まったときのことだ。最後のタイミングで、トランプは「関税ゼロによる解決」という選択肢を議題に出した。国家経済会議（NEC）委員長に就任したばかりのラリー・クドローの助言によるものだった。カナダのトルドー首相やヨーロッパ各国の指導者が、トランプに対する厳しい批判を行った直後の出来事だった。トランプは、貿易障壁をなくすことを目指す〝新世界秩序《ニュー・ワールド・オーダー》〟のコンセンサスの破壊を企てているとして非難されていた。そこで、トランプはクドローのアドバイスに従って、会議の参加者に向かって発言した。

「関税はなしに。障壁もなしに。確かに、そうするべきだ。それならば、補助金もなしにということだ」

さらに、続けて言った。

「あなたがたは関税をなくしたい。貿易障壁もなくしたい。それならば、補助金もなしにしたいということでいいですね」

まったく保護貿易主義の主張には聞こえない発言だった。このときに明らかになったのは、カナダに滞在中だった〝新世界秩序《ニュー・ワールド・オーダー》〟を擁護している人たちは、このトランプからの提案を断ったということだ。そして、会議が終わったあとになってから、トランプを非難していた。こうして分かったのは、トランプの方が正しいのだろうということだ。アメリカ以外の世界のほかの国々は、貿易においてアメリカ市場の開放を要求しておきながらも、アメリカ製品に対して自国の市場を開放することには後ろ向きのままでいるのだ。

トランプが貿易交渉の場において、アメリカの国益を守ることに成功したあかつきには、他の国々はアメリカ合衆国に対して貿易障壁を減らし、国境を開放することになるだろう。こうしたことがすべて達成されたときに、ドナルド・J・トランプは、自由で公正な貿易においてアメリカ史上最大の勝利を収めた大統領として記憶されることになるのかもしれない。

あとがき

照明のスイッチは、オフからオンに切り替わる

「トランプ政権の下で、一八カ月以内には、長期の景気後退に入ると予測する。アメリカ合衆国から他国にもダメージが広がるだろう」

――二〇一六年六月　元クリントン政権、オバマ政権首席エコノミスト　ローレンス・サマーズ(1)

「現在のドナルド・J・トランプ大統領の評判と同じように、株式市場は急落している。回復を期待できるのは、いつのことだろうか？　当面の答えを言うとすれば、決して回復はしないだろう……世界的な景気後退になる可能性が非常に高い。いつになれば回復できるかも分からない」

――ポール・クルーグマン　ニューヨーク・タイムズ紙より　二〇一六年大統領選挙の翌日(2)

「トランプ大統領　世界経済を破壊するか」

――二〇一六年十月　ワシントン・ポスト紙社説の見出し(3)

二〇一八年の初めに、ドナルド・トランプは非常に意外な行動を取った。アメリカ経済が再び好調となっているなかで、スイスに飛び、ダボス経済フォーラムで演説したのだ。世界のエリート指導者、企業経営者たち、尊大な政府官僚たちが集結する会議となっていた。そこにいた聴衆は、「アメリカを再び偉大な国に」と刺繡《ししゅう》された帽子をかぶる群衆などではなかった。二〇一七年には、トランプはこのイベントを――ほとんどの聴衆が、トランプを容赦なく非難していたのだが――敬遠していた。しかし、今回は、型どおりの政策に関わっている聴衆たちに向けて、売り込むべき話を用意していた。トランプのメッセージは、短いが明確なものだった。

「紳士淑女のみなさん……。アメリカは、再び積極的にビジネスを受け入れます」

超一流のセールスマンとして、居並ぶ企業経営者たちを前にして、アメリカを売り込んだのだ。御社のビジネスと雇用を、ぜひ、わが国にどうぞ。あなたに絶対にノーとは言わせないようなよい商談をしたいのです、と。

あるコメンテーターは、この演説をうまく要約していた。

「ドナルド・トランプはワンマン型のアメリカ商工会議所だ」

就任以来の一八カ月間で、どのような批判がドナルド・トランプに向けられていたとしても――確かに数多くの言い間違いやヘマもあるが――確実に言えることは、トランプとトランポノミクスについては〝トランプ絶対反対派〟の主張が完全に間違っていたということだ。

トランプは「世界経済を破壊」しなかった。

株式市場は崩壊しなかった。

景気後退もしていない。

左派の思索家たちによるこうした予測をバカバカしくも信じて、しかもそれをもとにしてバカバカしくも行動した人たちは、大金を失うはめに陥っていた。敗者となっていた有名人のひとりは、経済の賢人とされていたドキュメンタリー製作者のマイケル・ムーア監督だった（スティーブ・ムーアとは関係ない）。ドナルド・トランプが当選したときに、「持ち株を全部、売り払った」と全世界に向かって公表していた。しまった！ ダウ平均が一万八〇〇〇ドルのときに売り、一年半後には二万五〇〇〇ドルに近づいている――ほんの三九パーセントほどの上昇になりますが。マイケルさん、株というものは安いときに買って、高いときに売るものですよ。

ここで私たちが言いたいのは、とにかく勝つことが大事だというようなことではない。この本を執筆している二〇一八年七月にも、経済は全力で回転中となっている。この二十年と同じように健全な状態だ。しかし、私たちの数十年の経験から言えば、特に貿易戦争などがなくても、経済というものはさまざまな要因で変化しやすく急転してしまうものだ。株式市場というのは、さらに揺れ動くものである。だから、就任してから二年しかたっていない時点で、トランプが経済の救世主だと言ったりするのは時期尚早だろう。そうしたことは、二期目が終わるときになってから聞いてみてほしい。

私たちは、経済政策顧問としてトランプに助言してきたが、戦略立案に関わったチームの一員としての立場から言えば、現在のところ、トランポノミクスはうまくいっている。あまりにもうまくいっているので、私たちですらアメリカ経済の変貌に――リバウンドのスピードと高さの両方に――驚いているほどだ。

トランプが当選したことで、これまで中間層が不安を感じていた経済停滞の時代から反転することになった。アメリカの経済成長は一・五パーセントから、二〇一七年の最後の四半期にはほぼ三パーセント近くにまで届いた。ほとんど倍になったのだ。しかし、レーガンが深刻で憂鬱な不況から経済を救ったときとは状況が異なっている。トランプは野党からの強力な抵抗運動に直面しているからだ。当時のレーガンは、民主党や労働組合からの協力を多少なりとも期待することができた。そうやって、ソ連と戦いながらも、減税、健全な通貨、規制緩和によって経済を再生させることができたのだ。

トランプは政治的にはもっと孤立した存在になっているが、政策面での勝利のリストは見事なものだ。

・一九八〇年代以来では最大規模となる経済成長のための減税
・オバマ政権での環境保護庁（ＥＰＡ）によるアンチ経済成長の規制の廃止
・判事の人選――とりわけ最高裁判事ニール・ゴーサッチだが――憲法専門家で友人のレオナルド・レオは、「これまで連邦裁判所に指名された判事たちのなかでもベストの人選だ」としている。
・アメリカ本位のエネルギー政策により、まもなく、アメリカは世界最大の石油と天然ガスの生産国になる。バラク・オバマとヒラリー・クリントンが敵対してきた石炭産業には新たな希望が生まれて、ようやく公平な扱いを受けられるようになる。
・アンチ・アメリカで、アンチ繁栄のパリ環境協定からの離脱。
・個人加入義務のペナルティ税など、オバマケアにおける最悪の制度の廃止。

この本のポイントのひとつは、それぞれの政策の勝利とは別に——おそらく最も重要なことなのだが——トランポノミクスの政策の核心となる〝未知の要素〟だ。ドナルド・トランプは明らかにビジネス志向だ。アメリカの雇用主にとっても、投資家にとっても、労働者にとっても非常に大きな成果が生まれている。

例えば、トランプが予想外の当選をしてから、消費マインドの拡大、株式市場での株価の上昇、中小企業楽観指数の回復が生まれたことを考えてみればよい。大統領選挙は、経済の静脈にドーピング剤を注射したようなものだった。全米に向けての影響が瞬時に広がっていった。

トランプ就任一年目に、ムーアの最高の思い出となった出来事があった。オハイオ州クリーブランド市郊外で自動車修理店のオーナーと会ったときのことだ。「ジミー、仕事の調子はどうだい？」と、ムーアは尋ねた。

「スティーブ、正直に言って、選挙の翌日にまるで照明のスイッチがオフからオンに切り替わったようだ。それからさばき切れないぐらいのお客さんが来るようになってきているよ」

目を輝かせているのは、ジミーだけではない。二〇一六年の選挙の一カ月前には、景気と労働市場についての肯定的な評価は約三〇パーセントだった。二〇一八年には、この数字は過去二十年間で最高のレベルに上昇している。アメリカ経済の評価を「よい」または「素晴らしい」としたのは七〇パーセントとなっている(4)。

トランプの経済政策の実績を正当に評価するための秘訣《ひけつ》がある。ドナルド・トランプの発言と行動について、あなたの個人的意見を少し脇に置いてみることだ。トランプの振る舞い方に対しては四〇パーセントの有権者が反対し続けていることは変わらない。ただし客観的な実績を見てみるならば、トランプを正しく判断することができるだろう。

投票日以来の株式市場でのダウ平均の回復では、六兆ドル以上の資産が増加したことになる。富裕層が恩恵を受けたというのは、確かにそのとおりだ。だが、四〇一kプラン（確定拠出年金）、IRA（個人退職口座）、年金プランで株式を所有する一億人のアメリカ人のすべても、やはり恩恵を受けているのだ。投資家も、法人税率が下がり、規制の障害が少なくなったおかげで株価の上昇という恩恵を受けていた。

バラク・オバマ政権では、一夜にして八〇〇万人の雇用が失われた大不況の後だったこともあり、労働市場での大きな改善が見られていた。しかし、二〇一七年と二〇一八年の失業率の低下も、同じように素晴らしいものだった。二〇一八年四月には、失業率が約五十年ぶりの最低水準を記録した。黒人とヒスパニックの失業率も、約四十年ぶりに最低水準となった。熟練労働者のほかにも六〇〇万人の雇用が生まれていた。

トランプ減税から一カ月もたたないうちに、企業からは雇用の増加、賃上げ、アメリカ国内での投資の拡大が、次々と発表された。アップル社も素晴らしい発表を行った。アメリカ国内に三〇〇〇億ドルの投資を行い、二万人を雇用して「キャンパス」を建設し、三八〇億ドルを納税するという計画だった。法人税率が下がり、低率の本国還流税が導入されることによって期待されていたことだ。

　フィアット・クライスラー社は、ミシガン州に工場を移転して二五〇〇人の雇用を国内に戻すと発表した。この数十年間で、アメリカから雇用を海外移転してきたが、ようやく企業が国内に雇用を戻すことが現実になってきている。ウォルマート社とコストコ社は初任給を上げたが、このことは一〇〇万人に影響を及ぼすことになった。（ナンシー・ペロシは、トランプ減税はハルマゲドンになると非難していた。撤回するつもりはあるのだろうか？）

　二〇一八年には、中小企業の利益は過去最高水準となった。ワシントン・ポスト紙の報道によると、ある地方ではブルーカラーの社員のボーナスは二万五〇〇〇ドルにもなったということだ。いったい、どういう人たちなのだろうか？　ケビン・デュラント（米プロ・バスケットボール界の代表的選手）か？

　二〇一八年六月のウォール・ストリート・ジャーナル紙の一面に、「アメリカの経済成長　世界を引き離す」との見出しが掲載されたが、素晴らしい言葉だと感じた(5)。ヨーロッパ、日本、中国などの世界の他の国々では経済が失速しているが、アメリカが世界の成長を再び牽引《けんいん》しているのだ。

　今このアメリカで、重大なことが起こりつつあるのだ。

　トランプを批判する人たちが不可能だと言っていたあらゆることが、今、実現している。トランプ政権での三パーセント成長の見通しについては、ポール・クルーグマンは「運転手のいない空飛ぶ自動車が、一斉に到着するようなものだ」と言って、鼻であしらっていた。しかし、経済成長のスピードが加速してくると、トランプの批判者たちからの指摘は、今度は思ったほどの成長率ではないというものに変わっていった。こうした人たちは、オバマ政権のときには予測した水準が絶対に実現すると主張していたが、実際にはそうならなかった。だから、オバマの政策に対して言えばよかったはずのことを、今ごろ、遅れたかたちで表現しているのかもしれない。いずれにせよ、あまりにも論理がねじれている。また、まるで説得力に欠ける話でもある。そもそもトランプの経済政策は、総じてオバマが実行したことを反対にしているのだ。

トランポノミクスの成功に関する完全な記録を知りたい方は、私たちの同僚であり、友人でもあるアンドルー・パズダーの著書『資本主義者が帰ってきた――トランプ・ブームを阻止する左翼の陰謀』という本を推薦しておくことにする。

最後に記しておきたい。ウォール・ストリート・ジャーナル紙は、トランプの出馬宣言の日以来、あまり好意的ではなかったと私たちは感じている。しかし、次の記事での指摘は上手に表現されている。

「ドナルド・トランプのよいところを知るには、政策のすべてを見るだけでよい」(6)

謝辞

この本を完成させるに当たり、貴重な助力をしてくれた以下の人たちに感謝をしたい。まず、セント・マーティン出版のアダム・ベローからの激励と一流の編集に感謝の意を表したい。私たちの代理人であるアレックス・ホイトは、この本の版元を見つけるための大切な仕事をしてくれた。また、多くの人たちが調査を助けてくれた。アンドリュー・ウォフォード、ニック・ドリンクウォーター、ルーク・ダインナルト、クリスティン・モーゼル、ランディ・バトラー、サミュエル・ベレ、ジェレミー・ベンナー、アーウィン・アントニ、クリスチャン・アンゼル、ラルフ・ベンコ、アン・ムーア、ティム・ドシェたちだ。

選挙期間中と、トランプ政権の一年目における重要な出来事について、詳細を思い出すことを助けてくれたコーリー・ルワンドウスキ、スティーブ・バノン、サム・クロビス、リック・ディアボーン、マーク・メドウズ下院議員、イヴァンカ・トランプ、アレクサンドラ・プリエイト、スティーブン・ミラーに感謝する。もちろん、トランポノミクスという経済政策をかたちにするために貴重な貢献をした人たちでもある。

私たちの友人であり仲間でもあるラリー・クドローは、トランポノミクスをつくり上げ、広めるための重要な役割を担った。二〇一八年四月には、ドナルド・トランプの国家経済会議（ＮＥＣ）の委員長に任命されている。

最後に、この物語のなかでのささやかな役割を私たちに与えてくれたドナルド・トランプよ、ありがとう。

訳者後記――日本も再び偉大な国に――

本書『トランポノミクス』は、原著のサブタイトルに「経済を再生させたアメリカ・ファースト計画の内幕」（Inside the America First Plan to Revive Our Economy）とある通り、トランプ政権の経済政策に焦点を当てたインサイド・ストーリーである。大統領選挙戦以来、トランプ本人と二人三脚で行動を共にしてきた側近ブレーンたちの視点で執筆された本書は、トランプ大統領のリアルな実像を知ることができる貴重な記録にもなっている。

本書では、二〇一六年大統領選での大逆転劇から、トランプ政権発足後のアメリカ経済の奇跡的な復活劇までが、臨場感あふれるエピソードとして随所に描き込まれている。このトランプの軌跡は、まさにドラマと言うほかない。完全に泡沫《ほうまつ》候補扱いされていたところから、共和党を代表する指名候補者にまで勝ち進み、ヒラリー・クリントンとの死闘を繰り広げた末、ついに逆転勝利をつかむこととなった。そして就任後は、完全に左傾化している民主党の徹底抗戦をものともせず、経済成長路線に舵《かじ》を切り、減税、規制緩和、エネルギー国産政策を大胆に推し進めることに成功している。トランプ当選を予想していたメディアが、日米でともに、ほとんど皆無であったことを思い起こせば、政権発足から三年で到達しているトランプ政権の成果は、あまりにも輝かしいものとなっている。

米国株式市場では、ダウ平均が史上最高値となる二万八〇〇〇ドル台を更新している。トランプ当選時点の一万八〇〇〇ドル台と比べれば、現在までに五割以上の上昇となっている。本書でも紹介されている通り、失業率も過去五十年間では最低水準を記録し、アメリカの国富は増大している。このアメリカ経済の大復活をなしとげた理念と政策が、「トランポノミクス」だ。

序文を寄せているラリー・クドロー国家経済会議（NEC）委員長は、現在はトランプ政権の中枢にあって、米中貿易戦争をはじめとする経済の重要政策での司令塔を務めている。また、共著者のスティーブン・ムーア氏とアーサー・ラッファー氏は、クドロー氏と共に、大統領選挙戦の当時からトランプ陣営で経済政策を具体化する参謀役を務めてきた。つまり、本書では、トランプがこれまで大統領として実行してきた数々の政策の舞台裏が、構想された時点にまで遡《さかのぼ》って余すところなく記されているのだ。ちなみに、この三氏については、日本経済新聞のコラム「大機小機」（二〇一九年四月四日付）では、「米大統領の経済三銃士」として紹介されている。

二〇一九年三月には、トランプ大統領はスティーブン・ムーア氏を、FRB（米連邦準備制度理事会）の理事に指名する意向を表明した（五月にムーア氏が辞退）。かねてからFRBの金融政策に懐疑的なトランプが、腹心のムーア氏を送り込んでさらなる路線変更を求めるのではないかとの観測から、アメリカ政財界には衝撃が走ることになった。

また、二〇一九年六月には、アーサー・ラッファー氏は、米国市民としては最高栄誉とされる「大統領自由勲章」を、トランプ大統領から贈られている。レーガン政権当時からのサプライサイド経済学の父としての業績を讃《たた》えるものだった。経済学の世界では「ラッファー・カーブ」が広く知られているが、「減税すれば、景気がよくなり税収が上がる」ことをシンプルに示唆した逸話となっている。レーガノミクスを成功させた伝説の経済学者が、再び、トランプ減税の立役者としてアメリカを繁栄に導いているのだ。

また、日本では権威ある経済学者として知られているローレンス・サマーズ氏やポール・クルーグマン氏の主張が、トランポノミクスの視点からは痛烈に批判されているのも興味深いところだ。

さて、本書が、幸福の科学出版から発刊されるには理由がある。日本において、ドナルド・トランプという人物の資質と可能性を最も早く見抜いていたのが、幸福の科学・大川隆法総裁だからだ。過去に少なくとも三回にわたり、トランプ大統領の誕生が予言されている。

幸福の科学草創期の一九八九年の公開セミナーでは、当時のアメリカでベストセラーとなっていた『トランプ自伝』の読後感として、将来、大統領になるのではないかと予感したことを述べている(『常勝思考』大川隆法著、幸福の科学出版刊)。今から三十年前の時点で、霊感による未来予知がなされていたのだ。

そして、二〇一六年一月には、『守護霊《しゅごれい》インタビュー ドナルド・トランプ アメリカ復活への戦略』(大川隆法著、幸福の科学出版刊)を発刊している。大川総裁は、この本のまえがきで、「なんとこの本で、私たちは、強い次期大統領候補を見つけたのだ」と記している。この時期にトランプ当選を予想していた人は皆無だったので、世の中の趨勢《すうせい》に逆行する、あまりにも大胆な予告となった。

さらに、大統領選の投票日を約一カ月後に控えた二〇一六年十月二日には、大川総裁はニューヨーク市内クラウンプラザ・タイムズスクエアで英語での公開講演会を行った。「私としてはドナルド・トランプ氏のほうが好ましく、彼はアメリカをより偉大な国にしてくれると思います」「トランプ氏によって、新たなアメリカが再建されることを願っています」(『大川隆法 ニューヨーク巡錫《じゅんしゃく》の軌跡自由、正義、そして幸福』幸福の科学出版刊）と、アメリカ人の聴衆を前にしてトランプ支持を宣言したのだ。当時はトランプ劣勢が報道され、日本政府でさえもヒラリー当確を信じていたなかで、当選後の現在までも見通した指針を示していたのだ。

以上を見れば、大川総裁が、偉大なる霊能者としてトランプの天命を洞察していたことが分かることだろう。そして、二〇〇九年に大川総裁が立党した幸福実現党の政策は、このトランポノミクスと多くの点で共通している。立党以来、消費増税に反対し、減税からの景気回復を目指してきた政策は、アメリカを復活させた保守派の経済思想とも合致しているのだ。

訳者は、共著者のムーア氏、ラッファー氏とは、かねてより交流がある。ムーア氏からは、トランプ陣営の中枢メンバーを務めたひとりとして「大川隆法総裁のご支持に感謝します」とのメッセージが寄せられている。そして、私たち日本人に向けては、「アメリカを再び偉大な国に」したトランポノミクスの成功にならえば、次は、「日本が再び偉大な国に」なることができるとの声援も贈ってくれている（ザ・リバティ誌二〇一九年六月号）。

本書の刊行にあたっては、幸福の科学宗務本部の同僚である磯野将之氏、吉井利光氏、小林真由美氏、干場丈一郎氏ほか、赤塚一範氏（ＨＳ政経塾）に翻訳協力で多大なる支援をいただきました。この本が、「日本が再び偉大な国に」なるための一助となることを、訳者として願ってやみません。

最後に、本書の翻訳出版企画をご寛恕《かんじょ》くださった大川隆法先生に心から感謝申し上げます。

二〇一九年十二月

藤井幹久

原註

第1章　トランプとの面会

1. Thomas de Monchaux, "Seeing Trump Tower," *The New Yorker*, October 6, 2016, https://www.newyorker.com/culture/cultural-comment/seeing-trump-in-trump-tower.
2. Paul Krugman, "Realistic Growth Prospects," *The New York Times*, February 23, 2016, https://krugman.blogs.nytimes.com/2016/02/23/realistic-growth-prospects/.
3. Stephen Moore and Larry Kudlow, "Is Donald Trump a 21st-Century Protectionist Herbert Hoover?" *National Review*, August 27, 2015, https://www.nationalreview.com/2015/08/donald-trumps-protectionism-is-worrisome-stephen-moore-larry-kudlow/.
4. Ashley Killough, "Jeb Bush: 'I Can Guarantee' Donald Trump Won't Be the Nominee," CNN, December 9, 2015, https://www.cnn.com/2015/12/09/politics/jeb-bush-donald-trump-nominee/index.html.
5. Buck Sexton, "Trump, Carson, Fiorina—Rise of the Outsiders," CNN, September 1, 2015, https://www.cnn.com/2015/09/01/opinions/sexton-trump-carson-fiorina-outsiders/index.html.
6. Betsy McCaughey, "Obamacare Is Making the Middle Class the New Uninsured," *New York Post*, September 6, 2017, https://nypost.com/2017/09/06/obamacare-is-making-the-middle-class-the-new-uninsured/.
7. "The Budget and Economic Outlook: 2015 to 2025," Congressional Budget Office, January 2015, https://www.cbo.gov/sites/default/files/114th-congress-2015-2016/reports/49892-Outlook2015.pdf.
8. Gallup, "Direction of the Country," Polling Report, June 1–13, 2018, http://www.pollingreport.com/right.htm.
9. Steve Benen, "Jeb Bush Urges Audience, 'Please Clap,'" MSNBC, February 3, 2016, http://www.msnbc.com/rachel-maddow-show/jeb-bush-urges-audience-please-clap.
10. Peggy Noonan, "Noonan: America and the Aggressive Left," *The Wall Street Journal*, February 28, 2014, https://www.wsj.com/articles/america-and-the-aggressive-left-1393544611.
11. Ted Lieu (@tedlieu), "Trump tax plan is Voodoo . . . ," Twitter, April 26, 2017, https://twitter.com/tedlieu/status/857288970341888000?lang=en.

第２章　アメリカ政治史上で最大級の逆転劇となった戦いの傷跡

1. Bret Stephens, “2016’s Big Reveal,” *The Wall Street Journal*, November 8, 2016, https://www.wsj.com/articles/2016s-big-reveal-1478564830.
2. Jonah Goldberg, “Conservative Purists Are Capitulating with Support of Trump,” *National Review*, March 9, 2016, https://www.nationalreview.com/2016/03/donald-trump-conservative-supporters-have-sold-out/.
3. Jonah Goldberg, “The Impossible Weirdness of 2016,” *National Review*, October 29, 2016, https://www.nationalreview.com/g-file/2016-election-weirdness-bill-clinton-hillary-clinton-attack-old-rules/.
4. CNN Staff, “Here’s the Full Text of Donald Trump’s Victory Speech,” CNN, November 9, 2016, https://www.cnn.com/2016/11/09/politics/donald-trump-victory-speech/index.html.
5. Michael Gerson, “Republicans Deserve Their Fate,” *The Washington Post*, October 10, 2016, https://www.washingtonpost.com/opinions/republicans-deserve-their-sad-fate/2016/10/10/f6761bc0-8ef9-11e6-9c52-0b10449e33c4_story.html?noredirect=on&utm_term=.ed21ad3bc4f6.
6. “Transcript of Mitt Romney’s Speech on Trump,” *The New York Times*, March 3, 2016, https://www.nytimes.com/2016/03/04/us/politics/mitt-romney-speech.html.
7. The five counties are Loudoun County, VA; Falls Church City, VA; Fairfax County, VA; Howard County, MD; and Arlington County, VA. “Commuting Times, Median Rents and Language Other Than English Use in the Home on the Rise,” U.S. Census Bureau, December 7, 2017, https://www.census.gov/newsroom/press-releases/2017/acs-5yr.html.
8. Arthur B. Laffer, “Game On,” Laffer Associates, May 19, 2016.
9. The points in this memo originated in Andy Puzder and Stephen Moore, “A Trump Economy Beats Clinton’s,” *The Wall Street Journal*, July 14, 2016, https://www.wsj.com/articles/a-trump-economy-beats-clintons-1468537348.
10. Jonathan Swain, “Trump Adviser Tells House Republicans: You’re No Longer Reagan’s Party,” *The Hill*, November 23, 2016, http://thehill.com/homenews/campaign/307462-trump-adviser-tells-house-republicans-youre-no-longer-reagans-party.
11. Jeffrey Lord, “Ford Versus Reagan: The Sequel,” *The American Spectator*, May 24, 2011, https://spectator.org/37561_ford-versus-reagan-sequel/.
12. Frank Rich, “What the Donald Shares with the Ronald,” *New York magazine*, June 1, 2016, http://nymag.com/daily/intelligencer/2016/05/ronald-reagan-was-once-donald-trump.html.

第３章　オバマノミクスと経済成長に対する攻撃

1. David Freddoso, “Pelosi: Unemployment Benefits Create More Jobs Than Any Other Initiative,” *Washington Examiner*, June 30, 2010, https://www.washingtonexaminer.com/pelosi-unemployment-benefits-create-more-jobs-than-any-other-initiative.

2. Arthur Laffer, Stephen Moore, and Peter Tanous, *The End of Prosperity: How Higher Taxes Will Doom the Economy—If We Let It Happen*(New York: Threshold Editions, 2008), p. 9.
3. "Transcript: Obama and Clinton Debate," ABC News, April 16, 2008, https://abcnews.go.com/Politics/DemocraticDebate/story?id=4670271&page=1.
4. Kyle-Anne Shiver, "Obama, the Closer," *National Review*, May 27, 2008, https://www.nationalreview.com/2008/05/obama-closer-kyle-anne-shiver/.
5. Paul Krugman, "On the Inadequacy of the Stimulus," *The New York Times*, September 5, 2011, https://krugman.blogs.nytimes.com/2011/09/05/on-the-inadequacy-of-the-stimulus/.
6. Robert Barro, "Robert Barro: Stimulus Spending Keeps Failing," *The Wall Street Journal*, May 9, 2012, https://www.wsj.com/articles/SB10001424052702304451104577390482019129156.
7. Casey B. Mulligan, "How ObamaCare Wrecks the Work Ethic," *The Wall Street Journal*, October 2, 2013, https://www.wsj.com/articles/how-obamacare-wrecks-the-work-ethichow-obamacare-wrecks-the-work-ethic-1380750208?tesla=y.
8. Michael D. Tanner, "Welfare: A Better Deal Than Work," Cato Institute, August 21, 2013, https://www.cato.org/publications/commentary/welfare-better-deal-work.
9. "Trends in the Joblessness and Incarceration of Young Men," Congressional Budget Office, May 2016, https://www.cbo.gov/sites/default/files/114th-congress-2015-2016/reports/51495-youngmenreport.pdf.
10. "Press Release: Household Income Down by 3.1 Percent Overall Post Recession, but Many Groups Have Started to Recover Following 2011 Low Point," Sentier Research, 2014. http://sentierresearch.com/press releases/SentierPressRelease_PostRecessionaryHouseholdIncome Change_June09toJune14.pdf.
11. Larry Summers, "Why Stagnation Could Prove to Be the New Normal," LarrySummers.com, December 15, 2013, http://larrysummers.com/2013/12/15/why-stagnation-might-prove-to-be-the-new-normal/.
12. The Bureau of Labor Statistics defines "U-6 unemployment" as total unemployed plus all marginally attached workers and all employed part-time for economic reasons as a percent of the civilian labor force plus all marginally attached workers. "Marginally attached workers" are defined as persons who are not in the labor force, want and are available for work, have looked for a job sometime in the prior 12 months, but are no longer looking. Marginally attached workers include discouraged workers who did not search for work because they believed no jobs were available to them. "Alternative Measures of Labor Underutilization for States, Second Quarter of 2017 Through First Quarter of 2018 Averages," Bureau of Labor Statistics, April 27, 2018, https://www.bls.gov/lau/stalt.htm.
13. "Remarks by Sen. Barack Obama," *Congressional Record*, March 16, 2006, https://www.congress.gov/crec/2006/03/16/CREC-2006-03-16-pt1-PgS2236.pdf.
14. "Individual Market Premium Changes: 2013–2017," Assistant Secretary for Planning and Evaluation, Office of Health Policy, U.S. Department of Health and Human Services, May 23, 2017, p. 4, https://aspe.hhs.gov/system/files/pdf/256751/IndividualMarketPremium Changes.pdf.
15. "Federal Subsidies for Health Insurance Coverage for People Under Age 65: 2017 to 2027," Congressional Budget Office, September 2017, https://www.cbo.gov/system/files/115th-congress-2017-2018/reports/53091-fshic.pdf.
16. "Updated Estimates for the Insurance Coverage Provisions of the Affordable Care Act," Congressional Budget Office, March 2012, https://www.cbo.gov/sites/

default/files/112th-congress-2011-2012/reports/03-13-Coverage%20Estimates.pdf.
17. Anne Case and Angus Deaton, "Rising Morbidity and Mortality in Midlife Among White Non-Hispanic Americans in the 21st Century," Proceedings of the National Academy of Sciences of the United States of America, December 8, 2015, http://www.pnas.org/content/112/49/15078.
18. W. Mark Crain and Nicole V. Crain, "The Cost of Federal Regulation to the U.S. Economy, Manufacturing and Small Business," National Association of Manufacturers, September 10, 2014, http://www.nam.org/Data-and-Reports/Cost-of-Federal-Regulations/Federal-Regulation-Full-Study.pdf.
19. Stanley Druckenmiller, "Where's the Invisible Hand When You Need It?" *The Wall Street Journal*, May 2, 2018, https://www.wsj.com/articles/wheres-the-invisible-hand-when-you-need-it-1525311642.

第4章　トランポノミクスとは何か？

1. Mick Mulvaney, "Introducing MAGAnomics," The White House, July 13, 2017, https://www.whitehouse.gov/briefings-statements/mulvaney-introducing-maganomics/.
2. "Benefits and Costs of the Clean Air Act 1990–2020, the Second Prospective Study," U.S. Environmental Protection Agency, April 2011, https://www.epa.gov/clean-air-act-overview/benefits-and-costs-clean-air-act-1990-2020-second-prospective-study.
3. Mick Mulvaney, "Introducing MAGAnomics," *The Wall Street Journal*, July 12, 2017, https://www.wsj.com/articles/introducing-maganomics-1499899298.
4. Michael Tanner and Charles Hughes, "The Work Versus Welfare Trade-Off: 2013," Cato Institute, August 19, 2013, http://object.cato.org/sites/cato.org/files/pubs/pdf/the_work_versus_welfare_trade-off_2013_wp.pdf.
5. Simon Evenett and Johannes Fritz, "The 21st Global Trade Alert Report: Will Awe Trump Rules?" Global Trade Alert, July 4, 2017, https://www.globaltradealert.org/reports/42.

第5章　トランプ税制改革プランを設計する

1. Nolan McCaskill, "Clinton's Camp Attacks Trump as Heartless Tycoon," *Politico*, May 9, 2016, https://www.politico.com/story/2016/05/hillary-clinton-donald-trump-heartless-tycoon-222972.
2. Shane Goldmacher, "Trump Launches Tax Plan Rewrite," *Politico*, May 11, 2016, https://www.politico.com/story/2016/05/donald-trump-taxes-tax-reform-223041.
3. Ibid.
4. Scott A. Hodge, "The U.S. Has More Individually Owned Businesses Than Corporations," Tax Foundation, January 13, 2014, https://taxfoundation.org/us-has-more-individually-owned-businesses-corporations/.
5. " 'This Week' Transcript: Donald Trump," ABC News, May 8, 2016, https://abcnews.go.com/Politics/week-transcript-donald-trump/story?id=38951757.

6. John F. Kennedy, "Address and Question and Answer Period at the Economic Club of New York," December 14, 1962, The American Presidency Project, http://www.presidency.ucsb.edu/ws/?pid=9057.
7. Tim Hains, "WSJ's Henninger: Trump Delivered 'Excellent Speech' About Economy; Now His Task Is to Stay on Message," *RealClearPolitics*, August 8, 2016, https://www.realclearpolitics.com/video/2016/08/08/wsjs_henninger_trump_delivered_excellent_speech_about_economy_taxes.html.
8. William Randolph, "International Burdens of the Corporate Income Tax," Congressional Budget Office, August 2006, https://cbo.gov/sites/default/files/cbofiles/ftpdocs/75xx/doc7503/2006-09.pdf.
9. "Real Stimulus for a Caving Economy? Corporate Tax Cuts," *Investor's Business Daily*, January 20, 2016, https://www.investors.com/politics/editorials/to-keep-the-economy-from-falling-into-recession-cut-corporate-tax-rates/.
10. Andrew Lundeen, "A Cut in the Corporate Tax Rate Would Provide a Significant Boost to the Economy," Tax Foundation, February 19, 2015, https://taxfoundation.org/cut-corporate-tax-rate-would-provide-significant-boost-economy/.

第6章　減税は世界に波及する

1. Arthur Laffer, "Border Adjustment Tax," Laffer Associates, March 21, 2017.
2. Steve Forbes, Larry Kudlow, Arthur B. Laffer, and Stephen Moore, "Why Are Republicans Making Tax Reform So Hard?" *The New York Times*, April 19, 2017, https://www.nytimes.com/2017/04/19/opinion/why-are-republicans-making-tax-reform-so-hard.html.
3. Stephen Moore, "Growth Can Solve the Debt Dilemma," *The Wall Street Journal*, April 25, 2017, https://www.wsj.com/articles/growth-can-solve-the-debt-dilemma-1493160796.
4. Peter Baker, "Arthur Laffer's Theory on Tax Cuts Comes to Life Once More," *The New York Times*, April 25, 2017, https://www.nytimes.com/2017/04/25/us/politics/white-house-economic-policy-arthur-laffer.html.
5. Allysia Finley, "Richard Vedder: The Real Reason College Costs So Much," *The Wall Street Journal*, August 26, 2013, https://www.wsj.com/articles/richard-vedder-the-real-reason-college-costs-so-much-1377299322.

第7章　規制緩和の最高指導者

1. OSHA Director of Safety Standards Program Marthe Kent in the *National Review*'s Internet Update, June 26, 2000.
2. Jason Pye, "Regulator-in-Chief: Obama Administration Has Issued 600 Regulations with Costs of $100 Million or More," Freedom Works, August 8, 2016, http://www.freedomworks.org/content/regulator-chief-obama-administration-has-issued-600-regulations-costs-100-million-or-more.
3. "President Donald J. Trump Is Delivering on Deregulation," The White House, December 14, 2017, https://www.whitehouse.gov/briefings-statements/president-donald-j-trump-delivering-deregulation/.

4. Kenneth Clarkson, Charles Kadlec, and Arthur Laffer, "The Impact of Government Regulations on Competition in the U.S. Automobile Industry," H.C. Wainwright & Co. Economics, May 4, 1979.
5. Peter Fricke, "Study: Dodd-Frank Crushes Small Banks," *Daily Caller*, February 17, 2015, http://dailycaller.com/2015/02/17/dodd-frank-crushing-small-banks.
6. Fannie Mae was first chartered by the U.S. government in 1938 to help ensure a reliable and affordable supply of mortgage funds throughout the country. Today it is a shareholder-owned company that operates under a congressional charter. Freddie Mac was chartered by Congress in 1970 as a private company to likewise help ensure a reliable and affordable supply of mortgage funds throughout the country. Today is a shareholder-owned company that operates under a congressional charter. https://www.fhfa.gov/SupervisionRegulation/FannieMaeandFreddieMac/Pages/About-Fannie-Mae---Freddie-Mac.aspx"
7. Massimo Calabresi, "While Trump Is Tweeting, These 3 People Are Undoing American Government as We Know It," *Time* magazine, October 26, 2017, http://time.com/4998276/demolition-crew/.
8. Eric Lipton and Danielle Ivory, "Under Trump, E.P.A. Has Slowed Actions Against Polluters, and Put Limits on Enforcement Officers," *The New York Times*, December 10, 2017, https://www.nytimes.com/2017/12/10/us/politics/pollution-epa-regulations.html.

第8章　サウジ・アメリカ

1. Alister Bull, "Obama, Republicans Spar over Gasoline Prices," *Reuters*, March 1, 2012, https://www.reuters.com/article/us-usa-campaign-energy/obama-republicans-spar-over-gasoline-prices-idUSTRE8201UA20120301.
2. Barack Obama, "Remarks by the President on America's Energy Security," The White House, Office of the Press Secretary, March 30, 2011, https://obamawhitehouse.archives.gov/the-press-office/2011/03/30/remarks-president-americas-energy-security.
3. Stephen Moore, "Fracking Pioneer Deserves to Win Nobel Peace Prize," *Investor's Business Daily*, October 7, 2014, https://www.investors.com/politics/commentary/nobel-peace-prize-should-go-to-fracking-pioneer/.
4. Nick Snow, "Industry Officials Attack Latest Call to Raise Oil, Gas Taxes," *Oil and Gas Journal*, November 7, 2011, https://www.ogj.com/articles/2011/11/industry-officials-attack-latest-call-to-raise-oil-gas-taxes.html; "Economic Impacts of the Oil and Natural Gas Industry on the U.S. Economy in 2011," PricewaterhouseCoopers, July 2013, http://www.api.org/~/media/Files/Policy/Jobs/Economic_Impacts_ONG_2011.pdf.
5. Mark Mills, "Where the Jobs Are: Small Business Unleash America's Energy Employment Boom," Manhattan Institute's Power & Growth Initiative, February 2014, https://www.manhattan-institute.org/sites/default/files/R-MM-0214.pdf.
6. IHS-CERA and American Chemistry Council, "Map: Shale Brings Manufacturing Back Home," Energy InDepth, January 2018, https://www.energyindepth.org/wp-content/uploads/2018/01/Shale-Manufacturing-Map-1.pdf.
7. U.S. Imports of Crude, March 2010–March 2018, U.S. Energy Information Administration, https://www.eia.gov/dnav/pet/hist/LeafHandler.ashx?n=pet&s=mcrimus1&f=m.

8. "Energy Cost Impacts on American Families, 2001–2013," American Coalition for Clean Coal Electricity, January 2013, http://www.americaspower.org/sites/default/files/Trisko2013.pdf.
9. John Harpole, Mercator Energy, "Hydraulic Fracturing: What Informs Me," presentation, 2013 National Energy and Utilities Affordability Conference, June 11, 2013, http://www.mercatorenergy.com/wp-content/uploads/2013/07/NEUAC-presentation.pdf; "Fracking and the Poor," *The Wall Street Journal*, September 6, 2013, http://online.wsj.com/articles/SB10001424127887323734304578543613292394192.
10. "When Was the Last Refinery Built in the United States?" U.S. Energy Information Administration, July 24, 2017, http://www.eia.gov/tools/faqs/faq.cfm?id=29&t=6.
11. The points from this memo originated in Stephen Moore and Kathleen White, *Fueling Freedom: Exposing the Mad War on Energy* (Washington, D.C.: Regenery, 2016), pp. 246–47.
12. "Oil and Gas Production on Federal Lands Still a Disappointment," Institute for Energy Research, April 24, 2014, http://instituteforenergyresearch.org/analysis/oil-and-gas-production-on-federal-lands-still-a-disappointment/.
13. Justin Worland, "President Trump Says He Wants 'Energy Dominance.' What Does He Mean?" *Time* magazine, June 30, 2017, http://time.com/4839884/energy-dominance-energy-independence-donald-trump/.
14. Brian Spegele, "China Doubles Down on Coal Despite Climate Pledge," *The Wall Street Journal*, November 8, 2016, https://www.wsj.com/articles/china-doubles-down-on-coal-despite-climate-pledge-1478520063.
15. Ibid.
16. Brad Plumer, "Reality Check: Nearly 2,200 New Coal Power Plants in Planning Worldwide," The Global Warming Policy Forum, July 11, 2015, https://www.thegwpf.com/reality-check-nearly-2200-new-coal-power-plants-in-planning-worldwide/.
17. Jan Christoph Steckel, Ottmar Edenhofer, and Michael Jakob, "Drivers for the Renaissance of Coal," Proceedings of the National Academy of Sciences of the United States of America, July 6, 2015, http://www.pnas.org/content/early/2015/07/01/1422722112.
18. "Energy Market Impacts of Recent Federal Regulations on the Electric Power Sector," Energy Ventures Analysis, November 10, 2014, http://evainc.com/wp-content/uploads/2014/10/Nov-2014.-EVA-Energy-Market-Impacts-of-Recent-Federal-Regulations-on-the-Electric-Power-Sector.pdf.
19. Annie Leonard, "Trump as President: Here's How We Get Through This," Greenpeace, November 9, 2016, https://www.greenpeace.org/usa/trump-president-heres-get/.
20. "Energy Industry Gets Sierra Clubbed," *Investor's Business Daily*, April 22, 2016, https://www.investors.com/politics/editorials/energy-industry-gets-sierra-clubbed/.
21. Michael E. Webber, "The Coal Industry Isn't Coming Back," *The New York Times*, November 15, 2016, https://www.nytimes.com/2016/11/16/opinion/the-coal-industry-isnt-coming-back.html.
22. Matt Egan, "Why Coal Jobs Aren't Coming Back, Despite Trump's Actions," CNN Money, January 24, 2017, http://money.cnn.com/2017/01/24/investing/trump-coal-epa-regulation/index.html.
23. Sam Batkins, "EPA's Greenhouse Gas Regulation Expects Coal Generation to

Decline 48 Percent," American Action Forum, August 4, 2015, https://www.americanactionforum.org/research/epas-greenhouse-gas-regulation-expects-coal-generation-to-decline-48-percen/.
24. Electric Power Monthly, "Table 1.1: Net Generation by Energy Source: Total (All Sectors), 2008–March 2018," U.S. Energy Information Administration, May 24, 2018, https://www.eia.gov/electricity/monthly/epm_table_grapher.php?t=epmt_1_01.
25. "EIA Forecasts Natural Gas to Remain Primary Energy Source for Electricity Generation," U.S. Energy Information Administration, January 22, 2018, https://www.eia.gov/todayinenergy/detail.php?id=34612.
26. "News Release: Gross Domestic Product by Industry: First Quarter 2017," Bureau of Economic Analysis, July 21, 2017, https://www.bea.gov/newsreleases/industry/gdpindustry/2017/gdpind117.htm.
27. Christopher Alessi and Alison Sider, "U.S. Oil Output Expected to Surpass Saudi Arabia, Rivaling Russia for Top Spot," *The Wall Street Journal*, January 19, 2018, https://www.wsj.com/articles/u-s-crude-production-expected-to-surpass-saudi-arabia-in-2018-1516352405.
28. Olga Yagova and Libby George, "Trump's Revenge: U.S. Oil Floods Europe, Hurting OPEC and Russia," *Reuters*, April 23, 2018, https://reut.rs/2HpYvG5.

第9章　トランプ流・貿易交渉の達人

1. Donald Trump, "Remarks by President Trump Before Marine One Departure," The White House, May 23, 2018, https://www.whitehouse.gov/briefings-statements/remarks-president-trump-marine-one-departure-7/.
2. "Research Milestones: Drug Policy and Strategy Analyses to Inform R&D and Strategic Planning Decisions," Tufts Center for the Study of Drug Development, https://csdd.tufts.edu/research-milestones/.
3. Ronald Reagan, "Radio Address to the Nation on International Free Trade," November 20, 1982, online by Gerhard Peters and John T. Woolley, The American Presidency Project, http://www.presidency.ucsb.edu/ws/?pid=42022.
4. Christos Cabolis, "IMD World Competitiveness Yearbook: The 30th Edition," IMD World Competitiveness Center, May 2018, https://www.imd.org/wcc/world-competitiveness-center-publications/2018-com-may/.
5. "Economic Report of the President," The White House, February 2018, https://www.whitehouse.gov/wp-content/uploads/2018/02/ERP_2018_Final-FINAL.pdf.

あとがき

1. Lucinda Shen, "Larry Summers Sees a Grim Future Under a Trump Presidency," *Fortune*, June 6, 2016, http://fortune.com/2016/06/06/larry-summers-trump-buffett/.
2. Daniel K. Williams, "Could Trump End Culture Wars?" *The New York Times*, November 9, 2016, https://www.nytimes.com/interactive/projects/cp/opinion/election-night-2016/could-trump-end-the-culture-wars.

3. Editorial Board, "A President Trump Could Destroy the World Economy," *The Washington Post*, October 5, 2016, https://www.washingtonpost.com/opinions/a-president-trump-could-destroy-the-world-economy/2016/10/05/f70019c0-84df-11e6-92c2-14b64f3d453f_story.html?noredirect=on&utm_term=.ce38f36c2152.
4. "Economy Lifts Trump to Best Score in 7 Months, Quinnipiac University National Poll Finds; Immigration, Foreign Policy Keep Approval Down," Quinnipiac University, February 7, 2018, https://poll.qu.edu/national/release-detail?ReleaseID=2518.
5. Jon Sindreu, Riva Gold, and Josh Mitchell, "Economic Growth in U.S. Leaves World Behind," *The Wall Street Journal*, June 14, 2017, https://www.wsj.com/articles/strong-spending-data-shows-u-s-economy-chugging-ahead-of-europe-and-asia-1528994914.
6. Joseph Epstein, "The Only Good Thing About Donald Trump Is All His Policies," *The Wall Street Journal*, February 26, 2018, https://www.wsj.com/articles/the-only-good-thing-about-donald-trump-is-all-his-policies-1519689494.

スティーブン・ムーア
Stephen Moore

ヘリテージ財団特別客員フェロー。元ウォール・ストリート・ジャーナル紙編集委員。2016年大統領選ドナルド・トランプ陣営で上級経済顧問を務める。2019年3月に、トランプ大統領からFRB(連邦準備制度理事会)理事に指名の意向を受ける(5月に辞退)。

アーサー・B・ラッファー
Arthur B. Laffer

サプライサイド経済学の父。レーガン政権で経済政策諮問委員会メンバーを務める。レーガノミクスに大きな影響を与えたラッファー・カーブを提唱した。2019年6月に、トランプ大統領より米国市民として最高栄誉とされる大統領自由勲章を授与される。
邦訳に、ムーア氏とラッファー氏ほかの共著で『増税が国を滅ぼす』(日経BP社刊)。

〔訳者〕**藤井幹久**

東京大学法学部卒。幸福の科学理事(兼)宗務本部特命担当国際政治局長。

トランポノミクス
アメリカ復活の戦いは続く

2019年12月19日　初版第1刷
2020年 1 月16日　　　第4刷

著者
スティーブン・ムーア
アーサー・B・ラッファー

訳者
藤井幹久

発行者
佐藤直史

発行所
幸福の科学出版株式会社
〒107-0052　東京都港区赤坂2丁目10番8号
TEL 03-5573-7700
https://www.irhpress.co.jp/

印刷・製本　株式会社 研文社

落丁・乱丁本はおとりかえいたします
ISBN978-4-8233-0138-4 C0030

大川隆法 ベストセラーズ・繁栄の未来をつくるために

自由・民主・信仰の世界

日本と世界の未来ビジョン

国民が幸福であり続けるために──。未来を拓くための視点から、日米台の関係強化や北朝鮮問題、日露平和条約などについて、日本の指針を示す。

1,500円

繁栄への決断

「トランプ革命」と日本の「新しい選択」

ＴＰＰ、対中戦略、ロシア外交、ＥＵ危機……。「トランプ革命」によって激変する世界情勢のなか、日本の繁栄を実現する「新しい選択」とは？

1,500円

常勝思考

人生に敗北などないのだ。

あらゆる困難を成長の糧とする常勝思考の持ち主にとって、人生はまさにチャンスの連続である。人生に勝利せんとする人の必読書。
30年前にトランプ大統領の誕生を予言！

1,456円

大川隆法 ニューヨーク巡錫の軌跡
自由、正義、そして幸福

「不惜身命」特別版・ビジュアル海外巡錫シリーズ

大川隆法 監修　幸福の科学 編

2016年10月、アメリカの世論を動かし「トランプ革命」へと導いた、ニューヨークでの奇跡の講演の記録。アメリカと世界の進むべき未来を指し示す一書。

1,500円

※表示価格は本体価格（税別）です。

大川隆法 ベストセラーズ・アメリカ大統領の本音に迫る

トランプ新大統領で世界はこう動く

英語説法
英日対訳

日本とアメリカの信頼関係は、再び〝世界の原動力〟となる──。トランプ勝利を2016年1月時点で明言した著者が示す2017年以降の世界の見取り図。

1,500円

守護霊インタビュー トランプ大統領の決意
北朝鮮問題の結末とその先のシナリオ

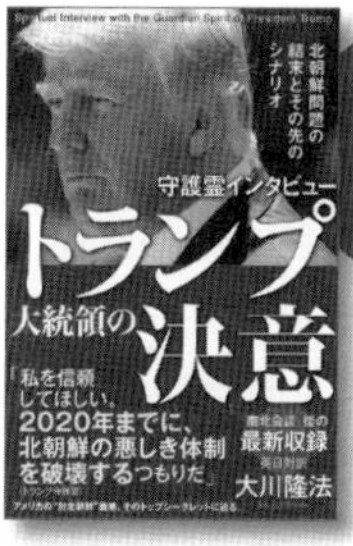

英語霊言
英日対訳

〝宥和《ゆうわ》ムード〟で終わった南北会談。トランプ大統領は米朝会談を控え、いかなるビジョンを描くのか。今後の対北朝鮮戦略のトップシークレットに迫る。

1,400円

守護霊インタビュー
ドナルド・トランプ アメリカ復活への戦略

英語霊言
英日対訳

過激な発言で「トランプ旋風」を巻き起こした選挙戦当時、すでにその本心は明らかになっていた。トランプ大統領で世界がどう変わるかを予言した一冊。

1,400円

アメリカ合衆国建国の父 ジョージ・ワシントンの霊言

英語霊言
英日対訳

人種差別問題、経済政策、そして対中・対露戦略……。建国の父が語る「強いアメリカ」復活の条件とは？ トランプの霊的秘密も明らかに！

1,400円

幸福の科学出版